KB161368

커넥트 리더십

CONNECT LEADERSHIP

커넥트 리더십

초판 1쇄 인쇄 2022년 12월 22일
초판 1쇄 발행 2023년 1월 13일

지은이 송지현
펴낸이 최익성

기 획 김민숙
편 집 정대망
마케팅 총괄 임동건
마케팅 지원 안보라, 이유림, 임주성
경영지원 이순미, 임정혁
펴낸곳 플랜비디자인
디자인 박영정

출판등록 제 2016-000001호
주 소 경기도 화성시 동탄첨단산업1로 27 동탄IX타워
전 화 031-8050-0508
팩 스 02-2179-8994
이메일 planbdesigncompany@gmail.com

ISBN 979-11-6832-041-3 03320

커넥트 리더십

송지현 지음

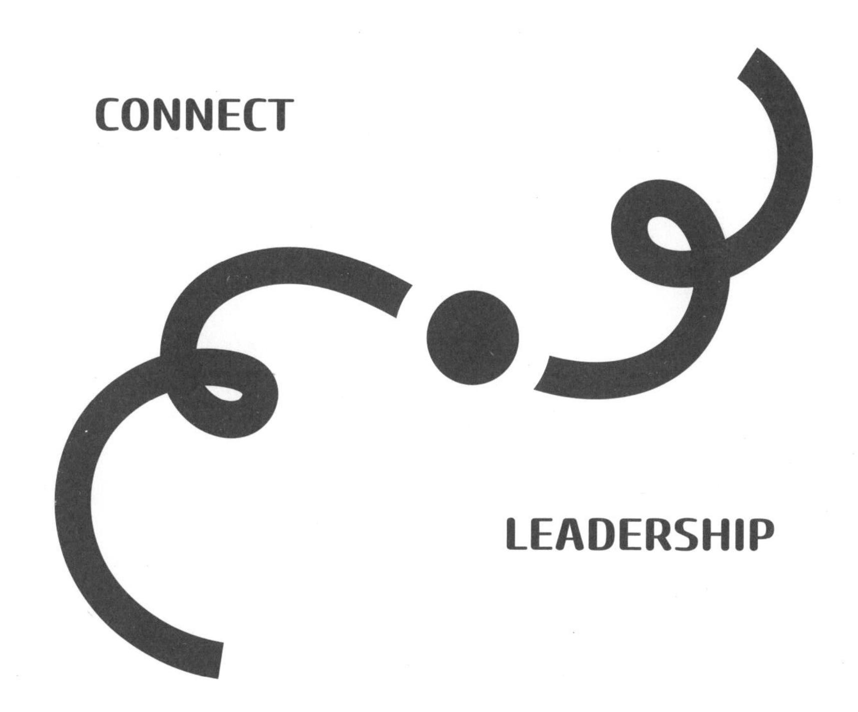

추천사

오랜 기간 대기업과 중소기업에서 리더십과 인간관계, 커뮤니케이션을 비롯해 다양한 주제로 강의를 하며 다양한 리더들을 만났다. 그들 중 대다수는 남성이었다. 하지만 소수의 여성 팀장들과 일할 때의 경험이 인상적일 때가 많았다. 센스가 넘치고, 책임감이 높으며, 일에 대한 사랑이 크다. 엄마로, 며느리로, 아내로 살아가면서도 일에 대한 사랑을 놓지 않고, 그때그때 주어진 과제의 해법을 찾아내려 고군분투하는 그녀들에게 나는 항상 에너지를 받았고, 또 더 많은 박수를 보내왔다. 내가 기업 교육 현장에서 만난 저자도 그러한 사람 중에 하나였다. 남성 중심 문화 속에서도 자신의 책임을 다하기 위해 더 많이 뛰어다녔고, 여러 역할들을 저글링하면서도 자기 자신의 중심을 잡기 위한 노력도 놓치지 않았다.

저자가 제시하는 '나와의 연결'이 타인과 세상과의 연결을 확대시

켜준다는 이야기는 그래서 더 믿음이 간다. 코로나 이후 지식 트렌드는 급변하고 있다. 새로운 기술과 트렌드를 습득하고 나의 자산을 디지털화하며 소통해야 한다. 조직 밖뿐 아니라 조직 내에서도 마찬가지다. 하지만 여기에는 중심이 필요하다. 바로 '나다움'이다. '나다움'을 발견하는 일은 나의 삶을 마주하고 '목적'을 발견할 때 가능해진다. 《커넥트 리더십》이 소개하는 9가지 연결 기법들을 차곡차곡 짚어가며 나와의 연결, 구성원과의 연결, 그룹과의 연결들을 단단히 해간다면, 급변하는 생태계에서 나만의 명료함과 집중력, 그리고 자신감을 얻을 수 있을 것이다. 그리고 함께 답을 찾아 나가는 동료와 학습의 도반까지도 덤으로 찾을 수 있다.

MKYU 대표 김미경

이 시대에 절대 해서는 안 되는 말은 'must', 'have to' 또는 '개런티(guarantee) 한다'라는 말이다. 아무도 예측하지 못한 환경, 기술, 문화의 혁신도 코로나로 인해 당겨져서, 2030년 즈음에야 경험할 만한 것들을 지금, 매일 경험하고 있다. 마치 타임머신을 타고 온 것처럼 말이다.

이제는 차이와 다름을 연결해야 하는 시대에 와있다. 내 커리어가 가장 잘 나갔을 때는 내 안의 주장과 프레임 안에 갇혀 무소의 뿔처럼 달려갔을 때였다. 그러나 내가 가장 외로웠을 때도 바로 그때였다. 결국 승리가 아닌 재도전으로 인생의 방향을 리셋하게 되었다. 지금은 올라가는 맛보다 함께 성장하는 맛이 기가 막히다. 일에 대한 열정만큼 관계 관리, 마음 관리에 집중해야 리더로서 바로 설 수 있다는 것을 배웠다.

2023년의 가장 중요한 리더십 키워드는 바로 '연결'이다. 이 책을 통해 나와 남과의 과업, 마음, 관계의 연결고리를 어떻게 반석처럼 단단히 만들 수 있는가를 배울 수 있다. 그냥 길을 가는 것이 아닌, 가는 길을 알고 가는 사람이 더 빨리, 기쁘게 갈 수 있다. 완벽이란 단어는 결국 나의 치부가 드러날까봐 단단히 감추기 위한 가장 나약한 도구임을 내 인생에서 깨달았다.《커넥트 리더십》이야말로 나의 리더십 여정을 진지하게 생각해 볼 만한 현타를 때려주는 시원한 담론이라 생각한다. 또한 연결을 통한 나눔을 실현하고 모두의 동반성장을 이루게 하는 멋진 여성 리더십 백서이다.

2017년 더 타임지 전 세계 가장 영향력 있는 CHRO 100인 수상,
현 리박스 컨설팅 대표 정태희

세상의 성공, 기회, 기적은 모두 사람과 사람 사이의 관계를 통해서 찾아온다. 성공한 리더들을 설명하는 많은 변수가 있지만 가장 설득

력이 있는 변수는 관계로 구축해낸 네트워크의 다양성이다. 관계를 통한 사회적 자본을 만들어내는 리더십 역량은 상대적으로 남성에게 유리한 능력이다. 《커넥트 리더십》은 여성에게 가장 취약점으로 꼽히는 연결을 통한 사회적 자본을 만드는 법을 친절하게 가르쳐준다.

저자는 단순히 관계의 숫자를 늘리는 법을 제시하기보다는 네트워크의 다양성을 증진하기 위한 전략적 연결을 강조한다. 수평적으로는 자신과의 연결과 타인과의 연결 사이의 균형을 강조한다. 자신과의 연결은 리더로서 안으로 깊이 뛰게 하는 근력을 키우고 타인과의 연결은 밖으로 멀리 뛰게 하는 근력을 키운다. 저자는 안으로 깊이 뛰는 능력은 변화하는 세상에 흔들리지 않는 닻의 역할을 해주고 밖으로 멀리 뛰는 능력은 변화에 대한 적응력을 길러준다는 점을 강조한다. 여성 남성을 떠나 변화가 상수가 된 세상에 존재하는 모든 리더에게 필요한 관점이다. 내적 연결과 외적 연결을 통합해 주는 끌개로서 존재 목적과의 질적인 연결 방법도 제시한다. 존재 목적과의 연결은 미래를 위해 확보되어야 하는 최적의 사회적 자본을 찾아줌으로써 지속가능한 리더로 나아가는 경력의 디딤돌을 제공한다. 커넥트 리더십에서는 내적 연결, 외적 연결, 존재 목적과의 연결이 최적화된 여성 리더십 모형으로 위커넥터We-Connector 모델을 제시한다.

본 저서는 커넥트 리더십의 부재로 장애를 겪었던 여성 리더들의 다양하고 현실적인 사례를 다루고 있다. 책을 읽다 보면 여성 리더가 겪는 가면 증후군이나 다양한 고정관념에 갇히는 문제도 결국은 건강한 연결의 부재로 생긴 문제라는 것을 쉽게 이해할 수 있다. 이 책은 커넥트 리더십을 통해 이와 같은 문제를 극복한 여성 리더들의 현실적이면서도 친절한 조언도 담고 있다.

저자는 여성 리더로서 여기에서 거론된 모든 리더십의 문제를 실제로 겪었고, 이를 진정성 있게 극복한 경험을 가지고 있다. 저자는 여성 리더들이 겪는 문제를 극복하기 위해 오랫동안 고민하고 연구하고 선배들을 만나 조언을 청취하는 과정에서 가장 설득력이 있는 여성을 위한 진성리더십(Authentic Leadership) 모형을 찾아냈다. 이런 점에서《커넥트 리더십》은 한국에서 찾아볼 수 있는 여성 리더를 위한 가장 현실적이고, 혁신적이고, 이론적인 지침서다.

《커넥트 리더십》을 통해 다양성이 있는 네트워크를 만들고 이를 조직의 존재 목적을 위해 건강한 사회적 자본으로 동원하는 문제는 남성과 여성의 문제를 떠나 리더에게는 반드시 필요한 시대적 역량이다. 본인은 이 책이 여성 리더뿐 아니라 남성 리더들에게도 유용한 지침서가 될 것을 믿어 마지않는다.

이화여자대학교 경영대학 인사조직전략 전공
윤정구 교수

프롤로그

나는 실패한 리더였다

2년 전까지 나는 회사를 다니는 여성 리더였다. 회사 생활은 18년 정도 했는데, 첫 직장이었던 홍보 회사에서는 여성 비중이 80% 이상이었다. 하지만 이후에는 반대로 남성의 비중이 80% 이상인 남초 기업 A사의 마케팅 부서에서 8년간 팀장으로 일했다. 마지막으로는 글로벌 기업의 한국 법인인 C사에서 4년간 마케팅 이사로 근무했다. 과장 2년 차에 차장으로 특진도 했고, 부장으로 승진했을 때는 유일한 30대이기도 했다. 글로벌 회사의 마케팅 이사로 이직했을 때도 리더십 팀에서 가장 나이 어린 임원이었다. 딸아이도 어느새 중학교 1학년이 되었다.

언뜻 보면 성공적인 커리어로 보일 수 있지만, 내 가방에는 늘 필수품 두 개가 있었다. 두통약과 가스 활명수였다. 나는 남보다 더 많은 일을 잘 해야 되는 상황이 힘들지 않았지만, 남성 중심의 회사에서 부서장으로서의 영향력을 키우는 일이 쉽지 않았다. 담배를 피우며 정보를 주고받고, 술자리에서 팀워크를 다지는 동료 팀장 사이에 끼지 못했고, '일은 열심히 하지만 후배들이 따르지 않는다.'는 꼬리표는 계속해서 따라다녔다. 내가 맡은 역할이 커질수록 사람들과의 관계를 통해 시너지를 내지 못하는 부족한 모습은 점점 부각됐다.

하지만 그렇다고 당장 무엇부터 해야 할지 알려주는 상사도 없었고, 어디에 물어야 할지도 알지 못했다. 그러다 보니, 두통약과 소화제 없이 지나가기 어려운 날들이 많았다.

"송지현 이사 때문에 회사 그만두고 싶습니다."

C사의 마케팅 이사로 회사를 옮긴 지 이 년째 되던 해였다. C사는 한국지사의 직원 숫자가 60여 명으로 조직의 규모는 크지 않았지만 '이사'라는 타이틀이 주는 무게는 무거웠고, 나는 주어진 일을 잘 해서 존재감을 증명해야 한다는 압박감이 컸다.

부서원들이 기존에 하던 방식은 나의 성과 증명에 도움이 되지 않기에 가능하면 내 스타일로 바꾸게 했고, 그들의 실수를 귀신같이 찾아내 시간과 장소에 상관없이 다그쳤다. 나는 친절한 듯했지만 까다로웠고 가끔씩 화를 주체하지 못했다.

몇 개월이 지나자 새로 시작한 신제품의 브랜드 캠페인이 조금씩 성과를 내기 시작했다. 나는 그 성과를 최대한 나의 공으로 잘 포장하기 위해 애썼다. 그때 나는 새로운 조직에 연착륙하는 것처럼 느꼈다. 그렇게 나에 대한 증명과 경쟁에 집중하며 열심히 산다고 생각했던 어느 날, 하나의 사건이 찾아왔다.

상사로부터 제목 없는 이메일을 받아본 적 있는가? 내 상사인 아시아태평양 지역을 책임지는 마케팅 부사장이 갑작스럽게 온라인 1:1 미팅을 요청한 것이다. 안건이 무엇일지 궁금했지만 나는 새로 시작한 브랜드 캠페인의 성과를 뽐내기 위한 자료를 잔뜩 준비해 미팅에 참석했다. 하지만 미팅에 참석하고 나서야 알았다. 그 미팅의 주제는 '캠페인의 성과'가 아니라, 부서원의 감정을 살피고 동기 부여할 줄 모르는 나의 '무능한 리더십'이었다.

내 상사는 당시 경력직으로 입사한 지 몇 개월 지난 90년대생 대리에게 회사 생활에 대해 물었고, 그 직원은 "송지현 이사 때문에 회사 다니기 힘들다"라고 답했다. 그녀는 내가 "담당자의 의견을 존중하지 않고, 항상 트집을 잡아서 일할 의욕이 생기지 않는다"라고 말했다고 한다.

당황한 나는 그 친구가 얼마나 업무에 미숙하고 태도에 문제가 있었으며 내가 그 문제점들을 어떻게 수습했는지를 장황하게 설명했다. 하지만 돌아온 상사의 대답은 충격적이었다.

"캐리, 너는 리더야. 리더인 너에게 중요한 건 조직원들에게 영향력을 펼쳐 성과를 내는 피플 파워야. 네가 성과를 인정받는 게 아니라고!"

나는 억울했다.

'한국문화를 몰라서 그래.'

'애들이 그렇게 하면 말을 안 듣는다고. 그럼 결과는 누가 책임지지?'

'요즘 애들은 멘탈이 너무 약해. 이러니 회사를 자주 옮기지.'

'옆에 남자 부서장은 훨씬 심하게 대하는데도 애들 다 가만히 있는데, 내가 여자라서 우습게 보이나?'

'그 대리가 스스로 나갈 때까지 더 쪼아볼까?'

하지만 시간이 갈수록 마음이 변해갔다. 처음으로 서점의 경영서적 코너에서 '리더십'에 대한 책을 찾아 읽어보기 시작했다.

'리더십은 영향력이다. 사람들에게 영향을 미칠 수 없다면, 그들은 당신을 따르지 않을 것이다. 그리고 사람들이 따르지 않는다면 당신은 리더가 아니다.'[01]

리더십 전문가들은 리더의 역할이 '구성원보다 일을 더 잘하는 것'이 아니라 '구성원들에게 영향력을 미쳐 성과를 달성하는 힘'이며, 이

01 존 맥스웰, 홍성화 역, 《리더십 불변의 법칙》, 2010, 비즈니스북스, 59쪽.

를 위해서는 신뢰가 중요하다고 말하고 있었다. 나는 내가 지금까지 타이틀만 리더였지 부서원들을 나의 리소스로 활용하는 못된 선배에 불과했다는 사실을 인정할 수밖에 없었다. 하지만 한편으로는 이런 의문도 생겼다.

'난 원래 사람들과 어울리는 것을 좋아하는데, 왜 회사에서는 관계가 이렇게 힘든 걸까?'

리더십 공부를 시작하다

나는 그때 나를 무척 힘들게 했던 90년대생 대리 덕분에 떠밀리듯 리더십 공부를 시작했다. 한 달에 한 번씩, 내가 한 노력들과 부서의 문화가 어떻게 개선되었는지 상사에게 공식적으로 보고를 해야만 했다. 부서원의 '불량 리더' 폭로 덕분에 시작된 리더십 독서는 리더십 강의와 정기 모임 참석으로까지 이어졌다.

'사람들은 그들의 환경을 개선하려고 애를 쓴다. 하지만 그 자신을 개선하려는 데는 소극적이다. 그래서 늘 갇혀 있게 된다.'[02]

우연히 책에서 발견한 미국의 철학자 제임스 알렌(James Allen)의 말

---

02 제임스 알렌, 임지현 역, 《위대한 생각의 힘》, 2005, 문예출판사, 40쪽.

은 내가 그 동안 다른 사람들과 환경을 지적하는 데만 집중했지 정작 내 자신을 돌아보지 못했다는 사실을 아프게 깨우쳐 줬다. 나의 다이어리에는 회사에서 해야 할 일과 퇴근 후 집에서 해야 할 일들의 투두(To-Do)리스트가 빼곡했지만, 집에서는 아이를 제대로 돌보지 못했다는 죄책감을, 회사에서는 부족한 나를 채우고 증명해야 한다는 불안감을 가지고 뛰어다니느라 나의 감정과 생각을 돌아볼 틈을 갖지 못했던 것이다.

나는 지금까지 성실히 일해온 것처럼 내게 부족한 리더십 역량을 채우려 노력했다. '진성리더십'이라는 리더십 이론을 알게 되면서 나 자신을 이해하고 삶의 목적을 돌아보는 시간을 가졌다. 또한 퍼실리테이션과 코칭을 배우면서 리더로서 경청하고, 질문하며, 타인을 존중하는 소통 스킬을 연습했다. 그렇게 나 자신과 타인과의 상호작용 방식에 대한 이해가 깊어지면서 '남자 같은 카리스마'가 없어서 좋은 리더가 되기 어렵다는 억울함과 불안감은 조금씩 사라졌다. 팀원들과 대화할 때 느꼈던 팽팽한 긴장감도 잦아들었고, 타부서와의 협업도 수월해졌다. 회사에서 나를 보는 부정적인 시선도 달라졌다. 무엇보다 두통약과 소화제를 먹는 빈도가 줄어들었다.

그때 나는 깨달았다. 흔히 '리더십은 타고나는 거야'라고 얘기하지만, 오늘날 조직에서 요구하는 리더십은 배우고 훈련할 필요가 있다는 것을 말이다. 또한 리더십의 전형으로 알아 왔던 '카리스마적인 리더십'보다는, 자신의 내면을 이해하고, 직원들을 포용하며, 공동의 목적을 발견할 수 있도록 동기부여하는 리더십이 중요한데, 공감 능력이 뛰어나고 섬세한 여성들이 이 부분에 큰 잠재력이 있다는 사실도 말이다.

여성 리더들을 만나다

이런 경험을 바탕으로, 2년 전 일하는 여성들의 커뮤니티 '헤이조이스'에서 소규모로 '여성 리더십 워크숍'을 몇 차례 진행했다. 처음에는 일하는 여성들이 나처럼 리더십과 관계에 대해 고민이 많을까 하는 의구심으로 워크숍을 준비했는데, 참가자들의 반응이 나에게 큰 용기를 주었다.

아직 대부분의 조직에서 마이너리티이며, 가정과 조직에서 가치관 충돌을 경험하면서 리더십에 불안감을 가진 여성 리더들이, 함께 고민과 노하우를 나누고, 서로 이해하고 지지해줄 때 얼마나 큰 힘을 얻을 수 있고, 관점을 넓힐 수 있는지를 알 수 있었다.

나는 더 많은 여성들과 생각을 함께 나누고 연결되고 싶어 회사를 떠났다. 그리고 나의 회사 생활과 여성의 관점에서 필요하다고 생각한 조직 생활 노하우를 블로그에 공유해 나갔다. 다행히 강의와 워크숍 기회가 조금씩 늘어나기 시작했고, 덕분에 여성의 비율이 10% 미만인 제조업 기반 회사부터 70% 이상인 플랫폼 기업까지 다양한 형태의 기업에서 일하는 여성 리더들을 만났다. 조직의 문화는 회사마다 달랐지만, 일하는 여성들이 관계에서 느끼는 어려움이 조직생활의 가장 큰 장애요소이며 여기에는 여성에 대한 고정관념이 근본적인 원인을 제공한다는 생각에는 큰 차이가 없었다.

'여성성'의 함정을 넘어 '다양성'으로

가끔씩 이런 질문을 받는다. "남성 리더십과 여성 리더십이 따로 있나요?" 나 역시 리더가 해야 하는 일과 영향력 자체에는 젠더가 따로 있다고 생각하지 않는다. 하지만 여성들은 '여자는 착하고 상냥해야 한다'는 고정관념으로 인해 남성 리더들이 생각하지 않아도 되는 문화적, 심리적 장애물을 몇 가지 더 겪는다. 또한 조직 내에서 소수이기 때문에 자기 자신의 생각과 행동을 의심해야 하는 상황에 더 많이 처하게 된다. 다른 리더십에서는 이 부분이 충분히 설명돼 있지 않다. 때문에 구성원들에게 방향을 제시하고 때로는 힘든 결정과 거친 협상을 해야 하는 리더 자리가 부담스럽고 어렵게 느껴지지만 이러한 감정의 원인이 무엇인지, 어디서부터 접근해야 할지 갈피를 잡기 어려울 때가 많다. 내가 생각하는 여성 리더십은 이러한 어려움들에 공감하고, 이것을 뛰어넘을 수 있는 그들의 자산을 발견하게 해주며, 비슷한 고민을 가진 지원군들을 연결시켜 주는 일이다.

'여성다움'만큼이나 '남성다움'에 대한 고정관념은 남성 리더들의 자기다움을 해친다. 그리고 자신의 성장과 의미를 중시하는 MZ세대 구성원들이 조직에 소속감을 느끼고 열정을 발휘하는 것을 방해하는 장애물이 된다. 다양성을 존중하는 문화의 시작은 여성다움과 남성다움을 떠나 내가 나의 존재 목적을 이해하고 나로서 존재하는 것에 자부심을 느끼는 것에서 출발한다고 믿는다. 그래서 여성 리더만큼이나 남성 리더들도 이 책을 함께 읽고 자기다움에서 시작한 공감과 연결, 조직의 다양성에 대해 함께 고민하는 작은 계기가 될 수 있기를 바란다.

커넥트 리더십을 읽을 때는

이 책《커넥트 리더십》은 여성 리더가 '나답게 영향력을 확대하기' 위해 필요한 '관계력'에 대한 이야기다. 연결의 대상은 크게 3가지로 나, 구성원, 그리고 그룹이다. 또한 각 대상들과 진정성 있게 연결되기 위해 필요한 전략을 대상별로 3가지씩, 총 9가지로 구조화했다.

책을 읽을 때는, 1장에서 나의 고정관념 유형에 대해 셀프 진단을 한 후 '나 자신과의 연결' 파트부터 순차적으로 읽기를 권한다. 커넥트 리더십의 실천 방법을 담고 있는 2부의 각 파트에는 이론에 대한 설명뿐 아니라 현재 상태를 체크해 볼 수 있는 체크리스트와 실행을 돕기 위한 질문들이 있다. 어떤 질문은 몇 분 만에 끝나기도 하지만 어떤 질문은 몇 시간이나 며칠이 걸릴 수도 있다. 자신에 대해 생각하고 부족한 부분과 약점을 끄집어 내 글로 적는 것은 혼란과 불편함을 주기도 하지만, 그대로의 내 모습을 이해하고 받아들이는 것이 변화의 시작이기에 충분히 시간을 갖고 생각하며 읽어 갔으면 한다.

가까운 사람과 함께 읽는 방법도 추천한다. 서로가 서로의 변화를 돕는 코치가 되어서 정서적으로 지지해 주고 자신감을 불어넣어 준다면 자기 자신을 보다 객관화해서 바라보고, 실행력을 높이는 데 큰 도움이 될 수 있다. 책의 마지막 장인 6장에 현재 남성 중심 문화의 기업에서 각자의 방식으로 커넥트 리더십을 발휘하는 여성 리더 7인의 관계력 스토리를 소개했다. 여성 선배들이 각자의 상황에서 겪었던 어려움과 이를 극복해낸 방법이 어떤 이론보다 더 큰 도움이 될 거라 생각한다.

마지막으로 독자분들에게 책의 구석구석에 등장하는 나의 리더십 실패담이 작은 용기와 실행의 밑거름이 될 수 있다면 참 신나고 뿌듯할 것 같다.

2023년의 시작에서,

송지현

차례

1부

커넥트
리더십이란?

Chapter 01

여성은 왜 리더 자리를 마다하는가?

01

여성의 발목을 잡는 고정관념

여자는 태어나는 것이 아니라 만들어지는 것이다.

- 시몬 드 보부아르 Simone de Beauvoir

"입사할 때까지만 해도 당연히 제가 잘나가는 리더가 될 거라 생각했어요. 소위 말하는 명문대를 나왔고 동기들이 가장 선호하는 금융권에 치열한 경쟁을 뚫고 입사했으니까요. 하지만 회사 생활은 생각과 달랐습니다. 손님이 오면 커피를 대접하는 건 저보다 늦게 입사한 남자 신입사원이 아니라 늘 저였고, 팀장은 모두 남자였습니다. 중요한 결정도 사무실이 아니라 술자리나 담배를 피우는 자리에서 이뤄졌어요. 이런 상황에서는 제 의견을 제시하거나, 인정받으려고 노력하는 게 의미 없다고 생각했죠. 이제 '이렇게 다니다가 정년을 채우자'라고 생각했는데, 연차가 쌓이니 회사에서 갑자기 저에게 팀장의 역할을 해야 하는데 역량이 부족하다고 말하더군요. 갑자기 그런 평가를 받으니 당황스러워요."

여성 리더 워크숍에 참가한 금융권 15년 차 일하는 여성의 이야기다. 10년 차 이상의 여성 중간관리자를 대상으로 워크숍을 하면 리더가 되어야 하는 연차이지만, '리더가 되고 싶지 않다'거나 '자신없다'고 말하는 여성들이 적지 않았다.

요즘 조직에서 팀장이 되기를 기피하는 현상이 늘고 있는데, 이러한 추세는 유능한 여성들 사이에서 더 강하다고 한다. 이유는 여러 가지가 있겠지만 내가 만난 여성들이 얘기하는 대표적 이유 중 하나는 '닮고 싶은 선배 여성 리더들이 적기 때문'이다. 남성 중심 문화에 과잉 적응하면서 남성보다 더 카리스마 있는 리더처럼 행동하고, 뛰어난 실력에도 인정받지 못할까 불안해 더 많이 애쓰면서도, 다른 부서의 리더들과 잘 어울리지 못하고 소외된 모습은 자신의 가치와 의미를 중시하는 MZ세대 여성들이 닮고 싶은 모습은 아니었을 것이다.

'여자는 착하고 상냥해야 한다'는 고정관념

2021년 기준, 국내 상장기업 여성 임원 비율은 5.2%(2021년, 여성가족부)로 백 명 중 다섯 명 꼴이다. 4.5%였던 지난해보다는 상승했지만 상승폭은 걸음마 수준이다. 대기업에서 여성이 임원이 될 확률은 남성보다 7배 더 어렵다는 통계도 있다. 여성 중간관리자 비율은 21%(2020년 고용노동부)로, 10년 전 16% 대비 5퍼센트나 상승했지만 여성근로자의 비율이 38%인 것을 감안하면 중간관리자 그룹에서 여성의 비율은 여전히 현저히 낮다.

직위와 직급이 올라갈수록 남성의 승진 확률은 높아지는 반면 여성의 승진 확률은 감소하는 추세가 뚜렷하다. 그 원인에 대한 남성 직원과 여성 직원의 생각은 다르다. 한 설문[03]에 따르면 남성들은 '뽑을 만한 여자 후보자가 없는 것'이 가장 문제이고, '남성 중심 문화'가 그 다음의 원인이라고 말한다. 하지만 여성들은 리더로 남성을 선호하는 '남성 중심 문화'가 첫 번째 문제이고, '후보자가 없는 것'은 두 번째 문제라고 말한다. 원인에 대해 남녀 간 격차가 큰 것처럼 보이지만 사실 조직의 문화가 구성원들에게 미치는 영향을 고려해 보면 남성 중심 문화가 근본적인 원인이라는 점은 분명해 보인다.

남성 중심 문화에서 여성들의 승진을 가로막는 데에는 '여성의 성향과 역할'에 대한 고정관념이 큰 영향을 미친다. '여성은 착하고 상냥해야 한다'는 고정관념은 구성원들에게 방향을 제시하고 때로는 힘든 결정과 협상을 해야 하는 리더의 역할을 수행하는 데 여성보다 남성이 적합하다는 선입견을 만들어낼 수 있기 때문이다. 이러한 고정관념에 영향을 받는 건 남성뿐 아니라 여성 자신도 마찬가지다.

맥킨지글로벌 연구소가 2013년 12개국 1,000개 이상의 기업을 대

03 2019, 국내 브랜드 파워 50위 내 기업 대상 여성임원 확대를 위한 다양성 문화와 리더십 파이프라인 구축 방안, 윤정구 이화여자대학교 경영학과 교수팀

상으로 조사한 젠더 다양성과 관련된 리포트 〈Women Matter〉에 따르면, 절반에 못 미치는 41%의 남성 중간관리자와 43%의 남성 임원만이 여성이 좋은 리더가 될 것이라고 답했다. 흥미롭게도 여성 응답자 또한 42%만이 본인의 리더십이 조직에 적합할 것으로 기대된다고 답했다. 외부에서는 수직적 리더십의 한계를 지적하며 포용적 리더십의 확대를 위해 여성 리더가 늘어나야 한다고 말하지만, 사람들의 의식구조는 외부의 변화 속도를 따라잡지 못하는 경우가 많다. 오랜 시간 동안 머릿속에 머물러 왔던 '리더는 남자가 적합하다'[04]라는 고정관념에 따라 여성을 전략적으로 키우려는 노력을 기울이지 않으며, 여성들도 승진에 대해 적극적인 생각을 갖지 않는 악순환이 계속되는 것이다. 여성 직원의 수가 늘어나도 중요한 의사결정을 책임지는 리더그룹에 여성이 부족할 경우, 회사 전체의 문화는 바뀌기 어렵다. 남성 중심 문화 때문에 힘들게 경쟁하며 승진한 여성 리더들도 리더그룹에서 소수에 불과하다 보니, 새로운 변화를 만들기보다 기존의 문화에 적응하는 데 급급하게 된다. 이로써 남성 중심 문화가 계속 되풀이되는 악순환에 빠진다.

04 '빅맨 리더십 이론'은 부족의 이익을 보호하기 위해 무리 중에서 덩치가 크고 카리스마가 있는 사람을 리더로 여기며 진화했다는 이론으로 마크 판 퓌흐트가 《빅맨 SELECTED》(2011, 웅진지식하우스)에서 사용했다.

"여자가 너무 나대는 거 아냐?"

남성 중심 문화가 강한 중견기업에서 마케팅 팀장으로 일했던 나는 '여자가 너무 나댄다'는 비난을 종종 들었다. 팀장 초기 시절에는 내 잘못이라 생각해 최대한 앞에 나설 기회를 만들지 않으려 했지만, 이번에는 '여자라서 적극성이 떨어진다'는 정반대의 비난이 들려왔다.

'너무 적극적이거나 너무 소극적으로 보이지 않는 것' 외에도, 단지 여자라는 이유로 내가 신경써야 할 것은 많았다.

'여자의 적은 여자야.'

'여자들은 너무 감정적이라서 힘들어.'

'여자들은 육아 휴직 들어가면 다시 안 돌아오니 키울 수 없어.'

'여자들은 자기 일만 하지 조직에는 관심이 없어.'

회사 내에서 공공연하게 오고 가는 '여자는~'으로 시작하는 이야기가 나왔을 때 겉으로는 아무렇지 않은 척 했지만 어릴 때부터 '여자는 착하고 상냥해야 한다'는 이야기를 들어온 나는 그런 이야기들을 쉽게 흘려 버릴 수 없었다. 하지만 조직에서 살아남아 인정받기 위해 내가 할 수 있는 것은 내가 그런 '여자 팀장'이 아니라는 것을 증명하는 것이었다. 그러다 보니 나는 점점 나의 성향과는 달리, 다른 남성 리더들처럼 폭탄주도 잘 마시고, 소리도 잘 지르며, 추진력 있는 모습을 흉내내게 됐다. 그러면서도 한편으로는 이런 내 모습을 사람들이 싫어하지는 않을지 불안했다.

이처럼 남성 직원의 비중이 높은 회사에 근무하는 여성 리더들의 경우, 여성의 성향에 대한 고정관념을 극복하기 위해 불필요한 에너지를 쓰거나, 부당한 대우를 감수해야 할 때가 있다. 미국의 저널리스트 엘리시아 메넨즈(Alicia Menendez)는 《The Likeability Trap: How to Break Free and Succeed as You Are》라는 책에서 '호감도의 덫(The Likeability Trap)'이라는 표현으로 이를 설명한다. '여자는 친절하고 상냥해야 해'라는 고정관념으로 인해, 유능한 여성들조차 회사에서 연봉 인상과 승진, 인정에 대한 요구를 하기 어려워한다는 것이다. 친절하되 너무 친절하거나, 추진력이 있되 너무 추진력이 강하면 사람들의 호감을 살 수 없기 때문에 이러지도 저러지도 못하는 덫에 빠져 있기 때문이다.

문제는 '연결'이다

이러한 고정관념에서 생겨난 '내가 이러면 다른 사람들이 싫어하지 않을까?'라는 걱정은 여성들이 조직 내 사람들과의 관계를 넓힐 수 있는 기회를 주춤하게 만든다. 일하는 여성 커뮤니티 '헤이조이스'가 2020년 가입자들을 대상으로 진행한 설문은 조직 내 여성의 성장에 '관계력'이 얼마나 큰 장애물이 되는지를 보여준다.

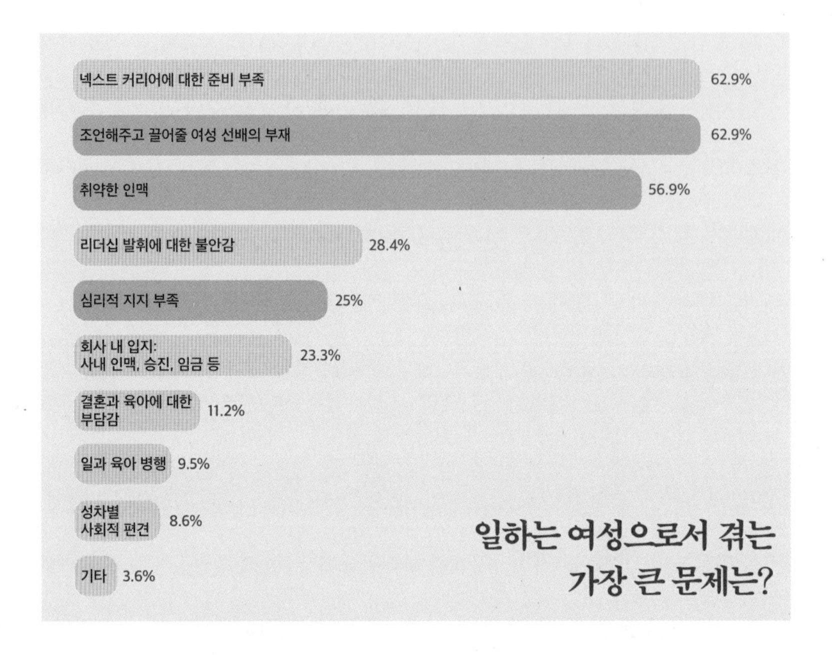

그동안 일하는 여성의 성장을 방해하는 가장 큰 장애물은 '양육'으로 여겨졌다. 하지만 이 조사에서 '육아에 대한 부담'의 순위는 일곱 번째에 불과했다. 오히려 일하는 여성으로서 겪는 문제로 가장 많은 지지를 받은 내용은 **'조언해주고 끌어줄 여성 선배의 부재'**였다. '넥스트 커리어에 대한 준비 부족'도 같은 비율로 지지를 얻었다. '취약한 인맥', '리더십 발휘에 대한 불안감', '심리적 지지 부족'이 각각 3위, 4위, 5위로 꼽혔다. '회사 내 입지: 사내 인맥, 승진, 임금 등', '성차별, 사회적 편견' 등이 그 뒤를 이었다.

조금씩 차이는 있지만, 이중 1위, 3위, 5위의 항목은 **'조직 내 취약한 인맥'**과 관련이 있다. 물론 양육도 일하는 여성에게 큰 부담이지만,

양육의 어려움에 대한 공감대가 넓어지면서 해결책을 찾아갈 수 있는 가능성이 조금씩 확대되어가는 것 같다. 하지만 조직에서 자신의 지지층을 형성하지 못하는 문제는, 당장은 크게 보이지 않아도, 일하는 여성들이 리더십을 발휘하기에 실질적으로 가장 큰 장애물이 된다. 리더는 팔로워가 있어야 영향력을 발휘할 수 있다. 위아래로, 그리고 옆으로 자신을 지지해 주는 사람이 적다고 느낄 때 누구나 심리적으로 불안감을 느낄 수밖에 없다.

'연결'이 어려운 그녀들의 속사정

여성으로서 회사 사람들과 관계를 맺을 때 마주한 가장 큰 장애물은, 비공식적으로 네트워킹하는 문화였다. 관계를 쌓으려면 회의 등의 공식적인 자리보다 비공식적인 자리에서 편안하게 대화를 나누는 것이 중요한데, 대부분의 대화는 사무실이 아니라 흡연공간이나 술자리에서 이뤄졌다. 술자리에 빠지지 않으려 노력하고, 담배를 피우지 않아도 간접흡연을 견디며 가끔씩 사람들의 대화에 낄 수는 있지만, 노력만으로는 한계가 있었다. 자연스럽고 편하게 이뤄지지 않으면 형식적인 관계를 넘어서기가 쉽지 않기 때문이다.

두 번째, 시간도 부족하다. 아이가 있는 워킹맘들은 저녁에 아이를 돌보는 것에 대한 책임감이 크다. 나는 다행히 같은 아파트에 사는 이

모님이 아이를 늦게까지 봐주기는 했지만 늦어도 집에 9시까지는 도착해 아이를 돌봐야 했다. 그러려면 회사에서 8시에는 일어나야 했고, 이를 위해 저녁 시간뿐 아니라 업무 중에도 최대한 효율적으로 시간을 쓰지 않으면 안 되었다. 주말에는 하루 종일 아이와 시간을 보내야 하는 워킹맘이 남자들과 똑같이 네트워크 모임을 갖기 위해 남편에게 양해를 구하는 것은 '이기적인 행동'이라 여겨지기 쉽다. 공식적인 회식 때문에 늦게 들어가야 하는 날에는 남편에게 며칠 전에 '미안하다'는 말로 양해를 미리 구해야 했다. 남편도 아이를 돌보고 집안일에 참여했지만 양육과 가사는 기본적으로 여자의 일이고 본인은 '돕는 사람'이라는 생각이 큰 남편의 눈치를 보며 일하느라 네트워크 모임까지 챙길 수는 없었다.

사람들의 시선도 신경이 쓰였다. 여성이 소수인 조직에서 여성 리더에 대한 이야기는 사실 여부와 상관없이 빠르게 소문이 난다. 다른 남자 팀장 두 명이 매일 같이 밥을 먹는 건 자연스러운 일이지만, 내가 특정 남자 팀장과 단 둘이 밥을 몇 차례 먹으면 '송팀장, ○○랑 사귀어?'라는 질문이 돌아왔다. 다른 사람들에게 괜한 오해를 사서 구설수를 만들고 싶지 않았다.

팀원들과의 관계도 쉽지 않았다. A사에 있을 때는 팀원 대부분이 남성이었고, 나보다 한두 살 나이가 많은 팀원도 있었다. 나는 다른 남자 팀장처럼 카리스마 있게 보이려면 말을 짧게 해야 한다는 강박관념을 가지고 있었다. 그래서 최대한 감정을 배제하고 일 중심으로 말하려 노력했다. 그러면서도 팀원들이 정치력이 밀리는 팀장과 일한다고 뒤에서 속닥거리지는 않을지, 여자라서 내 말을 가볍게 듣는 것은 아닐지, 다른 팀장들이 하듯이 '오늘 일 끝나고 술 한 잔 할까요'란 말을 했다가 오해가 생기거나 거절당하지는 않을지 늘 머릿속 한편에서 걱정 회로가 돌아갔다. 다른 남성뿐 아니라 내 머릿속에도 '리더는 남성이 적합하다'는 고정관념이 크게 자리잡고 있었던 것이다.

내 눈에 비친 남자 리더들은 자신의 프로젝트와 승진을 위해 어떤 부서의 누구와 좋은 관계를 맺어야 하는지를 잘 알고 있었다. 그리고 그 사람들과는 다양한 형태로 비공식적인 자리를 마련해 관계를 맺으려 노력했다. 나도 남자 팀장들처럼 끈끈한 유대관계를 맺고, 필요한 지원을 주고받으며 일을 하고 싶었지만, 노력만으로는 극복하기 힘든 음주 문화와 육아에 대한 부담, 구설수에 대한 우려, '남편이 싫어하면 어쩌지?'라는 걱정까지 남자들은 짐작하기 어려운 고민들로 머리가 복잡했다. 그러다 보니, 조직 내 사람들과 관계를 넓힐 수 있는 기회가 생겨도 망설이게 됐다. 리더에게 필요한 관계력이 부족하다는 생각은 주어진 일을 더 완벽하게 해내야 한다는 부담으로 다가왔다. 그리고 이 고민은 결국 '여자들은 자기 일에만 관심이 있지, 조직에는 관심이 없어.'라는 말로 돌아왔다.

조직심리학자 에이미 에드먼슨이 《두려움 없는 조직》에서 얘기한 것처럼 안전에 대한 인간의 욕구는 매우 강하다. 안전하지 않다고 생각하면 구성원 누구도 자발적으로 인간관계의 위험을 떠안으려고 하지 않는다. 주어진 일만 하면 큰 문제가 되지 않는데 굳이 '여자가 너무 나대는 거 아냐?'라는 비난을 감수하면서 적극적으로 뛰어들기는 어렵다. 처음에는 야심차게 커리어의 이상을 추구했던 여성들이 네트워크와 영향력의 한계를 느끼면서 더 높은 커리어에 도전하기보다 주어진 일에 집중하는 '과업형 리더[05]'로 머무는 경향을 보이는 것도 그런 이유다. 다양한 기회에 노출되면서 다듬어져야 할 자신의 재능과 장점도 유사한 업무 속에 머물면서 점점 퇴색돼 가면서, 과업형 리더로서의 경쟁력도 점점 약해져 간다.

---

05 블레이크(Blake)와 머튼(Mouton)의 관리격자 이론 (Blake & Mutton, The Manageriala Grid,. Houston, TX, 1964) 은 업무에 대한 관심은 매우 높지만 사람에 대한 관심이 매우 낮은 리더를 '과업형'으로, 사람에 대한 관심은 높지만 과업에 대한 관심은 매우 낮은 '컨트리클럽형'으로 보고 어떠한 리더가 더 탁월한 성과를 내는지 조사했다. 그 결과, 둘 중 하나를 선택할 수 밖에 없다는 고정관념과 달리 '업무'와 '인간'에 대한 관심 두 가지를 모두 충족시키는 리더인 '팀형' 리더가 가장 탁월한 성과를 지속적으로 낼 수 있다는 점을 다양한 조사를 통해 증명하고 이론화했다.

〈여성에 대한 '이중 구속(Double binding)' 딜레마〉[06]

	스테레오타입	이중구속
	남성은 책임감이 강하다 강인하다 결단력 있다 단호하다	여성이 책임감이 강하면, 유능해 보이지만 호감이 가지는 않는다.
	여성은 세심하게 배려한다 육성을 잘한다 감성적이다 소통을 잘한다	여성이 세심하게 배려하면, 호감을 느끼지만 유능한 리더로 보이지는 않는다.

결론: 여성 리더들은 유능해 보이거나, 호감을 주거나 둘 중 하나를 택할 수 밖에 없다. 둘 다 가지는 경우는 매우 드물다.

06 〈The Double-Bind Dilemma for Women in Leadership (Infographic)〉, CATALYST.ORG. 저자 역.

02

'성장 마인드셋'을 가로막는 '가면 증후군'

자기수용은 변화와 성장의 전제조건이다. 자신을 받아들이지 않는다면, 진정으로 나 자신으로 존재할 수 없고 자존감을 쌓을 수도 없다.[07]

- 너새니얼 브랜드 Nathaniel Branden

'내가 이 일을 할 만한 능력이 충분한가?'

'내가 사람들을 리드할 만큼 충분히 터프한가?'

'내가 새로운 일을 금방 익힐 만큼 똑똑한가?'

남성의 비중이 높은 중견기업에서 마케팅 팀장으로 일했던 나는 군대를 다녀온 남자 직원들보다 승진이 빨랐다. 겉으로는 드러내지 않았지만, 내 머릿속은 나의 능력에 대한 불신으로 복잡했다.

07 너새니얼 브랜든, 김세진 역, 《자존감의 여섯가지 기둥》, 2015, 교양인, 161쪽.

'여자 팀장을 늘려야 해서 팀장을 달아줬다'

'여자 팀장이 조직에 잘 융화될 수 있을까?'

'여자가 너무 센 거 아니야?'

내 승진에 대해 사람들이 지나가며 농담처럼 던지는 말 한마디 한마디는 왠지 모를 죄책감과 불안감을 심어줬다. 그 불안감을 잠재우기 위해 내가 할 수 있었던 것은 부족한 실력이 드러나지 않도록 지칠 때까지 일하는 것이었다. 밤을 새서 자료를 준비하고도 사람들이 언제 이 일을 다 했냐고 물으면 '어제 저녁에 급하게 준비했어요'라고 대답을 했다. 야근하는 나에게 동료가 '많이 힘들지?'라고 물으면, '제대로 하는 것도 없는데 뭐, 개인적으로 다른 게 할 게 있어서'라며 실력이 부족해서 일에 시간을 많이 쏟는 사람처럼 보이지 않으려 했다.

나중에 알게 된 사실이지만, 자신의 능력에 대해 의심하고 불안을 느끼는 것은 나뿐 아니라 많은 여성들이 공통적으로 느끼는 심리적 문제였다. 이를 심리학에서는 '**가면 증후군**(Imposter Syndrome)'이라 한다. 이러한 심리적 불안은 어릴 때부터 부모님과 사회로부터 들어온 '여자는 ~해야 해'라는 고정관념과 관련이 높다.

'가면 증후군'은 유능하고 사회적으로 인정받는 사람이 자신의 능력에 대해 의심하며 언젠가 무능함이 밝혀지지 않을까 걱정하는 심리 상태를 말한다. 가면 증후군을 겪는 사람들은 정당한 노력을 통해 높은 목표에 도달했음에도 불구하고 자신의 성공은 가짜이고, 스스로 그런 자격이 없다고 불안해하면서 스스로의 성취를 깎아내리는 경향을 보인다. '가면 증후군'은 여성뿐 아니라 남성들이나 새로운 시도를 하는 사람들에게도 많이 나타난다. 하지만 가장 두드러지게 가면 증후군을 겪는 대상은 남성 중심 문화에서 사회적으로 성공한 여성들이다.[08]

여성들이 가면 증후군을 더 많이 겪는 이유

여성들이 가면 증후군을 더 많이 겪는 데에는 어린 시절의 가정교육이 큰 영향을 미친다. 부모의 가치관이 어린 시절 우리의 무의식에 가장 깊숙이 각인돼 우리의 말과 행동 전반에 영향을 미치기 때문이다. 어린 시절 부모님으로부터 전통적 여성의 이미지를 교육받으면 이후 사회에서 비슷한 요구가 있을 때 더 쉽게 순응하거나 내면화시킨다. 반면, 그 이미지에 반하는 자아상을 갖게 되면 죄의식과 불안감, 자기 의심을 떨쳐버리기 어렵다.[09]

---

08 1978년 클랜스와 아임스가 이 이론을 정립시킬 당시 사회 고위층의 여성들을 인터뷰한 후 그들이 공통적으로 보인 두려움과 자신의 능력에 대한 부정을 보며, 이 현상이 '전통적 여성'이라는 고정관념을 깨고 사회적 성취를 이룬 여성들에게서 특히 두드러진다는 것을 밝혀냈다.

09 페미니스트 철학자 샌드라 리 바트키(Sandra Lee Bartky)는 여성들의 항상 관찰 당하고 있다는 느낌은 너무 깊이 뿌리내려 있어서 마치 제2의 자아와도 같다고 했다. 고분고분하고 사회적으로 유용한 여성들을 길러내기 위한 다양한 규범들이 행동의 기준이 되면 항상 타인을 의식하게 되고 작은 실수에도 흠 잡힐 것 같은 기분이 든다는 것이다. 때문에 타인을 대하는 태도나 행동이 부자연스러울 수밖에 없다고 말했다.

예를 들어, '남자는 씩씩해야 돼'라는 이야기를 듣고 자란 아이들은 성인이 되어서도 그렇게 행동해야 올바르다는 생각을 자신도 모르게 갖게 된다. 만약 내향적 성향의 사람으로 자라게 되면 스스로 자신은 '남자답지 못하다'는 열등감을 가지고 살아갈 가능성이 높아진다. '여자는 조신해야지'라는 이야기를 듣고 자란 여자 아이들도 마찬가지다. 만약 도전정신과 적극성을 필요로 하는 영역에서 사회적으로 큰 성공을 거두었더라도, 내면 한 구석에서는 '내가 자격이 충분히 될까?', '부모님이 나를 싫어하시면 어떻게 하지?'라는 생각을 떨쳐버리기 힘들다.

가면 증후군을 느끼는 사람들이 보이는 대표적인 패턴은 이처럼 남들이 기대하는 이미지에 자신을 맞추기 위해 지칠 때까지 과도하게 노력하는 것이다. 때문에 번아웃에 자주 빠지는 것이 대표적인 부작용이다. '내가 생각하는 나'와 '남이 생각하는 나' 사이의 격차가 점점 커져 가지만 언젠가 내가 쓴 '가면'이 벗겨져 '부족한 나'가 탄로 날까봐 불안해 자존감이 낮아지기도 한다. 혹은 다른 사람의 평가를 피하기 위해 좋은 기회가 왔음에도 이런 저런 핑계로 외면하거나, 결정을 최대한 미루다 결국 포기하고 만다. (46쪽 〈'가면 증후군'이 쉽게 빠지는 사고 회로〉 참조)

가면 증후군과 고정 마인드셋

스탠퍼드 대학교의 캐롤 드웩(Carol Dweck) 교수는 그의 책《마인드셋》에서 여성에 대한 고정관념은 여성들이 가면 증후군을 갖도록 부추기고, '고정 마인드셋'을 갖게 한다고 말했다. 드웩 교수가 말하는 **성장 마인드셋**은 우리는 노력을 통해 더 성장할 수 있고, 지금은 부족하지만, 더 나아질 수 있다고 믿는 것이다. 반면, **고정 마인드셋**을 가진 사람은 나의 능력은 불변하고 아무리 노력을 해도 달라지는 것이 없다고 믿는다.

그에 따르면, 능력과 성취가 높은 여성들은 어릴 때 대부분 행동도 바르고 완벽하다는 칭찬을 듣는 소녀였고, 이 평가를 믿고 자란 여성들은 타인의 평가에 더 민감하게 반응하게 된다. 또한 변화나 도전보다는 주변의 고정관념을 지켜야 한다는 생각이 더 강하다. 하지만 이러한 생각은 자신의 자존심을 지키는 데 더 집착하게 만들고, 자신을 새로운 환경에 던져서 주체적으로 정체성을 만들고 배워가는 것을 주저하게 만든다고 지적한다.

'고정 마인드셋'을 가진 사람이 성장하기 어려운 가장 큰 이유는 고난과 실패를 바라보는 관점 때문이다. '성장 마인드셋'을 가진 사람은 고난과 실패를 자신의 재능과 잠재력을 끌어내 성장할 수 있는 도구로 인식한다. 그래서 어려운 상황에서도 쉽게 좌절하지 않고 배우고 익히면서 원하는 성과를 만들어낸다. 원하는 성과가 나오지 않았더라도 과정에서 최선을 다하고 배운 점이 있다면 성공으로 인식을 한다. 반면, '고정 마인드셋'을 가진 사람에게 고난과 역경은 피해야 할 자극이다. 실패에서 배우고 나아가기보다 '난 여기까지야'라고 단정해 버리고, 비슷한 상황에 처했을 때 억지로라도 회피하려고 하거나 실수를 반복한다. 다른 사람들의 피드백을 받아들이기 어려워하고, 서로 다른 입장을 지닌 부서와 협업을 하거나 자신보다 뛰어난 구성원을 육성하는 데 불안감을 느낀다.

고정 마인드셋의 특징은 가면 증후군의 부작용과도 상당히 유사하다.[10]

- 불필요한 심리적 스트레스와 피로에 시달린다.
- 목표를 이루도록 도와줄 멘토와 인맥을 만들지 못한다.
- 내가 한 일에 대해 제대로 인정받지 못한다.
- 성공이든 실패든, 노력과 도전에서 오는 만족감을 느끼지 못한다.
- 나 자신과 세상에 대해 배울 기회를 놓친다.
- 나의 재능을 100% 발휘하지 못하는 안전한 일만 한다.
- 여성의 장점인 공감 능력을 발휘하지 못한다.

사실 나는 가면 증후군이 주는 불안감 덕분에 항상 더 노력하고 부

10 밸러리 영, 강성희 역. 《여자는 왜 자신의 성공을 우연이라 말할까》. 2020. 갈매나무. 115쪽.

족한 점들을 빨리 보완할 수밖에 없었다. 그리고 어느 수준까지는 나의 커리어를 끌어 올리는 원동력이 됐다. 하지만 많은 여성들이 겪는 문제는 필요한 지식과 능력을 갖춘 이후에도 계속 자신의 단점에 집중하고, 실패에 대한 불안 때문에 새로운 시도를 하지 못한다는 점이다. 그래서 '업무 관리자'를 넘어 다른 사람들에게 영감을 주고 동기를 부여하는 '리더'로서의 영향력을 확대하는 데에는 어려움을 겪는다.

다행스럽게도, '가면 증후군'은 전 세계인의 80%가 한 번쯤은 경험할 만큼 일반적인 심리 증상이다. 또한 이 원인이 자신의 잘못이 아니라 사회 문화적인 고정관념의 영향이 크다는 것을 인식하면, 이것을 극복하는 것 또한 어렵지 않다.

미국의 전 영부인 미셸 오바마도 그녀의 자서전 《비커밍》과 여러 미디어의 인터뷰에서 자신이 겪은 가면 증후군의 위험성에 대해 말했다. "우리가 충분히 능력이 있는 상황에서도 우리의 능력을 의심하는 이유는 사회가 '당신은 여기 있을 자격이 없다'고 말해왔기 때문"이며, 자신은 "8년 동안 미국의 영부인으로 살았지만 아직도 가면 증후군의 압박을 가끔씩 느낀다"고 말했다. 그러면서 "우리의 재능을 충분히 발휘하려면 끊임없이 이를 의식하고 극복해 나가야 한다"고 강조했다. 가수 아이유 역시 자신의 인스타그램에서 "사람들이 칭찬할수록 불안감이 커졌고 사기꾼처럼 느껴졌다"면서 "불안해하면서 근사하게 사느니 그냥 초라하더라도 마음 편하게 살아야겠다고 생각했다"고 밝힌 적이 있다.

모든 일하는 여성들이 '가면 증후군'을 겪는 것은 아니다. 하지만 한국 사회는 유교적 문화에 따른 여성에 대한 고정관념이 강하기에, 나도 모르게 '내가 이래도 될까?'라며 자기검열을 하는 습관을 가지기 쉽다. 그리고 이러한 생각은 조직에서 다양한 연결을 통해 성과를 만들고 성장할 기회를 가로막게 된다.

일하는 여성이 적극적으로 관계를 만들어 나가기 위해서는 부모님과 사회의 요구에 부응하기 위해 하루에도 몇 번씩 바꿔쓰고 있는 '잘나가는 커리어 우먼', '현명한 엄마', '이해심 깊은 아내', '착한 며느리', '착한 딸' 등의 가면을 잠시 내려두자. 대신 내가 주로 쓰는 가면은 무엇이고 그로 인해 내가 포기해야 하는 것은 무엇인지, 내가 원하는 내가 되기 위해 쓰고 싶은 가면은 무엇인지를 이해하는 것이 필요하다. 무엇을 그만둘지를 아는 것이 변화의 시작이기 때문이다.

〈'가면 증후군'이 쉽게 빠지는 사고 회로〉[11]

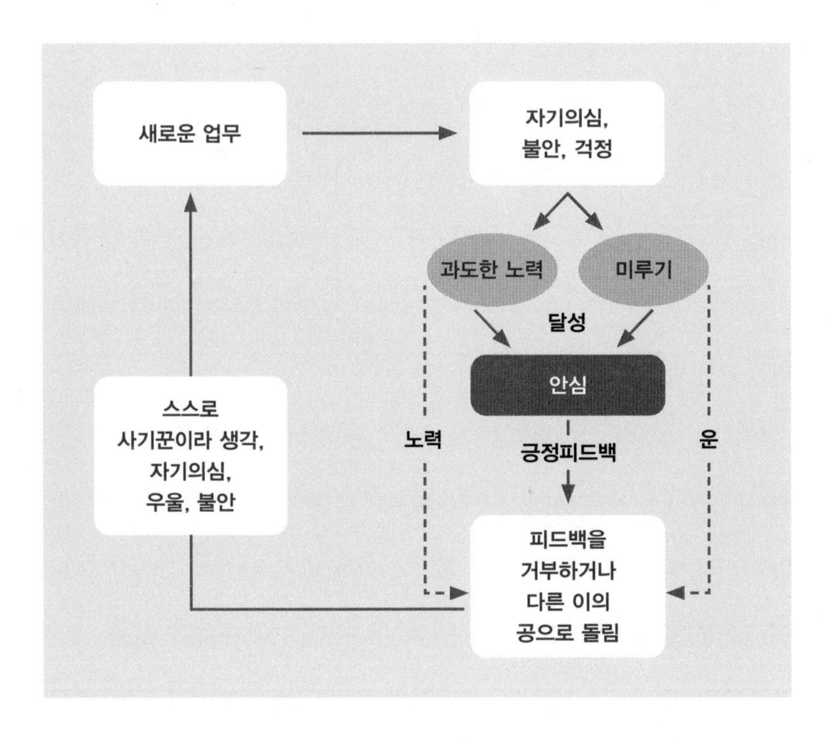

11 Clance's (1985) model of the Imposter Cycle, as depicted in Sakulku & Alexander (2011). 저자 역.

가면 증후군을 극복하기 위해서는

'가면 증후군'을 겪었으며 지금도 겪고 있다고 고백한 성공한 여성들이 공통적으로 말한 극복 방안은 크게 세 가지다. 첫째, 자기 자신의 단점까지 있는 그대로 이해하고 수용하고 드러내는 용기를 갖는 것, 둘째, 다른 사람의 시선과 부정적인 생각에 끌려 다니지 않기 위해 자신의 삶의 목적과 목표에 집중하는 것, 마지막은 완벽주의를 버리는 것이다. 세 가지 모두 유용한 방법이지만, 자신에게 맞는 방법을 추가로 찾아 나가는 것이 필요하다.

조경선 신한금융그룹 DS CEO: "그 자리에 필요한 능력이라면 충분한 시간을 들여 연습해라"

전에는 남 앞에서 얘기하는 것이 많이 부담스러웠다. 주목을 받는 자리에 있었지만 '내가 이래도 되나?'하는 생각이 앞섰다. 하지만 CEO가 소통 능력이 부족하면 아무리 마음이 좋아도 진정성이 전달될 수 없다고 생각해 내가 전달하고 싶은 생각을 글로 쓰고 말하는 연습을 계속 반복했다. 그렇게 연습하다 보니 내 스타일이 만들어지기 시작했고, 좋은 반응을 얻는 경험들이 하나씩 쌓이면서 이제는 남들 앞에서 말할 때 '내가 나를 속인다'는 생각 없이 자연스럽게 말할 수 있게 됐다.

김선아 오비맥주 노사협력팀 팀장: "약점을 있는 그대로 드러내라"

지방대 출신에, 인사를 전공하지 않았고, 영어가 유창하지 않다는 것은 외국계 회사에서 인사업무를 하는 데 큰 약점일 수 있다. 하지만 나는 내 소개를 할 때 콤플렉스로 작용할 수 있는 이 부분을 함께 얘기한다. 그러면 사람들은 나에 대해 가지고 있는 선입견을 내려놓고 같은 인간으로 바라봐준다. 관계가 편안해지면 나도 나를 드러내는 데 있어 더 당당해진다. 그리고 내 콤플렉스를 극복하기 위해 항상 노력하고 도전하는 자세가 생겨난다. 그러면서 점점 더 내가 원하는 나의 모습에 가까워지는 것 같다. 누구나 불안감은 있지만 결국에는 잘 될거라는 나에 대한 믿음이 중요하다고 믿는다.

박예리 카닥 CSO: "객관적 사실에 집중해라"

회사에서 좋은 평가를 받고 승진을 해서 엄마를 찾아갔는데 엄마는 "빨리 좋은 남자 만나서 시집이나 가면 소원이 없겠다"고 말씀하셨다. 한편으로는 엄마의 말을 가볍게 무시했지만 다른 한편으로는 '내가 지금 제대로 살고 있는 것인가? 엄마 말이 맞지 않을까?'라는 혼돈과 우울감이 찾아왔다. 하지만 엄마가 말하는 행복한 삶을 사는 분들을 떠올려 보니, 그들이 행복한 요인은 '결혼' 때문만은 아니었다. 결혼 자체는 하나의 요소이거나 아니면 방해 요인이 되는 경우도 많았다. 오히려 자신의 일을 즐겁게 하는 사람들이 더 행복하게 사는 걸 보고, 내 목표와 목적에 집중하는 것이 중요하다는 결심을 갖게 됐다. 다른 사람의 기준 때문에 흔들린다면 당장의 감정보다는 객관적인 사실을 적어보고 나에게 의미가 있는 것인지를 판단하는 것을 추천한다.

정지현 LG유플러스 인사담당 상무: "나의 강점과 가치에 집중해라"

초년 팀장일 때는 팀장들 모임에서 나만 다른 남성 팀장들이 가진 여유와 노련함이 없다는 게 느껴져 조바심이 났다. 그러다 보니 남들보다 더 준비하고, 노력해야 된다는 생각 때문에 늘 긴장 상태였다. 처음에는 다른 남성 리더들이 하는 것처럼 늦게까지 술도 마시고 사람들과 어울리며 관계를 만들어 가려고 애를 썼지만, 큰 소용은 없었다. 하지만 어느 순간부터는 나이가 어린 내가 조직에서 '덕장'을 하기 어렵다는 것을 인정하고, 그 대신 '지장'이 되자고 생각을 했다. 그것만으로도 조직에 충분히 기여할 수 있다고 생각하니 그때부터 불필요하게 남들을 따라 하지 않고 내 장점에 집중할 수 있었던 것 같다. 세상에는 여러 가지 답이 있다는 생각을 가지고 내 강점에 더 집중하고, 그것을 내 정체성으로 세우면서 가면 증후군을 극복할 수 있었다.

03

성공한 여성들은 관계력이 무기가 된다

많은 사람을 알고 있고, 연결해 줄 수 있는 사람이 '커넥터'다. ··· 많은 사람을 안다는 것은 일종의 기술, 의도적으로 착수해야 하는 테크닉이며, 완벽해질 수도 있는 테크닉이다. 그런 테크닉들은 모든 사람을 아는 데 핵심적인 역할을 한다.[12]

- 말콤 글래드웰 Malcolm Gladwell

고정관념의 영향으로부터 자유롭지 않은 여성은 조직에서 '연결'이 아킬레스건이 될 수밖에 없는 것일까? 다행히도 나는 워크숍과 코칭을 통해 여성 리더를 만나면서 남성의 비중이 높고, 수직적인 문화를 가진 조직에서도 자신만의 방식으로 관계를 키우며 성공하는 여성 리더들을 많이 만날 수 있었다.

12 말콤 글래드웰, 임옥희 역, 《티핑 포인트》, 2016, 21세기북스, 58쪽, 93쪽.

이들이 관계력을 키우는 방식에는 몇 가지 공통점이 있었다. 이들은 시간도 부족하고, 체력도 부족한 상황에서 굳이 남성들이 자주 어울리는 술자리와 흡연 장소에서 자리를 지키려 노력하지 않는다. 하지만 좋은 성과를 내기 위해 누구와 관계를 맺어야 하는지를 잘 알고 있고, 평소 연결 고리가 없더라도 그 사람들에게 먼저 접근해 자신들만의 방식으로 좋은 관계를 맺으려 노력한다. 직급과 나이를 크게 따지지 않기에 다른 사람들이 어려워하는 윗사람에게도 편안히 말을 건네고, 직급이 한참 낮은 직원들과도 잘 어울린다. 그들에게는 '공감을 잘한다', '진정성이 느껴진다'는 수식어가 붙는다. 여성이라서 관계력이 약한 것이 아니라, 여성이라서 공감을 기반으로 한 포용력 있고 수평적인 관계를 만들어갈 수 있다는 것을 보여준다.

신한금융그룹 최초로 여성 CEO의 자리에 오른 신한DS 조경선 대표는 신한금융그룹 공채 1기 출신이다. 입사한 지 38년 만에 보수적인 금융권의 유리천장을 극복하고 CEO의 자리에 올랐다. 그녀의 오랜 지점장 경력을 고려해 보면 저녁은 물론 주말까지 네트워킹 모임으로 정신없이 바쁠 것 같지만, 실제 그녀는 많은 사람을 동시에 만나는 것보다 1명을 깊이 있게 만나며 관계를 다지는 스타일이다. 다른 사람의 시선에 끌려가지 않고 자신의 속도에 맞게 관계를 확대하고 리더의 역할을 해낼 수 있는 비결로 그녀는 자신의 목적과 가치를 말한다.

"제가 직장 생활을 하는 목적은 '구성원이 강점을 기반으로 즐겁게 성장하도록 돕는다.'예요. 저한테는 '즐거움'이 중요한 가치거든요. 즐겁지 않으면 치열해도 좋은 성과로 연결되지 않잖아요. 신한금융그룹의 목적은 '고객에게 더 쉽고 편안한 가치를 제공한다'는 것인데, 저의 개인적 목적인 '직원들의 즐거운 성장'이 실현되면 결국 그룹 전체의 목적으로 연결되기 때문에, 저한테 조직은 제 목적과 가치를 이룰 수 있는 무대인 셈이죠."

조대표는 보수적인 조직에서 자신만의 색깔을 유지할 수 있었던 데에도 '목적과 가치'의 힘이 컸다고 말한다.

"저는 제 목적을 직원들에게 종종 이야기하는데, 직원들이 자기 장점을 일과 연결하면서 전보다 일에서 열정과 성과가 높아지는 걸 볼 때는 내가 남성인지, 여성인지에 대한 생각은 아무 의미 없어져요. 그냥 당당해지죠. 가끔씩, CEO가 '좀 더 위엄있어야 하는 거 아니냐'는 조언을 받을 때도 있는데 그럴 때 제 목적과 가치를 떠올리면 우선순위 정리가 잘 돼요. 단기 실적도 물론 중요하지만 장기적인 목적을 바라봐야 지속적으로 성장할 수 있잖아요. 남성 임원들 속에서 여성으로서의 제 정체성을 지키는 것이 가끔씩 힘들게 느껴진 적도 있지만, 제 목적과 가치에 집중하고 그것을 함께 일하는 임원, 직원들과 나누게 되면 나를 너무 과대평가하거나 너무 낮추지 않으면서 내 속도와 스타일로 일할 수 있었어요."

LG 유플러스 정지현 상무는 다른 대기업의 인사 임원과 달리 인사를 한우물만 판 케이스가 아니다. 외국계 회사에서 마케팅 업무로 첫 커리어를 시작했고, 이후 컨설턴트로 일하다가 HR로 영역을 옮겼다. 그녀가 다양한 영역으로 커리어를 옮기면서도 계속해서 성장할 수 있었던 데에는 '즐거운 성장을 체험하도록 돕는다'는 자신의 목적에서 시작된 조직 안팎의 사람들과의 네트워크가 있었다.

"돌아보면 커리어를 처음 시작할 때와 지금의 저는 정말 다른 사람이에요. 일을 통해 어려운 일들을 하나씩 경험하면서 성공하든 실패하든 많은 걸 배우면서 성장했거든요. 가끔 아주 똑똑한 친구들이 조직에 와서 무능해지는 걸 보거나, '일은 생계 수단에 불과하다'는 말을 하는 직원을 보면, 내가 경험했던 '성장의 즐거움'을 느끼도록 도와주고 싶다는 생각을 언제부턴가 갖기 시작했어요. 그 목적이 저를 HR 분야로 이동하도록 도왔던 것 같아요."

정상무 역시 자신이 처음부터 좋은 리더는 아니었다고 털어놓았다. 첫 직장을 다닐 때 20대 후반 대리 시절부터 '팀장' 역할을 맡았지만, 동료 남자 팀장들과 동등한 리더로 인정받지 못한다는 조바심을 느꼈고, 그들과 형식적인 관계 이상을 넘어서지 못했다. 하지만 이직한 직장에서 성별에 상관없이 주변 사람들이 자신에게 먼저 편하게 다가

오는 경험을 하게 되었다. 그때 정상무는 관계에서 '나를 증명해야 한다'는 부담감을 내려놓고 취약성을 드러낼 수 있어야 상대와의 공감대가 만들어진다는 사실을 깨달았다고 한다. 그래서 그녀는 사람들과 관계가 매끄럽지 않다고 느끼면 '내가 뭘 내려놓아야 할까?'라는 질문을 스스로에게 던진다.

"관계에서 가장 중요한 건 신뢰라고 생각해요. 상대에게 신뢰를 주기 위해서는 나를 냉정하게 성찰해 보는 것이 필요하지요. 우선은 '현재 내 역할에 충실하고 있나?', '조직에 어떤 기여를 하고 있나?'라고 스스로의 역할에 대해 성찰해 보는 질문이 중요합니다. 동시에 '상대에게 어떤 도움을 주는 존재인가?'라는 질문도 중요하다 생각해요. 결국 일은 혼자 할 수 있는 것이 아니기에 서로 좋은 관계를 쌓아야 하는데, 이를 위해서는 나의 역할에 충실하는 것만큼이나 무언가를 먼저 내려놓더라도 남을 도와 공동의 목적을 달성하는 것이 중요하기 때문이죠.

워킹맘으로 집과 회사를 오가느라 하루하루가 바빴지만, 조직 밖에서도 성장에 관심 있는 사람들과의 스터디 모임을 꾸준히 이어나갔다. 비슷한 목적을 가진 다양한 배경을 가진 사람들과의 연결은 그녀에게 영감과 에너지를 주기 때문이었다. 조직 안팎에서 자신의 목적에 기반해 맺어온 진정성 있는 관계는 그녀가 목적에 더 기여할 수 있는 새로운 기회로 연결되면서 지금의 인사 전문가로 성장하는 데에 도움을 주었다.

GS그룹에서 오픈 이노베이션팀을 이끌고 있는 김진아 리드는 지난 2년 동안 함께 일하는 팀원이 급격히 늘어났다. 그녀가 만든 조직의 이름은 '52g(오이지)'. '오픈 이노베이션 GS그룹'의 약자다. 다양한 조직의 구성원들이 오픈 마인드로 협업해 문제를 해결하고 혁신을 창조한다는 의미다. 벤처기업이 아닌 딱딱한 대기업에서는 쉽게 접하기 어려운 부서명이다.

2020년에 이직할 당시만 해도 팀원이 없는 단독 조직이었지만, 2021년에는 13명, 2022년에는 11개의 계열사에서 온 30여 명의 팀원들과 함께 그룹 내에서 크고 작은 혁신 프로젝트를 이끌고 있다. 그녀가 지금의 큰 팀을 이끌게 된 데에는 '새로운 도전에 설레는 세상을 만듭니다'라는, 직원들과 함께 세운 팀 '목적'의 힘이 컸다.

대기업의 특성상 외부에서 영입된 1인 팀으로 혁신 프로젝트를 진행하는 것은 쉽지 않았다. 하지만 그녀는 2020년을 가장 즐거웠던 한 해로 꼽는다. 복잡한 프로세스나 현실적인 어려움에 좌절하지 않고, 자신의 목적에 가장 집중했던 때였기 때문이다. 목적에 집중하자 다른 현실적 어려움들은 부차적인 요소로 느껴졌고, 그녀는 사람들이 불가능할 것이라 느꼈던 일들을 하나씩 해 나갔다. 그녀의 열정과 그 결과로 만들어낸 성과에 사람들은 조금씩 관심을 갖고 마음을 열기 시작했다. 그러면서 조직의 역할은 늘어났고, 전담이 아니라 파트 타임으로라도 그녀와 함께 일하겠다고 자원하는 직원들이 그룹 내에서 생겨났다.

2022년 새로운 크루들을 모집하는 공지 메일은 팀원들과 함께 만든 목적과 가치로 시작했다. 오픈 이노베이션팀이 '왜 일을 하고', '어떻게 일하는지'에 대해 소개한 이메일은 직원들 내에 잠재된 변화에 대한 열망을 움직이게 했다. 자신이 평소 필요성을 느꼈던 변화를 일을 통해 실현하고 싶은 지원자들이 예상보다 두 배를 넘어섰다. 고과 평가와 네트워크에 민감한 대기업에서 새로 만들어진 신생팀에, 평가나 근무 형태가 불확실한 팀에서 일하겠다고 자원하는 것은 매우 이례적인 사건이었다.

"이전 직장인 GS홈쇼핑에서 지주사로 올 때는 '변화를 원하는 직원들에게 성공 경험을 느끼게 해준다'는 저의 작은 목적을 실현할 수 있겠다는 믿음이 있었어요. 그런데, 여기서 제 목적에 공감하는 사람들을 만나면서 더 많은 사람들과 목적을 중심으로 연결되었어요. 그래서 지금 일은 너무 많지만, 목적과 연결된 일을 통해 함께 성장하는 기쁨과 연결의 에너지를 느낄 수 있어 행복합니다"라는 김진아 리드의 말에서 관계력의 힘이 잘 드러난다.

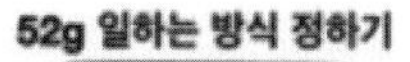

위에 언급된 여성 리더들의 직장은 모두 리더그룹에 여성의 비중이 20% 미만이다. 그만큼 기업 문화도 보수적이다. 하지만, 목적을 기반으로 사람들과 연결된 그들에게 '관계력'은 아킬레스건이 아니라 그들의 '무기'였다. 그들은 자신이 중요하게 생각하는 가치가 무엇인지, 장기적으로 어떤 목적을 추구하는지 이해하고 있었다. 그리고 상대의 목적과 성장에 관심이 많았다. 조직의 목적과 자신의 목적을 연결해 조직을 자신들의 목적을 실현시킬 수 있는 공간으로 여겼다. 그러다 보니 일에 대한 열정과 몰입이 뛰어났고, 다른 구성원들을 자신의 목표를 달성하기 위한 수단이 아니라 함께 목적을 달성할 파트너로 여겼다. 수직적 관계가 아닌 수평적인 관계에서 대화가 이뤄졌고, 여기에는 여성이 가진 세심함과 공감 능력이 힘을 발휘했다.

이들에게도 조직 내에서 암암리에 회자되는 '여성에 대한 고정관념'과 자기 자신에게서 불쑥불쑥 발견되는 '자기의심'은 넘어서야 할 벽이었다. 하지만 자신의 개인적 목표를 넘어서 조직과 연결되는 목적이 있었기에 그들은 고정관념 뒤로 숨거나, 눈앞을 깜깜하게 하는 벽에 좌절했다가도 포기하지 않고 성큼성큼 컴포트 존(Comfort Zone)을 넘어갈 수 있었다. 그리고 그 과정에는 그들의 목적에 공감하는 동료와 구성원들의 지지가 함께 있었기에 자신들의 선택과 결정이 틀리지 않았음을 알 수 있었다.

04

여성 리더의 관계력을 방해하는 '빌런' 유형

새로운 것을 원한다면, 낡은 행동을 그만둬야 한다.

- 피터 드러커 Peter Drucker

일하는 여성들을 만나면서 나는 고정관념의 영향에 대해 한 가지 크게 배운 것이 있다. 여성에 대한 고정관념은 여성의 성장과 성공을 가로막는 장애물이지만, 그것을 해석하고 반응하는 방식은 사람마다 다르다는 것이다.

모든 여성들은 우리 사회에 존재하는 여성에 대한 고정관념에 영향을 받는다. 하지만 어떤 사람은 자신에게 영향을 미치는 고정관념을 인정하면서도 그것을 어떻게 극복해야 하는지 알고 있기 때문에 이에 크게 연연해 하지 않는다. 반면 어떤 사람들은 고정관념을 전혀 신경쓰지 않는다고 말하지만 평소 말과 행동에는 전통적 여성의 고정관념이 선명하게 드러난다. 그 차이는 자신에게 영향을 미치는 고정관념은 무엇이고, 그 이유는 어디서 왔는지를 이해하는지에 달려 있었다.

나는 여성 리더 워크숍을 준비하면서 우리에게 영향을 미치는 '여성에 대한 고정관념'을 이해하기 위해 두 개의 축으로 우리 주변의 여성 리더들을 구분해 보았다. 나 자신에 대한 관찰과 지금까지 만났던 여성 리더들의 경험, 그리고 다양한 리더십 이론을 토대로 만들어진 기준이다.

① '주체적 정체성'을 가지고 있는가?

X축은 나와의 연결을 기반으로 **'주체적 정체성'**을 추구하는 것을 의미한다. '주체적 정체성'이란 부모님과 사회가 만들어 놓은 고정관념을 뛰어넘어 나다운 것이 무엇인지 탐색하면서, 자신의 장점과 단점, 욕구와 감정을 있는 그대로 이해하고 수용하며, 일과 가정에서 진정성 있는 모습을 보이는 것을 의미한다. 내가 나를 이해하고 수용할 때 다른 사람을 진정성 있게 이해하고 포용할 수 있기에 관계에서 나를 있는 그대로 이해하고 나다운 삶을 추구하는 것은 관계력의 근본적인 요소이다.

② 타인 및 조직의 목적을 추구하는가?

Y축은 **'타인 및 조직의 목적'**이다. '목적'은 '목표'와는 다르다. '목표'가 중단기적 성과라면 '목적'은 삶의 지향점과 존재이유, 즉 WHY이다. 또한 개인적 이익을 넘어서 사회적인 존재로 다른 사람과 관계를 맺고, 서로 도와주려는 욕구를 포함한다. 경쟁과 갈등이 일상인 조직 생활에서 다른 사람과 조직의 목적을 추구한다는 것이 이상적으로 들릴 수 있다. 하지만 사회적 동물인 인간에게 공동체에 기여하고 싶다는 욕구는 매우 강하다. 특히 오랜 시간 양육을 담당하며 진화해온 여성에게 나를 넘어서 타인과 공동체에 기여한다는 생각은 여성을 더욱 대담하게 만들어주며, 구성원들과의 연결을 깊게 해준다.

두 개의 축에 따라 구성원들과의 연결 방식은 네 개의 유형으로 구분할 수 있다.

첫 번째 유형은 자신의 '주체적 정체성'과 '타인과 조직의 목적 추구' 모두에 잘 연결된 유형이다. 나뿐 아니라 타인과 조직과도 잘 연결돼 있어 **'위커넥터**We-Connector'라고 이름 붙였다.

두 번째 유형은 타인과 조직의 가치와 목적과는 잘 연결돼 있지만, 자기 자신의 정체성, 감정, 욕구와는 단절된 **'슈도 커넥터**Pseudo-Connector'이다.

세 번째 유형은 여성의 고정관념을 거부하는 듯 하지만, 사실은 깊이 내면화하고 있는 유형으로, 타인을 활용해 개인의 목표를 충족시키려는 경향이 있어 '**나르시시스틱 커넥터**Narcissistic Connector'라고 이름 붙였다.

마지막 네 번째 유형은 자기 자신의 주체적 정체성은 중시하지만, 타인과 조직의 목적보다는 개인의 목표에 집중하는 '**디스커넥터**Dis-Connector' 유형이다.

내 성장의 발목을 잡는 내 안의 '빌런' 찾기

상황과 시기에 따라 나에게 영향을 미치는 고정관념은 달라질 수 있다. 때로는 동시에 여러 개의 고정관념이 복잡하게 영향을 미치기도 한다. 하지만 조직 내에서 나다운 관계력을 갖기 위해서는 나도 모르게 나의 말과 행동을 조종하는 내 안의 '빌런'을 이해하는 것이 중요하다. 우리 안에는 여러 가지의 목소리가 있는데, 전통적 여성에 대한 고정관념은 '사람들이 나댄다고 하면 어쩌려고?', '실수하면 얼마나 욕을 먹겠어', '참으면 모두 다 편안해'라면서, 자신의 능력을 폄하하며 자신감을 약화시키는 악당의 목소리를 낸다. 내 안의 '빌런'이 어떤 패턴의 목소리를 내는지, 그리고 그 목소리가 현재 조직에서 관계를 맺는 데 어떠한 영향을 미치는지를 알아차리면 어떻게 반응해야 하는지에 대한 대책을 마련할 수 있다.

자신에게 스스로 질문하는 소크라테스의 학습 방법을 '산파술'이라고 한다. 산모의 출산을 돕는 산파와 같이, 나에게 던지는 질문에는 내가 평소에 미처 깨닫지 못했던 것을 발견하게 하는 힘이 있다. 질문에 답을 하면서 내 주변을 둘러싼 현상이나, 사실들에 대해 새로운 자각을 하게 된다. 그리고 이로써 내 자신을 좀 더 객관화해서 보게 된다. 심리학에서는 이것을 '**메타인지**(Meta-Cognition)'라고 부른다. 메타인지는 내가 아는 것과 모르는 것을 구분하는 능력이다. '생각에 대한 생각', '인식에 대한 인식'의 의미로 자신의 인지 과정에 대해 관찰, 발견, 통제, 판단하는 전 과정을 말한다.[13]

변화를 위해서는 먼저 내가 가지고 있는 신념을 인식해야 한다. 누군가가 나에게 질문을 해주고, 그 질문에 대한 나의 대답을 잘 들어주면 메타인지는 더 강화될 수 있으므로, 내가 신뢰할 수 있는 동료나 친구와 함께 대화하며 나의 고정관념과 패턴을 메타인지를 동원해 발견해 보자.

13 위키피디아 한국, 검색어: 메타인지, 검색일(2022.10.22).

〈여성 리더들의 4가지 고정관념〉

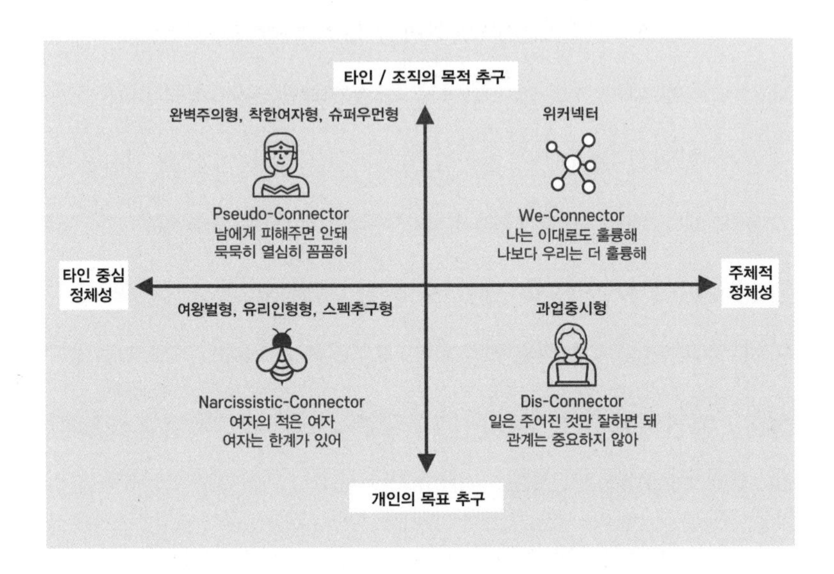

1사분면. 위커넥터(We-Connector)**: 목적을 기반으로 차이를 연결해 더 큰 우리를 추구함**

위커넥터형 리더는 '여성스럽다', 혹은 '남성스럽다'라는 사회적 기준에 구애받지 않고, 구성원들 및 모든 이해관계자들의 욕구와 목적을 고려해 진정성을 기반으로 소통하고 협업하는 유형이다.

자신의 장단점을 잘 알고 있고, 다른 사람이 자신의 단점에 대해 말해도 웃으며 넘길 수 있는 여유가 있다. 자신을 좋아하지 않는 사람이 있다는 사실에 대해서도 편하게 인정한다. 다른 사람의 의견에 귀 기울이고 생각의 차이를 인정하면서도 자신의 의견을 명확하고 설득력 있게 전달할 줄 안다. 그리고 자신의 의견에 동의하는 사람들을 모으고 연결할 줄 안다. 사교적이고 대화를 좋아하지만 너무 이곳저곳에 끼지 않는다. 대화할 때는 한 명 한 명에게 집중하고, 대화의 내용을 기억했다가 다음번 대화에서도 언급한다. 일도 중시하지만 사람들과의 연결을 통해 기회가 만들어지고 촉진이 일어난다고 믿는다.

이들은 조직에서 본인이 일하는 이유가 분명하고, 자신이 추구하는 삶의 목적과도 잘 연결돼 있다. 때문에 타부서 및 구성원들을 대할 때도 '일' 자체보다 '일의 의미' 중심으로 접근해 공통의 목적을 빨리 찾아낸다. 일과 자신을 동일시하지 않기에 계속해서 자신의 삶의 의미와 연결되는 새로운 일들을 찾아 나가려 하고, 다른 사람도 일에서의 '의미와 목적, WHY'를 발견할 수 있도록 영감을 준다.

이런 유형의 가장 큰 장점은 자존감이 높고 긍정적 에너지와 자신감이 넘친다는 점이다. 열심히 일하지만 번아웃에 빠지지 않고, 회복탄력성을 발휘한다. 자신이 왜 그 일을 해야 하는지 분명하기 때문이다. 일을 할 때 결단력과 방향성을 가지고 있다. 또한 말과 행동에 일관성을 보여준다. 장기적인 목적에 집중하기 때문에 외부의 변화나 위협에도 크게 흔들리지 않는다.

이들은 또한 수평적인 네트워크로 협업하는 것을 즐긴다. 동료나 구성원을 '일의 자원'으로 바라보지 않고 함께 목적을 실현시키는 '파트너'로 바라보기 때문에 동기부여를 잘하고 함께 일하고 싶은 느낌을 갖게 한다. 아울러, 각자가 가진 고유한 역할과 차이를 중시하기 때문에 함께 일하는 사람들 사이에 신뢰를 기반으로 한 사회적 자본이 만들어진다. 사회적 자본이란 사람들이 서로 간의 관계에서 믿음을 추구하기 때문에 상대가 가지고 있는 자본을 내 자본처럼 빌려서 쓸 수 있는 상태를 말한다. 서로가 가지고 있는 차이와 다양성은 공동의 목적을 기반으로 '더 큰 우리'를 만들어 나가는 기반이 된다.

2사분면. 슈도 커넥터(Pseudo-Connector): 타인에게 친절하지만 전통적 여성의 고정관념에 매여있으며 자기 공감이 약함

슈도(Pseudo)는 '허위의', '거짓말'이라는 의미이다. 스스로의 능력과 장점을 있는 그대로 바라보기보다 남성 중심 조직의 기준에 비추어 본 나의 단점에 집중하는 경향이 있어 불안감이 높고 자신감이 부족할 때가 많다. 자신이 승진하고 리더가 된 것이 그럴만한 자격이 있어서가 아니라 '여성 리더가 필요해서', '운이 좋아서'라고 생각하는 '가면 증후군'을 경험한다. 매 순간 유능해야 한다는 생각이 강하기 때문에 실제 자신의 실력을 발휘하지 못하면 비참함을 느끼는 양극단의 감정을 오가는 경향이 있다. 이들은 사람들이 하는 이야기에 지나치게 민감하고 부정적인 비판을 잘 참지 못한다. 겉으로는 적극적이고 사교적이지만 무의식적으로는 순종적인 전통적 여성 정체성에 비추어 스스로를 부정적으로 판단하거나 자신의 능력을 제한하는 경향을 보인다.

슈도 커넥터형은 유능해야 한다는 강박이 강한 '완벽주의형'과 '슈퍼우먼형', 그리고 자기 자신을 지나치게 낮추는 '착한여자형'으로 나뉠 수 있다. 조직에서 가장 많이 볼 수 있는 여성 리더 유형이다.

• 완벽주의형

일에 대한 책임감이 높을 뿐 아니라 일이 곧 자신이라고 생각한다. 잘해야 한다는 생각이 지나쳐서 때로 과도하게 준비하거나 디테일을 신경쓰며, 자기 기준이 높은 반면 남에 대한 배려는 부족하다.

완벽주의자들은 만족할 줄 모른다는 점에서 탁월성을 추구하는 것과 차이가 있다. 탁월성을 추구하는 사람들은 성장 마인드셋을 기반으로 어떠한 일에 도전하는 것에 의미를 두고, 성공의 정의도 상황에 따라 달리하는 유연함이 있다. 하지만 완벽주의자는 어떤 상황에서도 부족한 점을 발견해 낸다. 그리고 실패에 대해 무척 부끄러워해서 사람들에게 말하지 못한다. 어떤 상황에서도 더 잘할 수 있다고 생각한다. 예를 들어 좋은 프리젠테이션을 하고도 몇 가지 사소한 점을 놓쳤다고 자신을 질책하거나, 좋은 실적을 내서 인센티브를 받고도 더 많이 받지 못한 점을 아쉬워한다.

실패가 두려워 시도하지 못하는 경우도 있다. 이 경우 현재 업무는 잘 수행하지만 새로운 일에 대한 적응과 도전에 대해서는 잠재력을 키우기 어렵다. 또한 리더에게 필요한 전체적인 관점을 갖고 전략을 구상하는 능력을 키우기 어려워질 수 있다. 일하는 여성들이 현재 하고 있는 일이 완벽해질 때까지 새로운 일에 도전하기를 꺼리는 경향이 높은데, 여성에 대한 고정관념으로 인해 '실수하면 안된다', '제대로 해야 한다'라는 강박이 있기 때문이다.

완벽주의자들은 권한 위임에도 취약하다. 자신의 방식대로 일을 처리하기 원하는데, 그렇게 할 수 있는 사람이 많지 않기 때문에 스스로 직접 하는 편이 낫다고 생각한다. 리더 본인도 힘이 들지만 구성원들도 자율성과 주도성을 발휘하지 못하는 단점이 있다.

• 착한여자형

우리나라 전래동화 콩쥐 캐릭터처럼 성실하고 자신보다 타인을 중시한다. 항상 상냥해서 사람들이 좋아하지만 내면에는 순종적이고 호감 가는 모습을 통해 인정받으려는 욕구가 강하다. 특히 윗사람에게 칭찬받는 것을 중요하게 여긴다. 다른 사람의 의견을 우선시해서, 자신의 의견을 정확히 제시하지 못하거나, 판단력이 흐려질 수 있다. 타인의 눈치를 살피느라 자신의 성과를 드러내지 못하지만 그렇다고 성과를 인정받지 못하는 것에 대해 서운해 하지 않는 것은 아니다. 그 서운함을 다른 사람에게 더 인정받는 방식으로 해소하려 한다. 그리고 언젠가는 다른 사람들이 인정해 줄 것이라 기대한다.

가장 큰 단점은 성실하게 일하다가 번아웃에 빠질 수 있다는 점, 그리고 항상 상냥하지만 자신의 감정을 잘 느끼지 못할 수 있다는 점이다. 초기 중간관리자까지는 자신의 능력을 발휘할 수 있지만 직급이 올라갈수록 자신의 의견과 주장을 펼치기 어려운 단점도 가진다.

• 슈퍼우먼형

가정 밖에서는 당당한 커리어 우먼의 역할을, 가정 안에서는 순종적이고 상냥한 아내, 엄마의 역할을 모두 다 소화해야 한다고 믿으며 이 중 한 가지라도 어려움을 경험하면 죄책감에 시달리는 스타일이다.

커리어 우먼, 아내, 엄마의 역할이 필요로 하는 능력과 태도는 서로 상충하는 지점이 많다. 하지만 슈퍼우먼형에게 유능함의 기준은 이 모든 역할을 능수능란하게 하는 것이다. 회사에서는 결단력 있고 단호하지만 집에 와서는 순종적인 아내이자 며느리의 모습을 보여주며, 아이에게는 자상하면서도 훈육을 잘하는 엄마의 모습이어야 한다. 그리고 아침에는 필라테스와 영어 공부를 하며 자기 계발까지 완벽하게 해야 성공한 삶이라 믿는다. TV 드라마에서 가끔씩 이런 여성 팀장의 모습이 나오는데, 어디까지는 TV 속에서 가능한 모습일 뿐이지만, 슈퍼우먼형 스타일은 모든 분야에서 능력 이상의 일을 해내야 한다는 압박감이 크기 때문에 실수를 하거나 문제가 생기면 자기 자신에게 혹독하게 대한다. 그리고 항상 그 이상을 할 수 있다고 생각하기 때문에 만족하는 법이 없다.

무언가를 하지 않는 것에 대한 죄책감 때문에 어떤 역할도 포기하지 못하지만 결국 압박감으로 인해 번아웃으로 빠지거나, 감정을 폭발시키거나, 갑자기 무언가를 포기하게 될 수 있다.

3사분면. 나르시시스틱 커넥터(Narcissistic Connector): 고정관념을 깊이 내면화하고 있으며 타인을 수단으로 활용하는 경향이 높음

여성의 고정관념을 거부하는 듯하지만, 사실은 깊이 내면화하고 있는 유형으로, 타인을 활용해 개인의 목표를 충족시키려는 경향이 있다. 남성 중심 조직문화에 적응하고 위로 올라가기 위해 자신의 정체성을 숨기고 '더 남자다운 모습'을 연기하는 '여왕벌형', 여성은 보호받아야 하는 존재라는 점을 어필하는 '유리인형형', 타인에게 인정받기 위해서는 알아주는 스펙이 중요하다고 믿는 '스펙추구형' 등의 세부 유형이 있다.

• 여왕벌형

전통적 여성의 정체성에 얽매이지 않고, 남성 중심의 조직에 맞춰 마초적인 리더십 스타일을 갖는 유형이다. 남성들에 대한 선호가 높은 문화에서 실력을 인정받기 위해 고군분투했기에 성과 달성에 대한 관심과 추진력이 높다. 하지만 직원들의 감정을 존중하거나 그들의 성장을 고려해 업무를 배분하는 데에는 신경쓰지 않는 유형이다. 조직에서 탄탄한 관계력을 갖추지 못해 언제든 도태될 수 있는 소외감과 불안감이 있다. 자신의 경험에 비추어 오히려 여성들에게 더 높은 업무 기준을 요구하거나 자신보다 더 뛰어난 직원에게 위협감을 느끼기도 한다.

남성 중심 문화에서 열등감을 가지고 지내다 보니 자신의 장점과 단점에 대한 이해가 부족한 경우가 많다. 또한 평소 감정을 억누르고 지내다 보니 자신의 감정에 대한 공감이 낮고 감정의 기복을 보인다. 외적으로는 자신감이 높아 보이지만 자존감은 낮고 여성으로서의 정체성에 대해 혼란을 느낀다. 결국 나르시스틱 커넥터 유형은 남성은 물론 여성 직원으로부터 좋은 평가를 받기 어렵고, 협업을 잘 이끌지 못한다.

• 유리인형형

다른 사람들의 평가에 따라 감정 변화를 크게 보이고, 타인의 공감과 인정을 기대하는 경향이 높은 스타일이다. 인정받을 수 있는 일에는 열정을 보이며 일하지만 그렇지 않은 일에 대해서는 동기부여가 잘 되지 않는 경향이 있다. 일을 하면서도 줄곧 자신이 어떻게 받아들여질지를 확인하려는 모습을 보인다. 작은 것도 직접 선택하고 결정하기보다 다른 사람의 의견을 확인해야 마음이 편하다. 겉으로는 남성과 여성이 동등하게 역할을 부여받아야 한다고 말하지만, 이면에서는 '여성은 보호받아야 하는 존재'라 내세워서 이득을 보려는 경향도 있다. 난처한 상황에 빠지면 그 상황을 인정하고 책임지기보다 본인의 잘못이 아니라는 점을 장황하게 설명해 벗어나려는 경향을 보이기도 한다.

• 스펙추구형

근면 성실하게 업무를 수행한다. 하지만 다른 사람에게 자신의 부족한 부분을 보이는 것을 부끄러워한다. 본인의 과거 경험과 경력, 스펙에 대한 자부심이 높다. 단, 실제 변화하는 상황 속에서 다른 사람들과 협업을 통해 하나하나 배워가기보다는 과거의 자신이 얼마나 좋은 교육과 경험을 했었는지에 더 집착하는 경향이 있다. 본인이 알고 있는 경험 외의 상황에 대해서는 자신감이 현저히 떨어지는 모습을 보인다. 이미 많은 전문성을 가졌지만 새로운 것에 대한 도전을 주저한다. 자신의 단점이나 부족한 모습을 보이기 원하지 않기 때문이다. 또한 다른 사람 역시 사회적 스펙을 기준으로 판단하는 경향이 높고, 자신의 스펙에 도움이 되지 않는 일에 대해서는 열의를 보이지 않아 관계를 통한 문제 해결에 취약하다.

이들은 늘 부족함을 느끼기 때문에 무언가를 항상 배우고 자격증을 취득한다. 이는 '무책임하게 행동하고 싶지 않다', '더 잘 해내고 싶다'는 여성의 성실성에서 발현될 수도 있지만 이것이 지나쳐 '강박'과 '불안'으로 작용해 업무에 방해가 되기도 한다.

4사분면. 디스커넥터(Dis-Connector): 개인의 목표 의식이 명확하고 실력이 뛰어나지만 타인 및 조직에 대한 관심이 낮음

남성 중심 조직 문화에서 여자가 성장하기 위해서는 주어진 과업을 잘하는 것이 가장 중요하다고 생각하는 유형이다. 성과에 대한 관심이 높아 주어진 일을 잘 처리하지만 동료나 타부서 사람들과 적극적인 관계를 맺으려 하지 않아 협업에 어려움을 겪는다. 본인과 비슷한 상황에 있는 여성들이나 자신을 이해해 주는 동료와는 관계를 맺지만 이마저도 진정성 있는 관계가 아닌 경우가 많다. 타인의 시선을 많이 신경 쓰며, 실수나 단점을 노출하는 것을 꺼린다. 관계력이 약하기 때문에 중간관리자 이상으로 성장하기 어렵다.

• 과업중시형

대표적인 스타일이 '과업중시형'이다. 이들은 협업을 하다가 갈등 상황에 직면하면 문제의 원인을 환경이나 다른 사람으로 돌린다. 혹은 관계에 담을 쌓아 갈등을 아예 회피해 버린다. 도움을 요청하면 자신이 자격이 없는 사람이라고 느껴질 수 있다고 생각해 번아웃이 올 때까지 도움을 요청하지 못한다. 자신이 어떤 일에 걸림돌이나 부담이 되고 싶어 하지 않기 때문이다.

이들은 성과 달성에 대한 관심과 추진력은 높지만, 직원들을 인격적으로 대우하거나 우호적 관계를 맺는 데는 신경쓰지 않는다. 목표 달성을 위해서는 직원들을 더 많이 압박해야 한다고 생각한다. (문단붙임) 뛰어난 실무 능력으로 인정받을 수도 있지만, 본인의 경험과 지식 밖의 일에서는 전문성을 발휘하기 힘들고, 본인보다 뛰어난 사람에게 위협감이나 불안감을 느낄 수 있다. 또한 직원들이나 타부서와의 상호작용이나 공동 의사결정에 어려움을 느낄 가능성이 높다. 결국 단기성과는 높을 수 있지만, 시간이 지나면서 관계에서 고립되면서 성과가 떨어진다. 특히 창의성과 협업이 필요한 업무에서는 더욱 저조한 성과를 보인다.

1장 요약

① '여성의 역할과 성향에 대한 고정관념'은 여성들이 조직 내에서 유연한 관계를 통해 성장할 수 있는 기회를 제한한다.

② 어린 시절부터 형성된 여성에 대한 고정관념은 자신의 능력에 대해 의심하며 불안감을 느끼는 '가면 증후군'을 유발할 수 있고, 이는 '고정 마인드셋'으로 연결돼 실패를 통해 자신의 재능과 잠재력을 발휘하며 성장하는 것을 가로막는다.

③ 남성 중심 문화에서도 성공한 여성들은, 여성의 장점인 공감과 진정성을 활용해 포용력 있고 수평적인 관계를 맺으며 영향력을 확장한다.

④ 여성의 고정관념은 여성의 성장과 성공을 가로막는 요인이지만, 그것을 어떻게 해석하고 반응할지는 여성 본인이 선택할 수 있으며, 이에 따라 여성의 관계력은 달라진다.

⑤ 여성의 고정관념을 인정하지만 그것을 넘어서 주체적 정체성을 추구하고, 개인의 목적에서 시작해 타인과 조직의 목적을 함께 추구하며 영향력을 발휘하는 리더가 '위커넥터'다.

2장에서는 여성 리더들이 '위커넥터'로 성장하기 위한 '커넥트 리더십'은 어떤 특징을 가지고, 어떻게 여성 리더와 구성원, 조직의 성장을 일으키는지에 대해 살펴볼 것이다.

Chapter 02

커넥트
리더십

01

커넥트 리더십이란?

직장에서 실패를 경험하는 사람 중 90%는 지식이나 스킬이 부족해서가 아니라 인간관계를 형성할 수 없기 때문이다.

- 알프레드 아들러 Alfred Adler

커넥트 리더십 Connect Leadership은 공감을 기반으로 자기 자신, 구성원, 그룹의 목적을 연결하고 차이를 포용해 함께 성장함으로써 공동의 목적과 목표를 달성하도록 촉진하는 영향력을 말한다. 커넥트 리더십의 출발은 리더 자신의 목적과 정체성이다. '나와의 연결'에서 시작되기에 진정성 있는 말과 행동으로 타인에게 영감을 줄 수 있고, 타인과 조직과 연결될수록 더욱 더 나답게 확장되며 타인과 조직의 성장을 촉진한다.

4차 산업 사회를 설명하는 키워드 중 하나가 '초연결 사회'이다. 이미 우리는 지식 정보 산업으로 대변되는 3차 산업혁명을 거치면서 서로 다른 분야의 정보와 지식이 매우 빠르게 연결되며 생성되고 상실되는 것을 경험했다. 4차 산업에서는 인공지능이 산업 간 기술 간 융합을 더욱 빠르게 주도할 것이다. 융합과 파괴, 생성이 수시로 진행되는 사회에서는 더 이상 수직적 위계가 중요하지 않다. 얼마나 빨리 고객의 문제에 공감하고 이를 해결할 수 있도록 서로 다른 전문성을 가진 회사, 부서, 사람들과 연결되고 협업하는지가 중요하다.

이에 따라 리더의 역할도 변화한다. 변동성(Volatile), 불확실성(Uncertainty), 복잡함(Complexity), 모호성(Ambiguity)을 특징으로 하고 있는 뷰카(VUCA)시대에는 더 이상 리더의 경험과 답이 솔루션이 될 수 없다.

실시간으로 다른 부서, 다른 회사와의 TFT가 만들어지고 또 해체되는 가운데, 리더가 수직적 권위를 가지고 진두지휘하는 역할에 머물러서는 안 된다. 필요한 정보를 공유하고, 신뢰를 기반으로 한 상호작용을 통해 직원의 참여과 협업을 촉진해야 한다. 때로는 리더로 뛰다가 때로는 팀원이 리더십을 발휘할 수 있도록 팔로워십을 발휘해야 한다. 또한 직원들이 팀 기반의 업무에 더 몰입할 수 있도록 환경을 조성하고, 지속적으로 관찰하고, 지원하며 동기부여해야 한다. 결국 리더가 얼마나 유연하게 '연결'을 만들어내는지가 팀의 핵심 역량이라고 해도 과언이 아니다. 과거의 팀장이 전략과 카리스마를 앞세워 직원들을 관리하는 '관리형 상사'였다면 답이 정해지지 않은 뷰카 시대에는 직원들이 주체적으로 일하며 다양한 배경과 아이디어를 가진 사람들과 깊고 자유롭게 연결돼 해답을 만들어갈 수 있도록 돕는 '코치'와 '퍼실리테이터'형 리더로의 변화가 필요하다.

이에 따라, 리더에게 '사회적 자본'의 중요성이 더 커지고 있다. **사회적 자본**이란 특정한 목적을 달성하도록 도와주는 사회적 관계나 구조를 말한다. 즉, 리더가 '사회적 자본'이 풍부할 경우, 개인이 소유하고 있는 것은 아니지만 사회적 관계에 소속되어 참여함으로써 다른 사람들이 가지고 있는 자원을 동원할 수 있는 능력이 생겨날 수 있다. 이를 위해서는 신뢰, 네트워크, 규범, 제도 등이 요구되는데, 신뢰는 '사회적 자본'의 가장 기본적인 구성 요소이다.[14]

커넥트 리더십의 핵심은 **목적에 대한 연결**이다. '목적'은 '목표'와는 다르다. '목표'가 중단기적 성과라면 **'목적'**은 존재 이유, 즉 **WHY**이다. 리더가 '나 자신의 목적'을 이해하지 못하면 조직과 타인의 상호작용에서 진정성을 발휘하기 어렵기에, 리더 개인의 삶에서 출발한 ' 목적'이 시작점이다. 리더가 조직의 목적과 자신의 목적을 연결시키게 되면 자연스럽게 자발성과 진정성이 발휘된다. 또한 구성원들이 일을 통해 그들의 목적을 발견하도록 돕게 되면서 직원 개개인의 목

14 두산백과 '사회적 자본', 2022.10.22. ('미국의 사회학자 제임스 사무엘 콜맨은 사회적 자본이란 특정한 목적을 달성하도록 도와주는 사회적 관계나 사회적 구조라고 이해하였다. 즉, 사회적 자본은 개인이 소유하고 있는 것은 아니지만 사회적 관계에 소속되어 참여함으로써 다른 사람들이 가지고 있는 자원을 동원할 수 있는 능력이라고 설명하였다.')

적과 조직의 목적이 연결되며, 직원과 리더, 조직이 공동의 목적을 추구하는 **'목적 중심 문화'**가 만들어진다. 각자가 가진 고유한 역할을 기반으로 공동의 목적과 연결된 구성원들은 서로를 수평적 파트너로 의식하게 되면서 '더 큰 우리'로 확장된다. 그리고 이러한 연결은 사람과 사람의 신뢰를 기반으로 한 '사회적 자본'을 형성해 협업의 시너지를 높인다. 목적을 중심으로 서로 간의 관계에서 믿음을 구축했기 때문에 상대가 가지고 있는 자본을 내 자본으로 빌려서 쓸 수 있는 상태가 만들어지기 때문이다.[15]

목적에는 삶의 목적과 같은 큰 범위의 목적도 있지만, 일상에서 우리가 특정한 의도나 욕구를 가지고 행동하게 하는 WHY와 같은 작은 목적도 있다. 예를 들어 밥을 먹거나 운동을 하는 평범한 일에도, '건강한 삶을 통해 가족과 함께 일하는 사람들에게 좋은 에너지를 준다'는 의미를 부여할 수 있다. 매주 반복되는 팀의 주간 미팅에도 '업무 진행사항을 공유함으로써 협업을 원활히 하고 소속감을 높인다'는 목적을 부여할 수 있다. 개인적 이익을 넘어서 사회적인 존재로 다른 사람과 관계를 맺고, 서로 도와주려는 욕구를 포함한다면, 우리가 하는 모든 일에서 '목적'을 발견할 수 있다.

경쟁이 익숙한 현대인에게 타인과 공동체의 이익을 생각하는 것이 이상적으로 여겨질 수도 있다. 하지만 스탠포드 대학교의 연구에 따

15 윤정구, 《진성리더십》, 2015, 라온북스, 146쪽.

르면, 자기 삶에서 의미를 느끼는 사람들이 가장 만족스럽게 세상을 살아가며, 이들이 생각하는 삶의 의미는 '목적을 위해 노력하는 삶', '베푸는 삶'과 밀접하게 연관돼 있었다. 2020년 1-2월호 〈하버드 비즈니스 리뷰〉에 따르면 밀레니얼 세대의 성공적인 커리어의 핵심요소로 71%가 '의미 있는 일'을 꼽았다. 또한 자신의 일에서 의미를 찾은 직원은 2.8배 더 회사에 오래 근무하고, 2.2배 더 직업에 대한 만족도가 높으며, 93% 더 업무에 최선을 다한다는 설문 결과도 이를 뒷받침한다.

우리는 누구나 개인의 이익을 추구하지만 동시에 사회적 존재로 함께 하는 사람들의 의무와 어려움을 함께할 때 행복을 느끼기 때문이다. 일의 단기적 성취를 넘어서, 이것이 나의 삶과 다른 사람에게 어떠한 기여를 할 수 있는지를 생각하면, 그 일에 대해 우리는 더 몰입하고 열정을 발휘하며, 주변 동료와의 연결은 올라간다.

'커넥트 리더십'은 여성 리더에게 어떤 의미가 있는가?

여성들이 조직에서 자신감 있게 리더십을 발휘하기 어려운 대표적 걸림돌로 손꼽는 것이 '남성 중심 문화'와 '육아'이다. 하지만 더 큰 문제는 문화적·제도적 변화에도 불구하고 우리의 무의식 깊숙이 자리잡아 쉽게 바뀌기 어려운 '여성에 대한 고정관념'이다. '연결'을 통한 사회적 자본이 중요해지는 4차 산업 시대에 여성에 대한 고정관념은 여성들이 적극적으로 네트워크를 맺고 자신을 확장하며 잠재력을 충분히 발휘하지 못하게 하는 실질적 장애요인이다. 조직 입장에서는 뛰어난 여성인력을 충분히 활용하고 다양성과 포용성을 갖춘 조직 문화로 나아가는 속도를 더디게 만드는 주범이기도 하다.

커넥트 리더십의 근간이 되는 '목적'은 여성이 고정관념을 뛰어넘어 자기 자신답게 일과 관계를 추진하는 원동력이 된다. 여성들이 공동체의 목적을 추구할 때 더 대담해지고 자신의 역량을 적극적으로 활용하게 된다는 주장을 뒷받침하는 여러 근거가 있다.

첫 번째 근거는 진화론이다. 사냥을 하며 경쟁을 기반으로 진화해온 남성들과 달리 양육과 채집을 도맡으며 진화한 여성들은 공동체 내에서의 경쟁보다 **'관계'**를 중시하며 발달해 왔다. 이 때문에 여성들에게 '나'를 넘어서 **'우리'**를 추구하는 가치는 훨씬 편안하고 자연스럽다.

메타(전 페이스북)의 COO 셰릴 샌드버그(Sheryl Sandberg)는 그녀의 책 《린 인》에서 여성이 **공동체의 이익**을 앞세울 때 협상력이 높아진다는 하버드 대학 라일리 보울스 교수의 이론을 소개했다. 여성들은 남을 배려해 상냥하고 친절하다는 이미지가 크기 때문에 협상 테이블에서 적극적으로 임하지 못하는 경향이 높은데, 협상의 목적이 자기 이익이 아니라 자신이 속한 공동체일 경우, 고정관념을 거스른다는 불편함을 겪지 않아 적극적으로 임할 수 있게 된다는 것이다. 사람들도 공동체를 앞세우는 여성의 모습이 그들의 고정관념과 일치하기 때문에 그녀를 더 쉽게 지지한다고 말했다.

둘째로 뇌과학 분야에서도 여성의 공동체를 중시하는 성향에 대해 말한다. 뇌 · 신경 심리학자 이안 로버트슨 (Ian Robertson)은 《승자의 뇌》라는 책을 통해 인간이 승리를 경험하거나 권력을 가졌을 때 뇌에 어떠한 변화가 일어나는지를 설명했다. 그는 권력에는 **P파워(Personal Power, 개인적 권력)**와 **S파워(Social Power, 사회적 권력)**가 있다고 말한다.

P파워는 개인적 목적을 위한 권력이다. P파워는 권력을 잡게 되면 테스토스테론이란 남성호르몬을 분출하고, 그것이 도파민이라는 신경전달물질 분출을 촉진해 보상 네트워크를 움직인다. 그래서 사람을 더 과감하게 행동하게 하고, 모든 일에 긍정적이며, 심한 스트레스를 견디게 한다. 하지만 지나친 권력은 중독성이 있다. 다른 사람에게 공감하지 않고, 실패에 대해 걱정하지 않으며, 터널처럼 아주 좁은 시야를 가지고 목표 달성만을 위해 돌진한다.

반면 S파워에 더 큰 동기를 갖는 사람들은 더 나은 삶을 갖도록 하기 위해 권력을 원한다. 어떤 제도나 집단, 혹은 사회를 위한 목적에 초점을 맞춘 권력이다. 단지 이기는 것만을 원하는 것이 아니라 직원과 조직, 사회가 폭넓은 편익을 얻을 수 있는 변화를 추구한다. 그런 면에서 선생님이나 간호사는 권력을 갖고 있지만 S파워에 가깝다. 이안 로버트슨은 양육을 담당하며 진화해 온 여성이 남성보다 S파워에 의한 동기부여가 강하다고 말한다. 또한 이를 토대로 리더의 독단적 리더십을 견제하고 균형을 잡기 위해 기업의 이사회에 여성 임원이 늘어나야 한다고 주장했다.

셋째, 여성 리더의 리더십 역량 평가에서도 '나'를 넘어서 '우리'를 중시하는 여성의 성향이 드러난다. 글로벌 컨설팅 기관인 맥킨지가 2003년 발표한 자료[16]에 따르면, 9개의 핵심 역량을 중심으로 한 매킨지의 리더십 역량 평가 모델에서 여성 리더는 **'구성원 육성', '공정한 기대와 보상', '롤모델에 대한 책임감', '영감 제공', '참여적 의사결정'**의 5개 영역에서 남성 리더보다 앞서는 것으로 조사됐다. 반면, '지적자극', '효과적 소통'은 남성 리더와 유사한 수준의 결과가 나왔으며, '개인적 결단력', '통제와 문제 사항의 교정' 영역에서는 남성 리더가 앞서는 것으로 나왔다. 여성 리더가 앞서 있다고 평가된 5개 영역은 '경쟁'보다는 **'공동체의 가치와 조화'**를 우선시하는 영역이다. 맥킨지는 이러한 분석 결과를 토대로 조직의 성과를 극대화하기 위해서는 다양한 리더십 스타일의 조화가 필요하며 이를 위해 리더그룹에 여성 리더들이 늘어나야 한다고 덧붙였다.

위의 세 가지 주장은 남성과 여성이 진화해 온 방식과 생물학적 차이가 현대를 살아가는 우리에게 고정관념뿐 아니라 일하고 리더십을 발휘하는 방식에도 영향을 미치고 있다는 사실을 보여준다.

---

16 〈Women Matter - Time to accelerate 2007-2017〉, 2017, 맥킨지.

하지만 남성성과 여성성이 진화의 방식이나 생물학적 차이보다 현재의 문화적 · 사회적 환경에 더 결정적인 영향을 받는다는 다소 상반된 근거도 있다. 리더십 개발 회사 젠거 포크만(Zenger Folkman)은 2011년 전 세계 7,280명의 리더를 대상으로 남성 리더와 여성 리더의 역량에 대해 구성원, 상사, 동료의 360도 서베이를 진행했다. 그 결과 전체 16개의 영역 중 75%를 차지하는 12개의 영역에서 여성이 더 우수하다고 평가됐다. 3개 영역에서는 남성과 여성의 유의미한 차이가 없었으며, '전략적 사고' 1개 영역에서만 남성이 우세하다고 조사됐다. 눈길을 끈 것은 전통적으로 남성이 강하다고 여겨져 온 **주도성**(Taking Initiatives)에서 여성 리더의 점수가 두드러지게 높았다는 것이다. 이는 전통적인 고정관념이 초기에는 여성 리더에게 걸림돌이 될 수 있으나 리더로서의 경험이 쌓이고 노하우가 축적되면 극복이 가능할 뿐 아니라 남성보다 더 발달할 수 있다는 것을 보여준다. 다시 말해, 여성이 남성보다 특정 영역에서 뒤쳐질 것이라는 객관적 증거는 없다는 것이다. 또한 현재 남성이 우위에 있는 유일한 영역인 '전략적 사고'는 여성의 진출이 가장 낮은 영역으로, 전략 분야의 Top Management 레벨에 여성의 비중이 늘어나면 이러한 차이도 사라질 것으로 예측하고 있다.[17]

17 Jack Zenger·Joseph Folkman, 〈Are Women Better Leaders than Men?〉, 2012.03,15, Harvard Business Review.

위의 네 가지 연구결과는 관점의 차이는 존재하지만, 공통적으로 여성이 전통적으로 양육을 담당해 왔기에 '공동체 가치 추구', '육성', '참여', '공정성', '영감' 등에 강점을 갖게 됐다는 점을 보여준다. 그리고 마지막에 제시된 젠거 포크만의 조사는 우리 안에는 전통적으로 여겨져 온 남성적 특징과 여성적 특징이 모두 존재하며, 환경과 경험에 따라 여성의 역량과 장점은 얼마든지 달라질 수 있다는 점을 시사해 준다.

이러한 소식은 남성적 카리스마를 갖지 못했다는 막연한 불안감 때문에 조직에서 자신감 있게 리더십을 발휘하지 못했던 나와 같은 많은 일하는 여성들에게는 희소식이 아닐 수 없다. 더 이상 남성 리더들의 카리스마를 흉내낼 필요 없이 나의 목적에 집중하고 조직의 상황에 맞게 리더십 스타일을 만들어 나가면 된다는 심리적 안전감을 주기 때문이다. 커넥트 리더십을 통해 자기다움에 기반한 여성 리더 모델들이 늘어날수록, 미디어나 사람들의 잠재의식에 자리잡은 '까다로운 여성 리더'에 대한 부정적 스테레오타입에 대한 인식이 사라지고, 조직의 사다리에 더 많은 여성 리더들이 올라갈 수 있다. 이를 통해 목적을 기반으로 한 수평적 연결이 확대되면서 조직 내 기존의 혈연, 지연 등으로 편향돼 있던 네트워크가 재편될 수 있다. 그렇게 되면 조직 내에서 더 이상 '여성 리더'와 '남성 리더'라는 용어가 무의미해지고, 다양성과 포용성이 증대되면서 조직의 경쟁력도 따라 올라갈 수 있다.

남성에 대한 고정관념과 다양성의 연결

성별에 대한 고정관념은 여성의 자기다움에만 방해가 되는 것은 아니다. 남성들이 어릴 때부터 듣고 자란 '남자는 씩씩하고 강해야 한다'는 고정관념은 그들이 성인이 되어 조직에서 리더십을 발휘할 때 신체적 나약함이나 결점을 내보이는 것에 대해 죄책감을 느끼게끔 한다. 이로써 자신이 가장 편안하다 느끼고 진정으로 원하는 자아상을 왜곡하고 사회적으로 바람직하다고 여겨지는 모습이 아닐 때 스스로에 대해 부족하다고 느끼게 된다.

지금까지 조직에서 이상적인 리더의 모습은 전통적 남성다움에 기반한 '카리스마' 리더의 모습에 가까웠다. 그렇기 때문에 자신의 본래 성향을 뒤로 미뤄두고 전통적 남성성을 '가면'으로 쓰고 지낼 때 조직에서 얻는 이득이 컸다. 하지만 포스트 코로나 시대 이후 조직의 분위기는 크게 달라졌다. 현재 구성원의 과반수를 차지하고 있는 MZ세대에게 동기를 부여하고 소속감을 느끼게 하기 위해서는 과거의 수직적 리더십만 가지고는 한계가 있다.

아래 이미지는 여성 리더 대상 워크숍에서 남성 리더와 여성 리더의 장단점에 대해 참석자들이 답변한 내용이다. '내가 생각하는 남성 리더와 여성 리더의 장단점'이 무엇인지 물어보면 조직문화의 차이에도 불구하고 참석자들의 답변에는 큰 차이가 없다.

〈여성/남성 리더의 성향에 대한 워크숍 참가자들의 생각〉

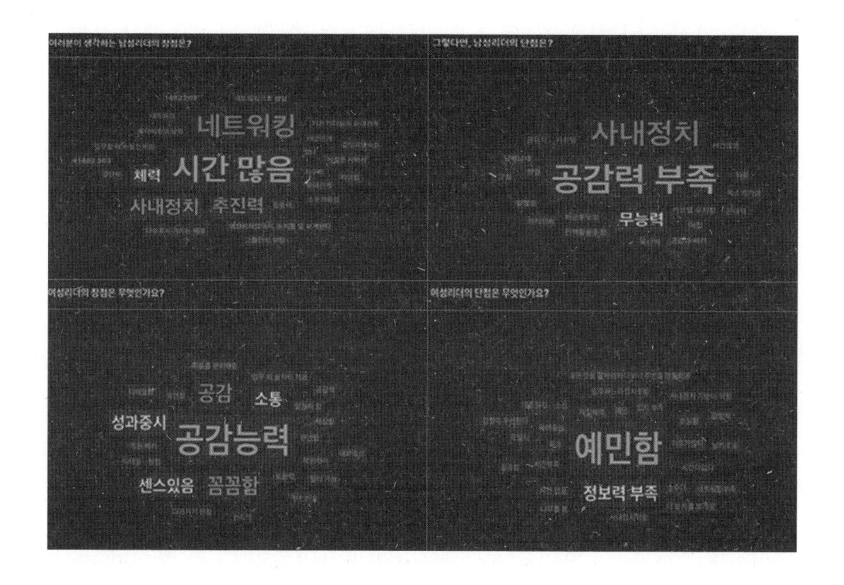

여성 리더들이 남성 리더의 장점으로 대표적으로 꼽는 것은 '추진력'과 '네트워킹'이다. 이 점은 여성의 단점으로 매번 언급되는 항목이기도 하다. 하지만 단점 역시 장점과 관련이 높다. '권위적', '인맥중심 업무처리' '꼰대' 등이 언급된다. 자기존중감과 성장 욕구가 높은 MZ세대 구성원들을 포용하기 어렵다. 남성 리더들이 현재 가지고 있는 장점들을 이어 잘 활용하기 위해서는 시대적 변화를 고려해 전통적으로 여성적 특징이라 여겼던 능력들을 개발해야 한다. 공감과 육성, 경쟁보다 조화를 우선시하는 성향은 전통적으로는 여성성으로 여겨져왔으나 현대 사회에서는 성별을 떠나 누구나 좋은 관계를 위해 갖춰야 하는 필수 역량이다. 그리고 앞선 조사에서 여성들의 리더 진출이 늘어나면서 남성들의 전통적 강점인 '주도성'과 '결과 추구' 성향에서 여성들이 더 높은 동료 평가를 받은 것처럼, 남성들 역시 관심과 노력을 기울인다면 여성의 강점이라 여겨졌던 영역도 얼마든지 역량을 키울 수 있다.

자기 자신의 목적과 가치, 장단점과의 연결에서 시작하는 커넥트 리더십은 일하는 여성뿐 아니라, 고정관념으로 인해 자신과의 연결이 단절된 남성 리더들이 자기다움을 찾고 구성원들과 진정성을 기반으로 연결되는 데에도 도움이 된다. 사회적 · 전통적 기대로 인해 억지로 맞춰진 성별의 특징을 넘어서 자신의 목적과 가치에 대한 답을 찾는 과정에서 리더 개개인의 차이는 분명해지고, 이 차이들이 더 큰 목적과 연결되면서 조직의 다양성은 혁신과 창의성의 원천으로 연결될 수 있다.

다른 리더십과의 차이

우리에게 가장 익숙한 리더의 모습은 '카리스마형 리더'다. 리더의 능력과 인간적 매력을 통해 구성원들의 영감과 헌신을 불러일으키는 이런 리더의 모습은 통념상 가장 전형적인 리더에 가깝다. 하지만 '뷰카'로 상징되는 불확실성의 시대에는 더 이상 한 사람의 카리스마형 리더십만으로 그 불확실성을 돌파할 수는 없다.

'카리스마형 리더십'을 기반으로 발전한 '변혁적 리더십'은 구성원들에게 비전을 제시하고 지적 자극과 영감을 불어넣어 구성원의 자발적 변화와 성장을 유도한다. 변혁적 리더십은 변화와 혁신이 중요한 현대 사회에서 설득력 있게 영향력을 발휘할 수 있는 리더의 모습으로 평가받고 있다. 하지만 카리스마형 리더십과 마찬가지로 변혁적 리더십은 여전히 혁신의 주체가 리더 개인에게 집중되어 있고, 상대적으로 구성원의 역할이 과소평가되는 한계가 있다.

이에 반해 **'커넥트 리더십'**은 문제해결과 혁신의 주체가 구성원이며, 리더는 이를 촉진하는 역할을 수행한다. 구성원은 단지 수동적 존재가 아니라 고유한 생각, 역량, 감정, 성향을 가지고 자기 목적에 따라 주체적으로 살아가는 존재다. 리더는 이들이 자기 목적을 발견할 수 있도록 영감을 부여하고, 이들과의 상호작용과 공감을 통해 함께 성장할 수 있도록 돕는다. 또한 다양성을 존중하고 참여와 합의를 중시하는 협업 환경을 조성해 창의적으로 문제를 해결하고 자발적인 조직 문화를 만든다.

이는 '자기인식'과 '목적', '진정성'에 기초하고 있다는 점에서 '진성리더십'과 맥을 같이한다. '진성리더십'이 리더십의 근본 뿌리로서 리더의 도덕적, 윤리적 측면을 강조하고 있는 반면, '커넥트 리더십'은 여기에서 한 걸음 더 나아가 **구성원과의 관계 구축**을 통한 **목적 달성의 구체적 방법**을 제시한다. 즉, 리더가 자기 정체성을 기반으로 공동 목적을 실현하는 가운데, 구성원과의 상호작용과 공감을 기반으로 참여와 합의를 이끄는 소통 역량을 강조한다. 보다 구체적으로 자기 존중과 성장, 특히 의미를 중시하는 MZ세대를 포용하는 실천적 대안을 제시한다는 점에서 유용성이 높다.

구분	카리스마형 리더십[18]	변혁적 리더십[19]	진성리더십[20]	커넥트 리더십
영향력의 원천	리더의 개인적 특성과 비상한 행동으로 영향력 발휘	리더의 비전과 열정으로 영향력 발휘	리더의 사명과 가치에 기반한 신뢰로 영향력 발휘	구성원과의 공감, 목적의 연결, 수평적 소통 통해 영향력 발휘
리더십의 요구	특정한 위기와 재난의 순간	조직의 변화와 개혁의 순간	조직의 타락을 방지하고, 윤리적, 도덕적 환경을 조성하는 상황	상시적인 불확실성 속에서 구성원과의 깊은 연결을 통해 협업 기반의 문제해결이 요구되는 상황
리더의 주요행동	강력한 비전 위험감수 높은 동기부여	이상적 영향력 영감적 동기부여 지적 자극 개인적 배려	자기인식 자기규제 관계의 투명성 균형된 정보처리	나다움 발견하기, 습관 리프레임, 자기돌봄, 공감 기반의 피드백과 동기부여, 목적 기반의 협업과 네트워크
팔로워의 행동	리더의 개성에 매료되어 대체로 수동적으로 리더를 따름	리더의 비전에 부분적으로 참여하면서 높은 몰입과 성취를 보임	리더의 가치, 진정성에 기초한 자기인식으로 사명에 헌신함	리더와 함께 공동 목적을 만들고, 공감 및 투명한 소통, 협업에 기초해 문제를 해결함

18 Jay A. Conger·Rabindra N. Kanungo·Sanjay T. Menon, 〈Charismatic leadership and follower effects〉, 2020, Journal of orgranizational behavior, 21(7). 747-767.

19 Bass,Bernard M, 〈Two Decades of Research and Development in Transformational Leadership〉, 2020, European Journal of Work and Organizational Psychology, Vol 8. 9-32.

20 Fred O Walumbwa·Bruce J. Avolio·William L. Gardner·Tara Wernsing, 〈Authentic Leadership Development and Validation of a Theory Based Measure〉, 2007, Journal of Management, Vo. 34. 89-126.

02

공감이 연결의 열쇠다

인류 최고의 목표는 평등이 아니라 연결이어야 한다. 서로를 묶어 주는 유대감을 느끼지 못한다면 사람들은 평등할 때도 여전히 고립감을 느낄 수 있다.[21]

- 멜린다 게이츠 Melinda Gates

국내 대기업 마케팅 본부장인 A상무는 사내 최연소 임원이다. 외부에서 전문성을 인정받아 영입된 인재로 지금까지의 레퍼런스도 화려하고 매출에 대한 인사이트가 탁월할 뿐 아니라 화술도 능해 윗사람들의 든든한 신임을 받는다. 남성 중심 문화가 강한 기업이었지만 누가 봐도 유능한 리더이다. 사람들은 A본부장을 볼 때마다 '완전히 남자다', '장군감이다'라는 '칭찬'을 한다.

하지만 본부원들은 A본부장이 힘들었다. 그날그날의 기분에 따라

결제 받는 난이도와 결과가 달라졌다. 다른 부서 사람들도 그 사실을 알고 있기에, 협업을 위해 A본부장의 협조 서명이 필요할 때는 A본부장 부서에 근무하는 막내 사원에게 사내 메신저로 A본부장의 오늘 기분이 '맑음'인지 '흐림'인지를 암호로 통신하듯 몰래 확인한다. 부서원들이 놓친 부분을 귀신같이 잘 찾아내는 A본부장은 보고 자료의 오타 등의 사소한 실수에도 '어떻게 이런 실수를 할 수가 있냐'며 직원들을 주눅 들게 한다. 직원들은 A본부장이 유능하고 같이 일하면서 배울 수 있는 것이 많다는 사실에 대해서는 이견이 없었지만, A본부장 부서의 이직률은 사내에서 가장 높다.

아직도 직장에서 A상무와 같은 사람을 찾는 것은 어렵지 않다. 리더그룹에서 여성을 거의 찾아 보기 어려웠을 때 여성 임원은 남자보다 더 남자답게 강압적으로 지시하고 명령해야 인정받는 시기가 있었다. 특히 전문성이 뛰어난 경우에 이런 스타일은 더 빛이 났다. 하지만 지금은 남성과 여성을 불문하고 일방적으로 지시, 명령하고, 감정을 조절하지 못하는 리더를 구성원들은 따르지 않는다.

자기 자신의 정서와 단절된 사람들은 눈앞에 닥친 일에만 열중하는 경향이 있다. 그런 사람들은 다른 사람들의 생각이나 감정을 고려하지 못한다. 그러다 보니 함께 일하는 직원들이 번아웃을 겪거나 해결할 수 없는 프로세스의 문제로 어려움에 처해 있을 때에도 결과에만 치중하며 직원들을 몰아붙인다. 결국 직원들의 정서를 헤아리고 해결해 주려는 소통이 있었다면 피할 수 있었을 스트레스를 직원뿐 아니라 A상무 역시 받게 된다. 개개인의 고유한 능력과 역량을 끌어내 동기부여를 해야 하는데, 자기 자신의 감정을 조절하지 못해 공감에 실패하는 리더는 일의 의미와 개인의 성장을 위한 일터를 적극적으로 찾아 나서는 '대퇴사(Great Resignation)'의 시대에 설자리가 점점 사라지고 있다.

커넥트 리더십이 발휘되기 위해서는 나 자신과의 공감에서 시작해, 타인과 조직과의 공감으로 확대하는 공감 능력이 중요하다. **공감**이란 나의 관점이 아니라 상대방의 입장에서 상대의 경험과 감정을 존중하는 마음으로 경청할 때 생겨난다. 리더가 나의 의도를 전달하는 데 집중하는 것이 아니라 상대가 전달하려고 하는 바를 어떻게 받아들일지에 대해 먼저 고민하고 접근할 때 메시지의 수용성은 올라간다. 또한 상대방은 자신이 존중받았다는 느낌과 리더와 조직과 연결됐다는 느낌으로 인해 일에 대한 몰입과 실행력이 높아진다.

여기서 중요한 것은 리더 역시 자기공감을 할 수 있어야 한다는 점이다. 자신의 감정이 어떠한지, 그 이유는 무엇인지에 대한 인지가 이뤄졌을 때 자신의 감정을 조절할 수 있고, 상대의 감정은 어떠한지, 상대가 나의 말을 어떻게 받아들일지를 헤아릴 수 있다.

자신의 감정과 타인의 감정을 잘 파악하고 다룰 수 있는 능력을 **'정서지능(Emotional Intelligence)'**이라고 한다. 미국의 심리학자 다니엘 골먼(Daniel Goldman)은 '정서지능'이 높은 사람은 유연한 상호작용을 통해 리더십과 대인관계 능력에서 뛰어난 모습을 보여주며 사회적으로 성공할 확률이 4배나 높다고 말했다. 결국 리더가 타인과 좋은 상호작용을 하기 위해서는 감정이 연결되는 것이 중요한데, 자기 자신의 감정을 읽을 수 있어야 타인의 감정을 고려해 자신의 감정을 조절하며 연결할 수 있다.

펜데믹 시대와 공감 능력

2021년 글로벌 리더십 컨설팅 기관 DDI가 전세계 1,700여 개의 회사와 15,000여 명의 리더, 2,100여 명의 HR 전문가에게 조사해 발표한 자료[22]에 따르면. 직원들의 번아웃을 막는 데 가장 중요한 리더십 스킬은 감성지능에 기반한 **'공감 능력'**이다. 그다음이 직원을 '코칭'하고 '권한 위임'할 수 있는 능력이다. 흔히 리더에게 가장 중요할 것으로 생각되는 '전략적 사고'는 한참 뒤인 10위에 그쳤다.

언제 일을 가장 몰입해서 헌신적으로 하며 근속하는지에 대한 질문에는 '상사가 내 커리어의 비전을 알고 있을 때'와 '상사가 나의 웰빙을 케어할 때'라고 답했다. 또한 리더가 '코칭'과 '피드백'을 잘 해

22 글로벌 리더십 포럼, 〈Global Leadership Forecast 2021〉, 2021, Development Dimensions International, Inc., 2021.

줬을 때 일에 대한 몰입감이 올라간다고 답했다. 이 설문은 코로나가 한참 진행된 2021년 시점에 진행됐다는 점과 전 세계 리더들을 대상으로 실시했지만 국내 대기업 직원들도 상당수 포함돼 있다는 점에서 눈길을 끈다.

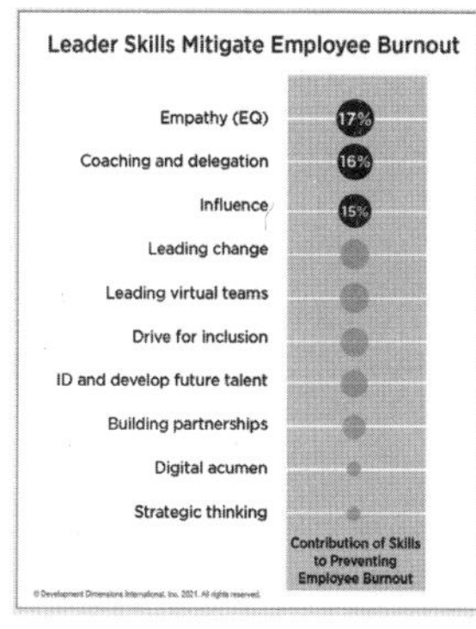

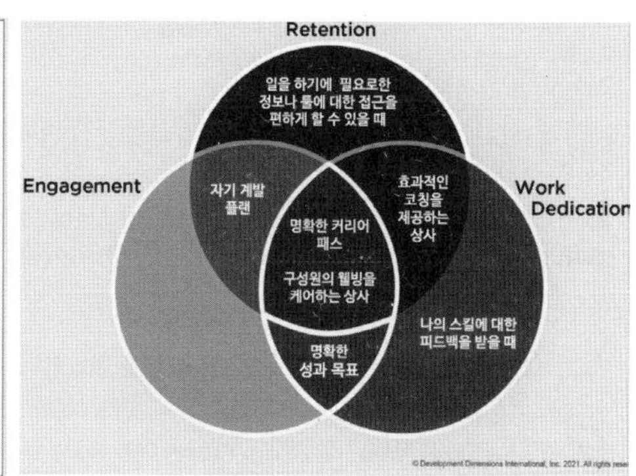

설문 결과를 보면 구성원들은 조직의 목적과 목표를 이루기 위해 모였지만, 리더가 자신을 조직의 목적과 목표를 이루기 위한 수단으로 대하는 것을 원치 않는다. 공감을 기반으로 개개인이 가진 잠재력을 존중해 주고, 자신의 고유한 능력과 역량을 끌어내 커리어를 성장시킬 뿐 아니라 삶의 웰빙까지 고려해 주기를 원하고 있다.

공감 능력을 키우는 5가지 기술[23]

① 타인의 입장에서 세상을 본다.

누구나 자신만의 관점으로 세상을 본다. 나의 관점이 옳다는 생각을 내려놓고, 자신의 취약성을 인정하며 호기심을 가지고 상대의 이야기를 경청하고 배우려는 자세를 가져야 한다.

② 비판적인 입장을 취하지 않는다.

우리는 우리 자신이 가장 부끄럽게 생각하는 분야이거나, 그 분야에서 자신보다 못한 사람을 비판하는 경향이 있다. 예를 들어, 자신도 모르는 이유로 다른 사람의 외모를 비판하는 것은 자신의 외모에 수치심을 느끼거나 상대가 자신보다 못하다 생각하기 때문이다. 비판을 자제한다는 것은 우리 자신이 무엇에 부끄러움을 느끼는지 알고 있다는 뜻이다. 또한 스스로에 대해 높은 자존감과 객관적 자신감을 가지고 있다는 의미이기도 하다.

③ 타인의 감정을 이해한다.

타인의 감정을 이해하기 위해서는 나의 감정을 먼저 이해할 필요가 있다. 그리고 이를 위해서는 감정 언어에 능통할 필요가 있다. 내가 느끼는 정서에 이름을 붙여보자. 명확하게 표현할 수 없다면 그 느낌을 헤치고 나아갈 수 없다. 그리고 겉으로 표현된 정서는 수면 위로 올라온 빙산의 일부라는 사실을 이해하고 그 정서 아래에는 무엇이 있는지도 자문해 보아야 한다.

④ 그 사람에게 그의 감정을 이해한다는 사실을 전달한다.

상대의 감정을 이해한다는 사실을 표현하는 것은 상대의 감정을 잘못 판단할 수 있다는 위험이 있다. 하지만 틀리면 틀렸다는 사실을 인정하고 상대가 감정의 표현을 수정할 수 있도록 할 용기만 있다면 신뢰를 구축하고 유의미한 대화를 끌어가는 데 필요한 관계와 협력을 얻을 수 있다.

⑤ 마음챙김Mindfulness 혹은 관심 집중Paying attention

대화에서 나타나는 현상 및 감정, 나와 상대의 몸짓 언어에 관심을 집중하는 것이다. 이때 부정적 감정에 지나치게 몰입하거나 과장하지 않는 것이 중요한데, 부정적 감정을 최소화하거나 과장하게 되면 오히려 공감을 잃게 되므로 균형 잡힌 관점을 유지해야 한다.

---

23 브레네 브라운 지음, 강주헌 역, 《리더의 용기》, 2019, 갤리온, 206쪽. (영국의 간호학 전문가인 저자가 테리사 와이즈먼Theresa Wiseman이 언급한 '공감의 4가지 속성'과, 교육심리학자 크리스틴 네프Christin Neff의 연구 내용을 참고)

03

목적과 MZ 세대

목적을 잃어버리는 순간 사람들은 온갖 멍청한 일에 몰두하기 시작한다.

- 니체 F. W. Nietzsche

인간의 욕구는 다양하다. 욕구를 바라보는 이론 중 가장 널리 통용되는 이론이 에이브러햄 매슬로(Abraham H. Maslow)의 욕구 단계 이론이다. 인간에게는 크게 다섯 가지 욕구가 있는데, 이 욕구에는 위계가 있다고 말한다. 가장 아래쪽에 위치한 '생리적 욕구'는 음식, 물, 집과 같은 생존을 위한 기본적인 욕구이다. 그 다음 욕구인 '안전'은 일자리의 안전성과 건강에 대한 욕구를 의미한다. 이 두 가지는 살아가는데 가장 필요한 기본적인 욕구이다. 하지만 좀 더 풍요로운 삶을 살기 위해서는 이후의 욕구들의 충족이 필요하다. 공동체에 '소속감'을 느끼고, 타인으로부터 '존경'받으며, '자아를 실현'하고 싶은 욕구가 충족될 필요가 있다. 개인의 목적과 가치를 발견하는 것은 피라미드의 상위 욕구를 충족시키는 데 중요한 역할을 한다.

이전 세대의 경제적 어려움을 간접적으로 경험했고 IMF를 직접 체험하기도 했던 X세대에게 매슬로의 욕구 단계설 중 하위 욕구의 충족 여부는 쉽게 간과할 수 없는 부분이었다. 남들이 알만한 기업에 다니고, 개인보다 조직을 우선하는 의사결정을 하며, 상사의 무리한 요구를 수긍하는 것도 월급에 포함돼 있다고 믿으며 회사생활을 버티는 것이 사회생활이라 믿었다.

하지만 MZ세대가 조직 구성원의 과반수 이상을 차지하는 요즘은 이야기가 다르다. 반복되는 경제 위기를 겪었고, '회사가 나를 지켜주지 않는다'는 것을 다양한 사례를 통해 지켜본 MZ세대들은 회사보다는 가족, 그리고 나 자신을 중시하는 가치를 갖게 됐다. M세대의 개인주의와 Z세대의 초개인주의적인 특징은 **'존중', '성장', '자아실현'** 등의 상위 욕구를 충족시키기 위해 적극적으로 움직인다는 사실이다. MZ세대의 특징 중 하나로 최소한의 일만을 한다는 '조용한 사직(Quiet quitting)'이라는 신조어가 생겨난 데서도 알 수 있듯이 이들은 자신이 일에서 의미를 발견하지 못했을 때는 회사와 개인 생활을 철저히 분리하며 회사를 그저 먹고살기 위해 월급을 받는 곳으로 인식한다. 하지만 자신이 회사에 기여하고 있다는 확신을 품고, 다른 직원들의 도움과 지원을 받으며, 자신의 목표와 목적을 달성하고 있다고 느낀다면 자신의 최선을 다하기 위해 노력한다.

시사경제주간지 더스쿠프가 2020년 8월 발표한 내용에 따르면 가치소비를 중시하는 MZ세대는 '이기적일 것'이라는 선입견과 달리 '더 나은 세상과 사회'를 만드는 데 기여하는 것이 자신의 가치를 실현하는 방법이라 믿는다. 밀레니얼 세대가 환경, 인권, 동물 보호, 사회적 약자 보호 이슈에 적극 참여하는 건 이를 잘 보여주는 사례다. 이들은 일을 선택할 때 '얼마를 벌 수 있는가'만을 생각하지 않는다. 자신이 하는 일이 누구의 삶에 영향을 미치는지, 그리고 그것이 긍정적인지까지 고민한다.

안정적이고 기업의 인지도가 높고 연봉을 많이 주는 회사라도, 회사의 운영 방식이 정직하지 않고, 상명하복하는 문화 탓에 자신의 목소리를 낼 수 없다면, 그들은 조직을 떠난다. 자신이 속한 기업이 진정성이 있는지, 사회적 책임을 다하는지 등이 이들에겐 중요한 요소인 셈이다. 그들은 워라밸을 중시하지만, 또한 그들의 목적과 일치하는 일이고 커리어에 도움이 된다면 야근과 주말 근무도 개의치 않고 자신의 열정을 투자한다.

이러한 Z세대의 특징을 반영한 신조어가 **'워라블(Work-Life Blending)'**이다. 일과 삶을 적절하게 섞는다는 의미다. 일과 삶을 분리해서 봤던 '워라밸'과는 달리 일과 삶을 조화시키고, 때로는 일과 취미를 조화시키며 덕업일치를 꿈꾸기도 한다. 코로나 19로 재택근무가 자연스러워지면서 퇴근 이후의 삶을 가꾸기보단 '일잘러'가 되기 위해 노력하는 직장인들이 늘어났다.

ESG(환경, 사회, 지배구조)로의 변화 역시 투명성을 핵심적 요소로 두고 있다. CSR(기업의 사회적 책임) 시대에는 어떻게 벌든 결과적으로 기부금을 내면 이해하고 넘어갔다. 하지만 ESG 시대는 다르다. 기업 경영 활동의 본질적 선함을 중시한다. 수익 창출 방법이 잘못됐거나, 경영이 투명하지 않거나, 사회적 책무를 함부로 하거나, 환경을 파괴하는 등 기업이 돈을 버는 방법 자체에 선함이라는 잣대가 적용된다.

요즘 직장인에게는 일에 지나치게 몰두하다 슬럼프에 빠지는 '번아웃(Burn-out)'보다 **'보어아웃(Bore-Out)'**이 더 큰 문제이다. '보어아웃'은 직장인들이 지루하고 단조로운 업무 때문에 의욕 상실에 빠지는 상태인데, 2020년 취업포털 잡코리아가 직장인 782명을 대상으로 '보어아웃' 경험 여부를 조사한 결과, 응답자 중 41%(321명)가 이를 경험했다고 밝혔다. 특히 과장, 대리, 사원급에서 경험율이 높았는데, 주된 이유는 동기부여 부족, 단조로운 업무, 적성에 맞지 않는 일 등이었다.

전문가들이 제시하는 보어아웃의 해결책은 업무에서 목적과 영감을 되찾는 것이다. 구성원들이 일과 관계에서 삶의 의미와 목적을 발견할 수 있도록 리더의 역할과 리더십에 대한 재인식이 필요하다.

'MZ세대는 너무 개인적이야'라는 부정적 선입견을 내려놓고, 그들이 가진 '목적 중심'의 가치관에 주목하면 그들의 열정과 가치 중심적 사고와 실천력이 올라간다. 인센티브와 복지 등의 간접 동기는 그들의 동기를 유발하는 데 도움은 되지만 직접적 동기를 유발하는 데에 역부족이다.[24] 조직의 구성원들이 열정과 몰입을 느끼기를 원한다면 이제 개인의 고유한 특성과 잠재력을 바라보고 그들의 목적을 실현시킬 수 있는 기회를 제공하고 격려하는 리더십이 필요하다.

04

커넥트 리더십을 구축하는 3영역과 9역량

진정한 비전은 목적이라는 개념과 분리해서 이해할 수 없다. 내가 말하는 목적이란 '왜 사느냐?' 하는 문제에 대한 개개인의 생각이다. 인간이 목적을 가지고 있다는 명제가 참인지, 거짓인지는 누구도 증명할 수 없다. 논쟁을 벌이는 것조차 무의미하다. 그러나 일단 우리가 유효한 전제로 받아들이면 그와 같은 생각은 크나큰 힘을 지닌다.[25]

- 피터 센게 Peter M. Senge

'커넥트 리더십'을 통해 나와 구성원, 조직의 성장을 일으키기 위해서는 상호작용 방식의 변화가 필요하다. 리더십은 리더가 직접 성과를 내는 것이 아니라 구성원들이 성과를 낼 수 있도록 하는 영향력이

25 피터 센게 지음, 강혜정 역, 《학습하는 조직》, 2014, 에이지21, 197쪽.

므로, 결국 상호작용의 변화를 통해 일어날 수 있다.

문화인류학자 로버트 딜츠(Robert Diltz)가 제시한 '변화의 논리적 단계'는 커넥트 리더십을 구성하는 3개의 영역과 9개의 역량의 흐름을 설명해 준다. 이 피라미드는 사람과 조직이 변화하고 혁신하는 과정을 여섯 단계로 보여준다. 환경이나 상황과 같은 하위 단계의 항목을 변경하더라도 상위 단계에 영향을 줄 수 없다. 그러나 상위 단계에서 변화가 일어나면 그 영향이 아래로 흘러 내려와 모든 단계에 미친다.

가장 상위의 단계는 개인이 자기 자신의 목적을 발견하는 것이다. 목적을 발견하면 자신의 정체성과 가치가 분명해진다. 이를 통해 습득해야 하는 스킬을 알게 되고 이를 습득하게 되면 나의 행동이 바뀐다. 그러면서 개인을 둘러싼 환경인 팀과 조직의 문화가 변해간다. 우리는 보통 리더십을 키우기 위해 스킬을 먼저 배우지만 자신이 어떤 목적을 추구하고, 어떤 정체성과 가치를 갖는지에 대해 정립되지 않은 상태에서는 행동의 변화와 조직의 변화로 이어지지 않는다는 점을 보여준다.

〈로버트 딜츠의 '변화의 논리적 단계'〉[26]

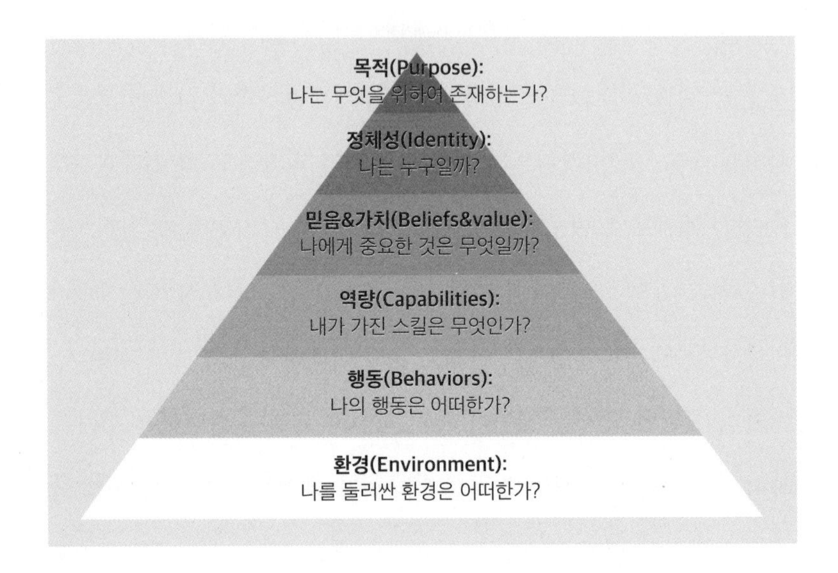

나와의 연결이 먼저다

가장 먼저 상호작용이 변화해야 할 대상은 자기 자신이다. 대다수의 일하는 여성들이 커리어우먼으로, 아내로, 엄마로 집과 회사를 오가며 바쁘게 뛰어다니느라 나 자신과의 관계가 소홀한 경우가 많다. 다른 사람들에게는 친절하지만 바쁜 일상에 지쳐 있는 나 자신에게는 자책과 비난이 일상화돼 있으면서도 이를 알아채지 못한다. 결국 평소 꾹꾹 눌러왔던 부정적인 감정들은 자신도 모르게 작은 자극에 폭

26 로버트 딜츠, 이성엽 역, 《실리콘밸리의 최고 기업은 어떻게 혁신하는가》 박영 story, 156쪽

발하게 된다. 또한 스스로 중심을 잡기도 전에 여러 사람과 연결되다 보면 상황과 타인의 의견에 휩쓸려 나다운 선택을 하지 못하는 경우도 많다. 따라서 타인과 조직과의 연결을 위해서는 **나와의 연결**이 가장 먼저 이뤄져야 한다.

나 자신과의 온전한 연결을 위해서는 크게 세 가지의 역량이 필요하다. 첫째는 나에 대한 성찰을 통해 나에 대한 이해를 높이고 '가면'을 벗고 **'나다움을 발견'**하는 것이다. '나다움을 발견한다'는 것은 나에게 영향을 미치는 고정관념, 목적과 가치, 장단점, 감정을 안다는 것이다. 이를 위해서는 스스로에게 질문을 던지고 있는 그대로의 나를 성찰하는 시간이 필요하다. 자신에 대한 성찰은 혼자하는 것도 중요하지만, 자신을 잘 아는 사람들과 함께 하거나, 코치 등 전문가의 도움을 병행할 때 효과를 높일 수 있다. 우리는 모두 감추고 싶고, 보호하고 싶은 부분이 있기에 혼자서는 나를 있는 그대로 바라보기가 쉽지 않기 때문이다.

둘째는 나를 이해하는 것을 넘어 스스로 모니터링하고 통제할 수 있는 **'습관 리프레임'**이다. 나에게 영향을 미치는 낡은 고정관념이 나의 정체성에 도움이 되지 않는다고 판단되면, 이를 버리고 되고 싶은 나의 모습으로 말과 행동을 개선해 나가는 노력을 해야 원하는 정체성에 다가갈 수 있다. 현재 자신의 말과 행동이 자신이 추구하는 정체성에 맞지 않는다고 느낀다면 이를 일치시키기 위해 노력해야 자신이 추구하는 가치대로 살아갈 수 있다. 습관을 리프레임하기 위해서는 자신의 목적과 정체성에 맞는 습관을 만들어 나가기 위해 현재의 행동을 성찰하고 보상을 통해 좋은 습관을 기르는 노력이 필요하다.

셋째는 회복탄력성을 갖기 위해 **'나를 먼저 돌보는 것'**이다. 나를 돌보기 위해서는 나의 감정에 먼저 공감해야 한다. 비행기의 위급 상황 시, 내가 산소마스크를 먼저 쓰지 않으면 다른 사람을 돌볼 수 없는 것처럼 우리 자신의 감정에 공감하지 못하면 타인의 감정을 살피고 상대와 연결되기 위해 내 감정을 조절하는 '정서지능'을 키울 수 없다. 또한, 에너지를 회복하기 위한 '나만의 쿼렌시아'를 찾아야 한다. 쿼렌시아는 스페인어로 나만의 피난처이자 회복의 장소를 의미한다. '회복탄력성'이란 어려움이나 스트레스가 없는 상황이 아니라 이러한 어려움의 상황을 오히려 성장의 계기로 만들어내는 마음의 근육을 의미한다. 이를 위해서는 나의 에너지를 회복하고 스트레스를 관리할 수 있는 루틴이 필요하다. 그래야만이 낙관적으로 상황을 바라보고, 나의 감정을 조절하며, 앞으로 나아갈 수 있는 힘을 얻는다.

1on1(원온원) 연결

나 자신과 연결됐다면 다른 사람과의 연결로 넘어가야 한다. 사실 우리는 조직에서 많은 사람들과 연결돼 있다. 하지만 중요한 것은 '연결의 질'이다. 동료와의 끈끈한 관계는 가족, 친구, 공동체와의 관계만큼이나 중요하다. 일방적이고 거래적인 방식이 아니라 진정한 의미의 상호작용이 이뤄질 때 우리는 연결에서 에너지를 얻으며, 우리의 목적은 더욱 강화된다. 타인과의 연결은 1:1로 만들어지는 **원온원 연결**과 팀, 조직, 외부 커뮤니티와 연결되는 **그룹과의 연결**로 구분해 볼 수 있다.

많은 사람과 연결되는 것도 중요하지만, 상대의 고유성에 집중한 깊은 연결을 위해서는 원온원 연결이 필요하다. 원온원(1on1)이라는 말을 만든 인텔의 전 CEO 앤디 그로브(Andy Grove)에 따르면, **원온원 대화**란 리더와 구성원 간에 정기적이고, 빈번하며, 지속적으로 의미 있게 진행되는 대화를 의미한다. 그는 원온원에 90분의 시간을 투자하면 2주 혹은 80시간 이상의 업무 향상 효과가 있다고 말했다. 개개인의 특성을 존중하는 초개인화 시대에는 개인의 성장과 발전이 핵심이기 때문이다.

커넥트 리더십을 발휘하기 위해서도 구성원과의 원온원 연결은 중요한 역할을 한다. 이를 위해 크게 세 가지 역량이 필요하다.

첫째, **'리더십 갑옷'**을 내려놓는 것이다. '리더십 갑옷'은 미국의 심리학자 브레네 브라운(Brene Brown)이 자신의 책 《리더의 용기》에서 언급한 말이다. 브레네는 리더가 자신의 취약성을 인정하고 갑옷으로 위장한 가짜 리더십을 버리는 용기를 가질 때 실패하더라도 조직은 더욱 단단해지고 앞으로 나아갈 수 있다고 했다.

조직에서 여성 리더의 숫자가 많지 않을 경우, 자신을 보호해야 한다는 생각에 여성 리더가 입는 '리더십 갑옷'은 더욱 두터울 수밖에 없다. 리더가 먼저 갑옷을 벗지 않으면 구성원 역시 자신의 갑옷을 입고 불신과 단절을 겪게 된다. 자신의 실수와 부족함을 인정하고, 상대의 장점에 관심을 가지며, '말하기'보다 '듣기'에 집중하는 것은 갑옷을 벗는 데 큰 도움이 된다. 또한 상대와의 인간적 공통점을 연결하기 위한 '스몰토크'와 적절한 비유와 농담 역시 여성 리더의 갑옷을 가볍게 해줄 수 있다.

둘째는 구성원이 일을 통해 자신의 **목적과 비전, 가치**를 발견할 수 있도록 질문을 던지고, 업무와 연결시킬 수 있는 기회를 모색하는 것이다. 구성원이 자신의 목적을 발견하지 못하더라도, 리더의 질문을 통해 일의 가치와 의미에 대해 생각해 봄으로써 일에 대한 열정과 자발성이 올라가고 일을 통해 성장한다는 느낌을 가질 수 있다.

셋째는 **공감을 기반으로 한 피드백**을 주고받는 것이다. 피드백의 목적은 성장이다. 인간은 누구나 스스로를 객관적으로 바라보기 어렵기에 신뢰하는 누군가의 균형 잡히고 구체적이며 해결책에 집중한 피드백을 통해 성장할 수 있다. 하지만 피드백의 수용성을 높이기 위해서는 객관적 정보만 중요하지 않다. 우리는 감정을 가진 인간이기 때문에, 피드백을 받는 사람의 감정과 입장을 고려해야 피드백의 수용성이 올라가고 상대의 성장을 도울 수 있다. 좋은 피드백을 위해 고려해야 할 요소들을 알파벳 이니셜인 **'스피아(SPIA)+휴먼(HUMAN)'**으로 표현했다. 피드백 전후에 점검하며 피드백 스킬을 높여 나간다면 구성원의 성장을 통한 조직의 성과를 높여갈 수 있다. 피드백을 주는 것만큼이나 리더가 구성원과 동료들에게 피드백을 구하는 것도 중요하다. 회사 안팎에 신뢰할 만한 피드백을 줄 수 있는 '피드백 지원군'을 만든다면 나의 한계를 넘어서 원하는 리더로 성장하는 좋은 자극이 될 수 있다.

그룹과의 연결

나와의 연결, 원온원 연결 후에는 그룹과의 연결로 확대해야 한다. 변화가 빠르고, 예측이 어려운 뷰카 시대에는 얼마나 넓고 다양한 네트워크와 연결되어 최신 정보를 기민하게 주고받을 수 있으며, 어떻게 집단 지성을 활용할 수 있는지가 일의 성과를 결정한다.

공동의 목적을 중심으로 연결되는 것이 중요하기 때문에 그룹과의 연결에서는 신뢰와 진정성이 강조된다. 특정 이해관계를 충족시키기 위해 모인 그룹은 무언가를 얻기 위한 수단으로 관계가 사용되기 때문에 신뢰를 기반으로 한 사회적 자본이 형성되기 어렵다.

그룹과의 깊은 연결을 위해서도 3가지 역량이 필요하다. 공감을 기반으로 소통한다는 점에서는 동일하지만, 1:1이 아닌 그룹의 역동을 이해하고 영향을 미치는 스킬이 요구된다.

첫째, 구성원들이 일과 조직에서 의미를 발견하며, 성장한다고 느끼기 위해서는 **팀 단위의 '목적·가치·비전'**이 있어야 한다. 팀은 구성원들이 소속감을 느끼는 가장 기본적인 공동체이다. 팀의 목적과 차이에서 만들어진 그들만의 연결은 직원들이 힘들 때 다시 털고 일어날 수 있는 원동력이 되므로, 구성원들과 함께 조직의 목적과 연결된 팀만의 목적·가치·비전을 만드는 것은 한층 높은 동기부여의 원천이 된다.

또한, 주요 영역에서 어떻게 상호작용할지에 대해 함께 합의한 **'워크룰'**이 필요하다. 팀과 회사 전체의 목적·가치·비전을 고려해 우리 팀만의 '워크룰'을 만들 때 자율적이면서도 서로 조화를 이루며 생산성을 높일 수 있다. 리더가 구성원들이 함께 공감하고 참여하며 합의하기 위한 퍼실리테이션 스킬을 갖춘다면 보다 효과적으로 구성원들의 참여를 이끌며, 팀 목적 워크숍과 워크룰 워크숍을 이끌 수 있다.

둘째, 여성의 장점인 **'레이다 사고'**로 **협업을 촉진**하는 것이다. 상황과 맥락, 상대의 니즈를 잘 파악하는 여성의 능력은 세심한 태도로 사람들과 협상하고 소통해 승승 관계(Win-Win)의 협업을 만들어내는 데 뛰어난 재능이 될 수 있다. 협업 당사자들의 이해관계를 넘어설 수 있는 공동의 목적을 발견하고 협업의 시작에 이를 공유하는 것은 열정과 신뢰를 불러일으키는 앵커링 효과를 줄 수 있다.

셋째는 **'수평적 네트워크'**를 확대하는 것이다. 서로 공동의 목적을 추구하고 신뢰를 통해 지지하는 관계는 개인의 정체성을 크게 확장시키는 힘을 가지고 있다. 네트워크를 확대하기 위해서는 사내 정치 구도에도 관심을 가지고, 스몰토크 기회를 늘리며, 멘토를 발견하는 것이 필요하다. 사내외 여성들과의 연결은 가장 효과적으로 나의 영향력을 키울 수 있는 방법일 뿐 아니라 조직 내 더 많은 여성들의 영향력을 높일 수 있는 계기가 된다. 또한 회사 밖의 온오프라인으로 연결된 전문가 그룹과의 Weak-Tie는 나의 정체성과 영향력을 넓혀줄 또 다른 기회를 만들어 줄 수 있다.

〈커넥트 리더십 프레임워크, 3영역 9역량〉

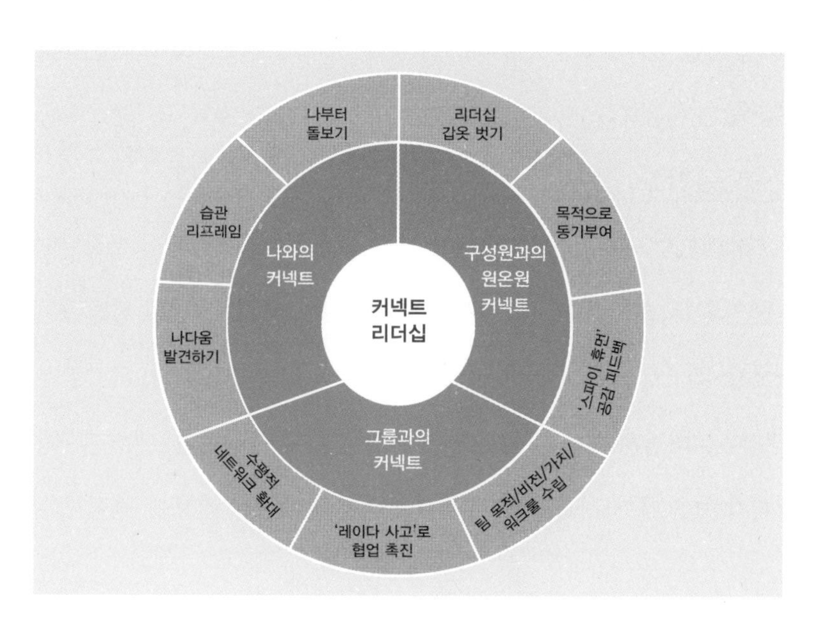

05

커넥트 리더십의 효과

가장 뛰어난 리더들은 자기 리더십에 대해 이야기할 수 있는 사람이다. 자신에 대해 이야기할 수 있는 사람은 자신을 잘 아는 사람이다. 그런 이야기를 하면 다른 사람들이 우리를 알 수 있게 된다. 그런 이야기들은 우리 마음과 삶 속에 다른 이들을 불러들이면서 진실하고 인간적인 관계를 만들어 낸다.[27]

- 노엘 티시 Noel Tichy

커넥트 리더십의 시작은 리더 개인의 목적과 정체성에서 시작된다. 많은 경우, 리더가 교육을 통해 좋은 스킬을 배워도 자신의 신념과 정체성, 가치가 변하지 않아 결국 실행으로 이어지지 않는다. 하지만 커넥트 리더십은 자신을 이해하고 자신의 삶에 주도성을 갖는 것에서 시작한다. 나 자신과의 관계가 변화하면 상대를 바라보는 관점과 상호작용 방식도 변화한다. 이를 통해 구성원과 조직의 연결이 깊어지며 자발적이고 열의에 기반한 변화와 성장이 가능해진다. 또한 자기 삶에서의 변화에서 시작되기에 개인이든, 중간관리자든, 임원이든 직급과 상관없이 누구나 자신의 상황과 위치에 따라 커넥트 리더십을 훈련하고 발휘할 수 있다.

커넥트 리더십의 효과는 크게 리더 개인과 구성원, 조직 차원으로 나눠 볼 수 있다.

리더 개인 차원의 효과

첫째, 자존감이 올라간다. 《정체성의 심리학》 저자인 고려대학교 심리학과 박선웅 교수에 따르면 자존감에는 '허약한 자존감'과 '튼튼한 자존감'이 있다. 허약한 자존감은 거울을 보고 '나를 사랑한다'라고 말하는 것처럼 의도적으로 끌어올린 자존감이다. 이것도 물론 효과는 있지만 오래 지속되지 못한다. 튼튼한 자존감은 자신이 왜 소중한지에 대한 자신만의 이유를 발견할 때 만들어진다. 이렇게 세워진 자존감은 상황의 변화나 다른 사람의 비난에 쉽게 흔들리지 않는다.

커넥트 리더십의 첫 단계인 '자기연결'은 자신의 인생 스토리를 탐색해 삶의 목적을 발견하는 과정부터 시작한다. 자랑하고 싶은 이야기뿐만 아니라 숨기고 싶은 약점까지 상반된 스토리를 온전한 나

(Whole-self)로 인정하고 수용하기에 나에 대한 자기 관용이 올라가며 내 삶의 가장 중요한 진짜 가치를 발견할 수 있다. 이를 통해 과소평가와 완벽주의, 가면 증후군 등을 넘어서 일과 삶을 통합적으로 바라보며 나 스스로를 존중하게 된다. 또한 나의 이야기에서 시작되기에 진정성이 있다.

둘째, 자신감이 올라간다. 위커넥터는 자신의 강점을 이해하고, 자신의 목적에 맞게 생각과 행동을 리프레임하며, 긍정 에너지를 유지할 줄 안다. 따라서, 고정관념의 압박이나 실패에 대한 두려움 때문에 망설이다 기회를 놓치기보다, 새로운 기회에 도전하며 자신의 잠재력을 개발해 나간다. 자신을 넘어 주변 사람과 공동체에 기여한다는 '목적의식'은 위커넥터가 실수나 실패에 대한 망설임을 극복해 나갈 수 있는 용기를 뒷받침해 준다.

셋째, 말과 행동에 일관성이 있다. 커넥트 리더십에서 중시하는 '목적'은 단기적 목표가 아닌 장기적인 방향이다. 장기적으로 자신이 왜 그 일을 해야 하는지를 잘 알고 있고, 평소 자기 자신의 목적과 가치관에 기반해 자기 자신답게 행동하려 노력한다. 이런 리더는 말과 행동에 일관성이 있고, 계획이 어긋나더라도 결단력과 방향성을 가지고 의사결정을 할 수 있다.

넷째, 회복탄력성이 높다. 위커넥터는 열심히 일하지만 번아웃에 빠지지 않는다. 번아웃을 느끼더라도 회복 속도가 빠르다. 자신이 일하는 이유를 알고 있기에 업무에 대한 만족도가 높으며, 에너지를 회복하고 스트레스를 관리할 수 있는 루틴이 있기 때문이다. 때문에 어려운 상황도 낙관적으로 바라보고, 감정을 조절하며 앞으로 나아갈 수 있는 힘을 갖는다.

마지막으로 신뢰를 기반으로 한 사회적 자본이 확대된다. 자기 자신에 대한 자존감과 관용이 높은 사람은 타인에 대한 포용성도 크다. 위커넥터는 각자가 가진 고유한 역할과 차이를 중시하기 때문에 함께 일하는 사람들 사이에 신뢰를 기반으로 한 사회적 자본이 쌓인다. 조직 전체의 영향력 구도에 대한 감각을 가지고 있으며, 이해관계자의 니즈와 우려 사항을 예측해 다양한 의견과 관점을 조율하고, 다른 리더와 집단의 지지를 통해 필요한 자원을 연결해 탁월한 성과를 만들어 낸다.

구성원 차원의 효과

커넥트 리더십을 통한 개인의 변화는 구성원과 조직문화에도 긍정적 영향을 미친다.

첫째, 구성원의 개인화된 성장이 가능해진다. 위커넥터는 구성원의 성장에 관심이 많다. 구성원 역시 자신과 마찬가지로 공동의 목적을 달성해야 하는 파트너로 여기기 때문이다. 자신에게 발견했듯 구성원

개인의 목적과 가치관, 성향, 강점과 보완점 등을 파악하고 그에 맞는 일을 통해 의미있고 효과적으로 성장할 수 있는 기회를 마련해 주려고 노력한다. 구성원들은 일에서 자신의 목적과 의미, 강점을 발휘하면서 일을 단순히 생계를 위한 수단이 아니라 자신의 성장과 자아실현의 매개로 여기게 되며 이를 통해 개인과 조직의 성장 속도가 빨라진다.

둘째, 정보 교류의 투명성이 높아진다. 위커넥터는 구성원에게 공감 기반의 피드백을 제공하는 것뿐 아니라, 자기 자신도 주요 이해관계자들로부터 피드백을 받아 자신을 객관화시키고 부족한 점을 보완해 성장하는 것을 중요시 여긴다. 이를 통해 조직의 위계로 인해 발생하던 리더와 구성원 간의 정보 격차가 해소되고, 투명한 피드백이 오고 가면서 구성원과 리더의 자기인식이 올라간다. 또한 리더와 구성원 간의 신뢰가 높아지고 보다 수평적인 커뮤니케이션이 이뤄지면서 업무의 생산성도 증가한다.

셋째, 구성원의 업무 주도성이 올라간다. 커넥트 리더십 훈련을 통해 자존감과 자신감이 올라가면, '실수하면 안 된다'는 완벽주의로 자기 자신을 다그치거나 부서원들이 하는 모든 일에 관여하려는 '마이크로 매니징'에서 한 발 물러설 수 있게 된다. 그러면서 직원들의 방식을 인정하고 실수에 대해서도 관대해질 수 있는 여유가 생긴다. 일을 더 완벽하게 해서 윗사람에게 칭찬받는 것보다 나와 구성원의 장기적인 목적과 가치가 더 중요하다는 믿음이 생겨나기 때문이다. 이를 통해 자연스레 직원들의 자발성과 실행력은 올라간다.

조직 차원의 효과

첫째, 수평적이고 유연한 연결을 토대로 팀워크가 올라간다. 위커넥터는 구성원들과 함께 공동의 목적·가치·비전과 일하는 '워크룰'을 공유하는 것을 중시한다. 서로 다른 가치관과 배경을 가진 구성원들이 함께 참여하고 합의한 공동의 DNA이기에 강요하지 않아도 영향력과 실행력이 높다. 또한 외부의 위기와 변화 속에서도 서로를 도우며 지속적으로 성장해 나갈 수 있는 토대가 된다.

둘째, 집단 의사결정을 통한 창의성과 다양성이 늘어난다. IBM의 CEO 샘 팔미사노(Sam Palmisano)는 '혼자 연구실에서 밤새워 연구하던 시대는 지났다. 혁신은 혼자가 아니라 여러 사람과 협동을 통해 이루어진다'고 말했다. 그만큼 다양한 사람들과의 연결을 통해 통찰을 이끌어내는 것이 중요해졌다. 위커넥터는 구성원들의 호기심 및 자발성을 끌어낼 수 있도록 심리적 안전감을 제공하는 환경과 서로의 차이를 존중하는 '퍼실리테이티브 리더(Facilitative Leader)'를 지향한다. 이로써 과거의 수직적 위계 구조 내에서 막혀있던 MZ세대들의 참여가 활발해지고, 리더그룹에서 여성들의 비중이 늘어나면서 조직 내에 보다 창의적인 생각과 다양한 생각들이 존중받는 문화가 만들어진다. 타부서 직원과의 소통도 '갑과 을'의 관계를 넘어 서로의 목적과 니즈에 관심을 기울이고, 공통의 목적을 찾아가면서 협업의 속도가 빨라진다.

셋째, 윤리 수준이 올라간다. 커넥트 리더십이 조직에 정착되면 목적을 중심으로 한 수평적 네트워크 연결이 확대된다. 과거의 수직적 리더십은 기업의 윤리적 부패를 은폐하기 비교적 용이했다. 하지만 수평적이고 집단 지성 기반의 의사결정을 중시하는 조직문화는 리더의 편향이나 독선을 방지하고 집단의 지혜를 모아 더 나은 의사결정을 내릴 가능성을 높인다. 또한 조직 내 다양한 가치가 중시되면서 단지 이기는 것만을 원하지 않고 직원과 조직, 사회가 폭넓은 편익을 얻을 수 있는 변화를 추구하는 의사결정을 할 가능성이 높아진다.

커넥트 리더십의 효과		
리더 개인	**구성원**	**조직**
자존감 향상 자신감 발휘 말과 행동의 일관성 회복탄력성 사회적 자본 확대	구성원의 개인화된 성장 투명한 정보 교류 업무 주도성 증가	팀워크 향상 창의성과 다양성 증가 조직의 윤리적 기준 향상

2장 요약

① '커넥트 리더십'은 공감을 기반으로 자기 자신, 구성원, 조직의 목적을 연결하고 차이를 포용해 함께 성장하며 공동의 목적과 목표를 달성하도록 촉진하는 영향력을 말한다.

② 전통적으로 여성의 강점 영역이었던 '공동체 가치 추구', '육성', '참여', '공정성', '영감' 등의 특징은 연결과 협업이 조직의 핵심 경쟁력인 4차 산업 시대 중요한 리더의 역량이다.

③ 자기 자신의 목적과 가치, 장단점, 감정 등 '나와의 연결'에서 시작하는 '커넥트 리더십'은 일하는 여성뿐 아니라, 고정관념으로 인해 자신과의 연결이 단절된 남성들이 자기다움을 찾는 데에도 도움이 되며 이를 통해 조직의 다양성과 포용성을 높인다.

④ 리더의 공감은 구성원 개개인의 고유성을 존중하고 잠재력을 끌어내 구성원의 성장뿐 아니라 삶의 웰빙을 케어해 구성원의 번아웃을 낮춘다.

⑤ 일과 삶에서의 '목적'을 발견하는 것은 자아실현의 욕구가 높은 MZ 세대가 '조용한 사직'과 '보어아웃'을 극복할 수 있는 에너지를 제공하며 일과 조직에 열정을 높여 준다.

⑥ 커넥트 리더십은 '나와의 연결'에서 시작해, '구성원'과 '그룹'에서의 연결을 확대하기 위한 9가지 역량을 강조한다. '나와의 연결'을 위해서는 '가면벗기', '습관 리프레임하기', '나부터 돌보기'를, '구성원과의 연결'을

위해서는 '리더십 갑옷 벗기', '목적으로 동기부여하기', '공감 피드백 주고받기'를, '그룹과의 연결'을 위해서는 '팀 목적 · 가치 · 비전과 워크룰 수립하기', '레이다 사고로 협업 촉진하기', '수평적 네트워크 확대하기'가 필요하다.

⑦ 리더들의 커넥트 리더십 역량이 확대되면, 리더 개인의 자존감, 일관성, 회복탄력성이 증가될 뿐 아니라 구성원의 성장, 주도성이 올라가고 번아웃이 감소한다. 이를 통해 조직은 자율성과 참여, 합의 기반의 문화가 만들어지고, 협업이 활성화되며, 공정성과 다양성이 확대된다.

지금까지 1, 2장을 통해 '커넥트 리더십'이 필요한 배경과 요소, 특징에 대해 살펴봤다. 3장부터 5장으로 구성된 2부에서는 커넥트 리더십을 발휘하기 위해 필요한 3영역, 9역량의 스킬과 기법들을 담았다. 각 장에는 관계력을 진단해 볼 수 있는 체크리스트와 질문이 등장한다. 펜과 노트를 준비해 질문에 대한 나의 생각을 천천히 써내려가며 읽어보자.

〈불완전하게 연결된 리더가 위커넥터가 되는 과정〉

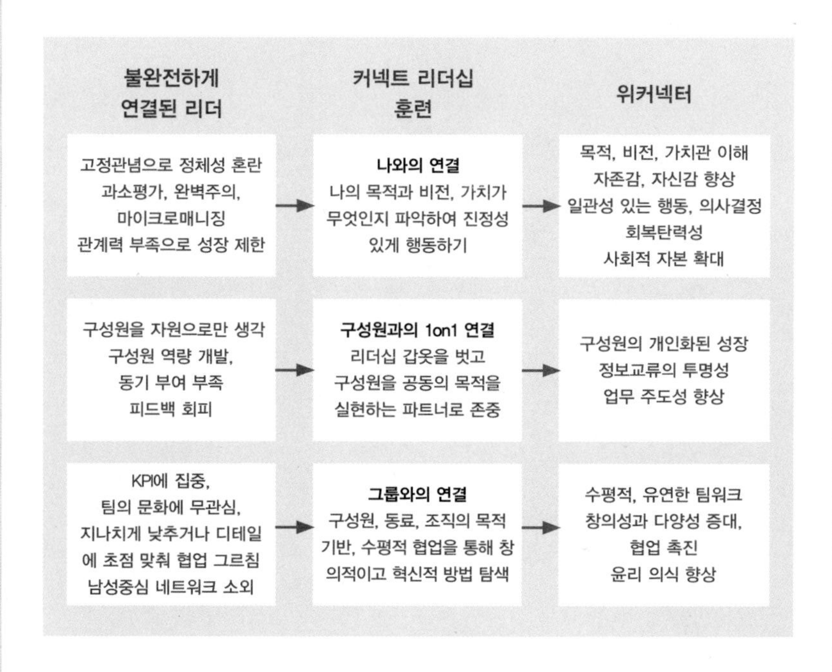

2부

어떻게
실천할 것인가?

Chapter 03

나와의 커넥트

나무의 크기는 뿌리의 깊이에 비례한다. 뿌리가 단단하고 안정적으로 지지되지 않은 나무는 가지를 넓고 힘차게 뻗을 수 없다. 우리의 관계도 마찬가지다. 좋은 관계를 맺기 위해서는 자기 자신과의 관계부터 다져야 한다. 나와의 연결이 부실한 상황에서 외부의 빠른 변화와 생산성의 요구에 쉴 새 없이 관계를 넓혀가다 보면 우리의 삶은 피곤해지고 흔들리며 길을 잃는다.

'나와의 연결'은 내가 정말로 중요하게 생각하는 것은 무엇인지, 내가 진짜 원하는 모습은 어떤 모습인지를 이해해야 시작된다. 그리고 이를 유지하기 위한 습관을 루틴(routine)화하며 필요한 에너지를 충전해야 만들어진다. 일하는 여성, 엄마, 아내, 며느리… 등 여러 정체성의 가면을 바꿔 쓰며 바쁘게 살아가면서도 내가 추구하는 목적과 자아상에 대한 연결을 놓치지 않는다면, 타인 및 조직과도 유연하게 연결하며 자기다움을 확장해 나갈 수 있다. 나와의 연결이 단단하기에 말과 행동에는 일관성과 진정성이 있다. 뿌리가 단단한 나무가 다른 나무들과 함께 연결되며 건강한 생태계와 숲을 만드는 것과 같이 나와의 연결은 구성원과의 연결, 그룹과의 연결의 깊이를 다지는 시작점이다.

나와의 커넥트를 떠올리며 다음 항목들에 체크해 보자. 12점 이상이면 커넥트가 매우 좋음! 8점 이상이면 보통! 8점 미만이면 주의가 필요하다.

Check List 1 - 나와의 커넥트 점검하기			
1	나다움 발견하기 Self-Awareness	나는 내 인생에서 무엇이 중요한지 알고 있다.	
2		나는 내 장점과 재능을 글로 바로 적을 수 있을 만큼 잘 안다.	
3		의사결정할 때 나의 목적과 가치를 고려한다	
4		부모님이나 사회가 아니라 내가 추구하는 목적과 가치관대로 살려고 노력한다.	
5		내 일과 조직은 나의 개인적인 가치관과 동일한 맥락을 가지고 있다.	
6		나의 개인적 목적과 회사의 목적이 어떻게 연결되는지에 대해 다른 사람에게 말할 수 있다.	
7	습관 리프레임 Reframing	내가 무의식적으로 하는 부정적인 생각과 행동의 원인을 이해하고 있다.	
8		나의 말과 행동이 적절한지 스스로 모니터링하는 시간을 규칙적으로 갖는다.	
9		다른 사람의 시선을 의식해 내 생각이나 가치관과 다른 말을 하지 않는다.	
10		부정적 생각이 계속 들 때는 긍정적인 측면을 생각하며 생각을 전환시킨다.	
11		화가 난 상황에서도 잠깐 멈추고 내가 원하는 말과 행동을 선택할 수 있다.	
12		새로운 일에 대해 실패를 두려워하기보다 도전을 통해 배우는 것을 중요하게 여긴다.	
13	나부터 돌보기 Self-Care	나는 내가 스트레스 받는 원인을 이해하고 있다.	
14		나는 내가 화가 나 있다는 것과 이것이 다른 사람에게 영향을 주고 있다는 걸 인지할 수 있다.	
15		내가 잘한 부분에 대해 의도적으로 격려하려는 습관을 가지고 있다.	
16		나는 건강한 라이프스타일을 유지하기 위해 잘 먹고 몸을 단련하는 습관을 가지고 있다.	
17		스트레스를 느낄 때 회복을 위해 어떤 활동을 해야 하는지 알고 있다.	
18		나는 나를 돌보는 것이 가족이나 동료를 돌보는 것보다 중요하다고 생각한다.	

01

나다움 발견하기

① 나의 스토리에서 '목적' 발견하기

우리는 미래를 내다보며 점을 이을 수는 없습니다. 오직 과거를 돌이켜 보면서 점을 이을 수 있을 뿐입니다. 따라서 여러분들은 지금 잇는 점들이 미래에 어떤 시점에 이르면 서로 연결될 것이라는 믿음을 가져야 합니다.

- 스티브 잡스 Steve Jobs

예전의 나는 새해가 되면 항상 점집을 찾았다. 회사원으로, 엄마로, 아내로 정신없이 살다가 새해를 맞아 나를 돌아보는 시간이 생기면 남들이 용하다는 점집 선생님을 찾아 물었다.

"저는 어떤 사람인가요?"

"올해는 뭘 하면 좋을까요?"

그러자 점집 선생님은 이렇게 얘기했다.

"송지현 씨는 전체적으로 운이 괜찮은데, 말년에 운이 트이네. 올해는 이동수가 있어."

"올해 이직을 하기 어려운데, 부서라도 옮겨야 할까요?"

"그래, 좀 힘들어도 지금 직장에서 참는 게 나아. 마흔 살부터 대운이 들어와."

어느새 나는 마흔 살이 한참 넘었지만 경제적 수준은 갑자기 좋아지지 않았다. 틀렸다 하더라도 크게 원망하지 않았고, '어차피 점인데 뭐'라며 상황을 정당화시키기도 했다. 하지만 듣는 순간에는 정말로 그렇게 믿어 버렸고, 정말 점집 선생님들이 하라는 대로 했다. 그러다 보면 어느새 한 해가 잘 지나간 것 같았다.

남이 그려주는 지도일지라도 내 삶에 대한 전체적인 지도가 있다는 생각은 신장개업한 식당 앞에서 펄럭이는 풍선 인형 같은 나의 조급함을 진정시켜 줬다. 하지만 점을 보는 선생님들 의 말씀이 항상 맞지는 않았다. 그래서 또 용하다는 다른 선생님을 찾아야 했다. 그렇게 나를 잘 이해하고 미래를 예측해 주는 누군가를 찾다 보면 다시 또 불안해졌다.

리더십 공부를 시작하며 나는 리더의 목적과 진정성을 리더십의 근간으로 두는 진성리더십 아카데미를 찾았다. 더 이상 다른 사람의 기준이 아니라 나의 목적과 가치를 기준으로 살고 싶다는 절박함이 있었다. 진성리더십 아카데미 첫 번째 수업에서 제일 먼저 들었던 단어는 '지도'였다. 인생의 목적지를 찾아가는 길은 사막 위를 걸어가는 과정과 같기 때문에 지도가 필요한데, 이 지도는 다른 누군가가 그려 준 것이 아니라 자기 자신이 그린 지도여야 한다고 했다. 그리고 지도의 목적지를 찾아가는 데 반드시 필요한 나침반이 바로 '목적'이었다. 내가 내 삶의 지도를 그리고 나침반을 찾기 위해서는 우선 나를 알아야 했다. 내가 무엇에 의미를 부여하는지, 내 강점은 무엇인지, 언제 가장 에너지가 넘치는지, 가장 충격적이고 혼란스러웠던 사건은 무엇이었는지, 내가 옳다고 믿는 신념은 무엇인지 등 내 삶을 구성하는 결정적인 스토리들을 하나의 궤적으로 연결할 때 지금까지 나를 만든 일종의 '지문'을 발견하고, 미래에 내가 걸어갈 길에 맞는 지도를 그릴 수 있었다.

처음에는 리더십에서 '스토리'를 강조하는 것이 낯설었다. 전략과 숫자를 책임져야 하는 리더에게 스토리라니. 하지만 '정신 모형'[28]에 대한 설명을 듣고 난 후, 스토리로 바라보아야 하는 이유를 이해했다. 인간은 세상에 존재하는 방식이 아니라 자신이 '믿는' 방식으로 이야기를 만들어내기 때문이다. 이야기하는 마음은 의미 중독자이기에, 세상에서 의미 있는 패턴을 찾아내지 못하면 스스로 의미를 부여하려 든다.[29] 이때 자신의 '정신 모형'이 드러난다. 같은 풍경을 보고도 사

28 윤정구, 《진성리더십》, 2015, 라온북스, 104~105쪽.

29 조너선 갓셜 지음, 노승영 역, 《스토리텔링 애니멀》, 2014, 민음사, 133쪽.

진사마다 다른 사진을 찍어내는 이유는 각자가 세상을 보는 방식, 즉 **'정신 모형'**에 따라 해석이 달라지기 때문이다. 동일한 상황에서도 어떤 스토리의 플롯을 바라보느냐에 따라 해석이 다르듯, 자신이 만드는 이야기에는 내가 나를 어떻게 생각하고, 무엇에 의미를 두는지가 담긴다. 그래서 내가 세상을 바라보는 정신 모형을 이해하기 위해서는 과거의 스토리로부터 한 발짝 물러나 스스로에게 다양한 질문을 던져야 한다.

청소년기까지의 정신 모형은 부모님이나 사회의 영향을 주로 받아 형성된다. 이것을 **'정신 모형 I'**이라고 한다. 하지만 지금까지 살아온 정신 모형이 나라는 사람의 틀을 규정하도록 내버려 두는 것은 진정한 스토리텔러의 자세가 아니다. 성인이 되면 스스로가 작가가 되어 우리 삶의 이야기를 구성해 나가야 한다. 내가 쓴 정신 모형은 두 번째 정신 모형이 된다. '정신 모형 I'이 수동적인 스토리텔러였다면, **'정신 모형II'**는 능동적인 스토리텔러의 모습이다. 성인이 되어서까지 부모님이나 남이 쓴 지도를 따라 살며 자기 대본이 없을 때 자기 삶에 대한 주도성과 진정성(Authentic)은 발휘되기 어렵기 때문이다.

〈오즈의 마법사〉라는 동화에서 주인공 도로시가 마법사 오즈의 에메랄드 성에 도착했을 때 초록색 안경을 착용하자 실제 성의 모습과 상관없이 온통 초록색으로 보인다. 이 초록색 안경이 바로 우리가 믿는 스토리를 만드는 '정신 모형 I'이다. 그리고 이미 오래 전부터 초록색 안경을 끼고 살고 있는 사람들이 안경을 낀 사실을 잊고 사는 것처럼, 우리도 우리의 정신 모형을 인식하지 못하고 살아간다. 하지만 자신의 목적을 발견하고 내가 원하는 방향과 가치에 따라 삶을 진정성 있게 살아가기 위해서는 과거의 경험에서 만들어진 자신의 정신 모형 플롯인 정신 모형 I을 이해하고, 앞으로 원하는 삶을 살아가기 위한 지도인 정신 모형 II을 주체적으로 써야 한다.

내가 도달하고 싶은 삶의 목적지가 선명해지면 과거의 정신 모형 I에 대한 해석도 달라지며, 미래의 목적지에 다다르기 위한 지도에 하나의 완결된 스토리가 새롭게 그려진다. 스티브 잡스가 'Connecting the dots(점들을 연결하다)'라고 말한 것처럼 과거의 사건들이 이어지며 미래에 내가 무엇을 하고 싶은지의 윤곽이 새로운 스토리로 드러난다. 그리고 그 점들이 연결된 모습에서 되고 싶은 자신의 정체성을 발견한다. 다른 사람들의 기준에 맞춘 정체성이 아니라, 자신의 과거와 도달하고 싶은 미래가 연결된 스토리에서 길어 올린 정체성이기에, 목적지에 도달하기 위한 창의성과 열정, 그리고 실행력이 생겨난다.

사막에서 내 삶의 지도를 그리고 나침반인 목적을 발견하기 위해서는 먼저 사막에서 길을 잃어야 한다. 내가 내 삶의 목적에 대해 알지 못하면 다른 사람의 목적을 발견하는 데 도움을 주거나 동기부여하기 어렵다. 리더인 나부터 '나는 이 일을 왜 하는가?'에 대한 분명한 방향을 가져야 한다.

아래는 내가 **'목적선언문'**을 작성하기까지 나에게 던졌던 질문이다. 반나절쯤 시간을 내서 질문에 차곡차곡 답해보자. 무엇보다 솔직한 것이 중요하다. 온전한 나로 살아가기 위해서는 내가 외면해 왔던 나의 그림자까지 직면할 수 있는 용기가 필요하다.

목적이 잘 보이지 않을 때는 핵심가치부터 생각해 봐도 좋다. 핵심가치는 삶의 목적과 목표를 어떤 원칙과 기준으로 달성할 것인지에 대한 행동 지침이다. 즉 **'How'**에 대한 답변이다. 나의 핵심 가치를 이해하고 있으면, 평소 힘든 의사결정을 할 때 지침이 되어 주기에 선택이 쉬워질 뿐 아니라 가치관에 맞는 일관된 말과 행동을 하는 데 큰 도움이 된다. 내가 어떠한 삶을 살지에 대해 생각했다면, 내가 현재 몸담고 있는 조직과 일의 가치와의 연관성도 생각해 보자.

다음 질문에 답할 때는 단답식으로 적기보다 이야기처럼 한 문단으로 적어보는 것이 좋다. 단, 마지막 목적선언문은 간결한 문장으로 완성해 보자. 경영학자 피터 드러커는 "'사명(목적)'은 티셔츠를 입는 것만큼 쉬워야 한다"며 "어떠한 경우에도 흔들리지 않을 수 있는 짧고 강력한 '사명선언문'을 만들라"고 했다. 짧고 간결한 목적선언문은 내가 왜 이 일을 하는지, 무엇을 해야 하는 지에 대한 우선순위를 명확히 해주고 실행 의지를 높여 준다.

나다운 리더십의 시작은 내 삶의 나침반이 어디를 향하고 있는지를 발견하고 믿는 데서 시작된다. 그리고 그 믿음은 우리를 앞으로 나아가게 하는 힘이 되어준다. 내가 간절히 원하는 것은 우리를 끌어당기는 힘이 있기 때문이다. 스티브 잡스가 말한 대로, 그때부터 모든 변화와 차이가 만들어질 수 있다.

처음부터 너무 완성된 형태로 쓸 필요는 없다. 계속 업데이트해 나가면 되니, 망설이지 말고 지금 펜을 잡고 다음 질문에 답해보자.

〈활동지1 : 목적 스토리를 발견하는 문장 완성하기〉

① 나의 스토리를 모으는 질문[30]

- 유년 시절부터 초기 성년기까지 가장 즐거웠던 기억은 무엇인가?
- 인생에서 가장 힘들었던 경험은 무엇인가? 가장 혼란스럽다고 느낀 경험은 무엇인가?
- 지금까지의 삶에서 결정적인 순간은 언제였나? 그 당시 어떤 선택을 했나?
- 회사에서 가장 기억에 남는 성공 경험은?
- 지금 이 회사를 선택한 이유는 무엇인가?
- 당신의 롤모델은 누구인가? 어떤 점을 닮고 싶나?
- 어떤 상황에서 가장 열정이 발휘되나?

② 나의 장점을 발견하는 질문

- 나의 가장 큰 장점 세 가지는 무엇인가?
- 나 말고 다른 사람이 나의 자리를 대체한다면, 사람들은 어떤 점을 가장 아쉬워할까?

*위 질문을 나를 잘 아는 사람 세 명에게도 해 보자. 내가 적은 답변과 비교했을 때, 공통적으로 존재하는 내용이 바로 나의 장점에 해당한다.

③ 가치관을 발견하는 질문

아래의 가치관 예시에서 내가 평소 중요하게 느끼거나 의사결정의 기준으로 삼는 것 5가지를 선택해 보자. 이 중 더 중요하다고 생각하는 3가지를 다시 결정해 보자.

감사	배려	유연성	창의성	결의	봉사	슬기	신중
책임감	겸손	사랑	이해	청결	관용	현명	재치
사려	인내	초연	근면	상냥함	인정	절제	조화
충직	기쁨	소신	자율	친절	기지	솔직함	정감
신뢰	절도	탁월함	끈기	신용	정돈	포용력	긍정
평온함	열정	정의	도움	예의	정직	안정적	의지
헌신	명예	용기	존중	협동	용서	철저	모범
중용	화합	진실	확신	우의	자신감	활기	재미
너그러움	목적지향	믿음직함	솔선수범	지혜로움	한결같음		

30 닉 크레이그 지음, 한영수 역, 《목적 중심 리더십》, 2018, 니케북스, 131~138쪽 참고

④ 목적선언 문장 적기

모아진 스토리를 토대로 반복되는 테마에 귀를 기울이며 나의 재능과 역량을 통해 어떠한 '기여'를 하고 싶은지, 어떤 대상에게 '영향력'을 미치고 변화를 주도하고 싶은지를 아래의 형식대로 적어보자.

목적선언문에는 내가 돕고 싶은 대상과 가치가 드러나야 한다. 어떤 활동/도구를 활용할 것인지가 포함되면 더 구체화될 수 있다. 지금까지 내가 해온 경험과 활용했던 장점에만 국한되기보다 내가 좀 더 낫게 변화시키고 싶은 영역은 무엇인지, 어떤 사람들과 어떤 일을 할 때 가치를 느끼는지 떠올려 보자.

나는 ______에게(가) ______함으로써(통해, 제공해) ______한다(돕는다).

⑤ 비전을 세우는 질문

목적이 장기적인 방향이라면, 비전은 삶의 목적으로 나아갈 때 도달하는 중간 중간의 기착점을 말한다. 내가 성취하게 될 WHAT, 즉 목표이다. 장기적인 목적을 이루기 위한 단기적 목표를 함께 글로 적으면 나의 에너지를 어떻게 집중할지 더욱 선명해져서 실행력이 올라간다. 나는 비전을 계획할 때 1년, 3년, 5년으로 구분해서 적어보는 것을 권장한다. 보다 생생하게 느낄수록 실행력은 올라가므로, 가능한 구체적이고 측정 가능하며 시간적 범위를 고려한 목표가 좋다. 비전도 목적과 마찬가지로 나의 내면을 인터뷰해서 발견할 수 있다. 동시에 조직의 전반적인 목적(사명)과 목표를 이해하고 나의 목표와 어떤 부분에서 교집합을 이룰 수 있는지를 고려해 비전을 세우면 실행력과 일에 대한 집중력, 그리고 리더십의 진정성은 올라갈 수 있다.

⑥ 나의 목적을 리더상의 관점으로도 표현해 보기

부서나 직함이 아닌, 내가 하는 일의 가치와 가치를 제공하는 대상을 떠올리며 작성하자. 이때도 조직의 목적(사명)과 비전, 가치를 이해하고, 이를 나의 목적과 비전, 가치와 연결해보자..

나는 ______에게 ____________을 통해 기여하는 리더이다.

02

나다움 발견하기

② 긍정적 자아상 세우기

'자기인식'은 우리로 하여금 투명한 정신적 정체성을 형성해주고, 이를 통해서라야만 말 그대로 삶의 작가와 삶의 주체가 될 수 있게 해주는 것입니다.(중략) 어떠한 일에 대해 자신이 어떻게 생각하는지 자문하며 그동안 틀림없다고 확신하던 생각에 대한 증거들을 다시금 살펴볼 때, 그것이 검사대에 오르고 테마가 되었다는 사실 자체만으로도 그 확신에 변화의 가능성이 있다고 느낀 경험이 우리에게는 있습니다.[31]

- 페터 비에리 Peter Bieri

31 페터 비에리 지음, 문항심 역, 《자기 결정》, 2015, 은행나무, 18쪽, 21쪽.

나는 나를 어떻게 생각하는가?

서커스단에서는 새끼 코끼리를 아주 작은 말뚝에 밧줄로 묶어둔다. 말뚝에 묶인 새끼 코끼리는 힘이 약해서 아무리 노력해도 밧줄을 끊거나 말뚝을 뽑지 못해 탈출을 포기한다. 그리고 덩치가 커지고 힘이 세진 후에도 탈출할 생각을 하지 않게 된다.

처음 이 이야기를 듣고 '작은 말뚝'은 어쩌면 어린 시절 부모님으로부터, 혹은 미디어로부터, 혹은 남성이 주류인 조직문화에 축적된 '여성의 역할과 정체성'에 대한 정보가 아닐까 하는 생각이 들었다. 지금은 이미 자유롭게 이동할 수 있을 만큼 충분한 역량과 힘을 가졌고 '말뚝'도 더 이상 존재하지 않지만 나의 머릿속에서는 아직도 스스로를 '새끼 코끼리'로 여기며 얌전히 '말뚝' 옆을 떠나지 않는 것은 아닐지 생각해 보자.

'나 자신을 안다'는 말은 얼핏 들으면 너무 당연한 말이다. 하지만 다른 사람의 시선에 맞춰 살아가는 것에 익숙했던 나는 '남이 나를 어떻게 생각하는지'보다 '내가 나를 어떻게 생각하는지'를 아는 것이 더 어려웠다. 혼자 있을 때도, 머릿속에서는 다른 사람들이 바라보는 나에 대한 생각이 재연되고 있었다.

'김팀장은 왜 나한테 그렇게 얘기했을까?'

'박대리는 전에는 나한테 친절했는데, 지난주에 내가 한 말이 너무 심했나?'

'우리 시어머니는 나한테 뭐가 그렇게 못마땅할까?'

내가 다른 사람 머릿속에 들어가 볼 수 없기에, 내 머릿속에서 돌아가는 타인의 눈에 비친 내 모습은 나의 주관적 해석일 뿐이었다. 사실인지 아닌지도 모르는 타인의 평가들은 일을 마치고 돌아오는 지하철 안에서도, 아이에게 동화책을 읽어주는 시간에도, 혼자 커피를 마실 때도 내 머릿속에서 끊임없이 재연되며 내 감정을 파도치게 만들었다. 나를 사랑하고 존중하는 감정인 '자존감'은 일의 성과가 좋거나 남에게 칭찬을 들을 때는 끝도 없이 올라갔다가, 성과가 부진하거나, 동료나 직원들로부터 서운한 말을 들었을 때 바닥으로 추락했다.

가끔씩 SNS에 나에 대한 포스팅을 하지만, 엄밀히 말하면 그것은 내가 타인의 SNS 속 모습을 보고 반응한, 남에게 보여주고 싶은 모습일 뿐 진짜 내가 생각하는 나의 모습과는 거리가 멀었다. 결국, 다른 사람의 시선을 항상 신경 쓰고 살았지만, '남이 나를 어떻게 생각하는지'에 대해 객관적으로 보지 못했을 뿐 아니라 '내가 나를 어떻게 바라보는지'도 잘 알지 못했다.

'긍정적 자아상'이 리더십을 결정한다

미국의 심리학자 데이비드 맥클리랜드(David McClelland)는 '역량 빙산 모델(Iceberg Model)'에서 좋은 역량을 펼치기 위해서는 눈에 보이는 지식과 기술보다 보이지 않는 동기, 특성 그리고 **'긍정적 자아상(Self-Image)'**이 중요하다고 말했다.

'자아상'은 내가 바라보는 나에 대한 생각이다. '자아상'을 안다는 것은 겉으로 보이는 경험이나 스킬뿐 아니라 눈에 보이지 않는 나의 감정과 생각, 나 자신과 세상에 대한 신념을 이해한다는 의미이다. '자아상'을 이해한다는 것은 나를 스스로 모니터링할 수 있고 통제할 수 있는 힘을 지녔다는 뜻이기도 하다.

스스로의 자아상에 대해 긍정적 생각을 가지고 있으면 문제 상황에서도 스트레스와 환경의 영향을 덜 받고 객관적으로 스스로의 능력을 평가하고 해결책을 찾아나갈 수 있다. 다른 사람의 도전에 대해서도 열린 마음으로 상대할 수 있고, 자신의 의견을 관철하거나 설득하는 능력도 높다.

하지만 자아상이 부정적이면 자신의 단점이나 장애물에 집착하거나 실패에 대한 불안감이 높다. 스트레스에 대한 민감도가 높아 자칫 히스테릭한 캐릭터로 보일 수 있다. 예를 들어, 자아상이 긍정적인 리더는 위의 임원으로부터 실적에 대한 압박감이 큰 상황에서도 직원들의 역량과 특성을 고려해 창의적인 해답을 마련하기 위해 노력한다. 스트레스는 높지만 압박하는 상사와 조직이 처한 상황 등 다양한 관점에서 상황을 바라보면서 스스로의 말과 행동, 입장을 결정한다.

반대로 자아상이 부정적인 리더는 상사의 압박에 자신의 스트레스를 더해 직원들에게 쏟아낸다. 직원들의 잘못을 송곳처럼 찌르며 책임을 전가하거나 결과를 독촉하기도 한다. 이와 반대로 직원들 앞에서는 별다른 이야기를 하지 못하고 혼자 끙끙거리며 문제를 해결하지 못하는 자기 자신을 자책하면서 불안해하는 경우도 있다. 두 가지 경우 모두 리더 자신이 가진 역량을 발휘하지 못할 뿐 아니라 구성원들의 잠재력도 키우거나 활용하지 못한다. 더 심각한 것은 본인 스스로의 생각과 행동에 대해 객관적으로 바라보는 능력이 낮기 때문에, 다른 사람이 이에 대해 조언이나 의견을 제시했을 때 자신의 행동을 인정하거나 개선하려는 노력을 하기도 쉽지 않다는 점이다.

자아상은 '자기결정권'에 영향을 준다

나의 지인 중 인사 팀장을 맡고 있는 한 분은 경력직이나 신입사원 채용을 할 때 남녀차가 뚜렷하다고 말한다. 서류상의 스펙은 여자들이 훨씬 앞서 있지만, 실제 면접을 해보면 남성들은 실력이나 경험이 부족한데도 '할 수 있다'는 자신감이 앞서는 반면, 여성 지원자들은 이미 원하는 조건을 다 갖추었는데도 자신이 갖지 못한 부분에 초점을 맞춰 얘기하는 경우가 많다는 것이다. 어짜피 일을 하면서 갖춰 나가면 되는데, 여성들이 자신에 대한 확신이 부족한 것이 아쉽다는 이야기를 나눴다.

누구나 자신의 능력에 대해 주관적으로 인식할 수밖에 없다. 하지만 내가 관찰한 바에 의하면 남성들은 스스로를 과대평가하는 경향이 있다. 여성은 정반대로 스스로의 능력을 과소평가하는 경향이 있었다. 물론 과대평가도 단점이 많다. 프로젝트의 디테일은 고려하지 않고 기간과 예산을 빡빡하게 잡아 팀원들을 고생시키거나, 잘 될 거라고 큰 소리만 치고 진행 사항은 돌보지 않는 '리더의 근자감(근거 없는 자신감)' 문제가 크다. 하지만 스스로를 과소평가하는 습관은 실제 그 사람의 능력을 제한하는 '자기 충족 예언[32]'이 되기 때문에 '자기효능감'을 낮추고 도전과 성장의 기회를 빼앗아 버린다는 커다란 단점이 있다.

우리는 사회적 존재이기 때문에, 우리의 자아상은 문화의 영향을 받는다. 내가 선택하지 않았더라도 내가 속한 문화에서 여성의 자아상이 남성보다 더 낮은 지위에 있다고 여겨질 경우 자신도 모르게 자연스럽게 그러한 자아상을 받아들인다. 사회적으로 영향받은 자아상이 내가 원하는 모습과 일치할 수도 있지만 그렇지 않을 경우, 성장을 방해하고 자존감을 깎아 내린다. 내가 원하는 나의 모습이 현재의 나의 모습과 차이가 클 경우, 내가 나의 삶을 선택할 수 있는 '자기결정

32 "자기 충족 예언(Self-fulfillment prophecy)은 어떤 예언이나 생각이 이루어질 거라고 강력하게 믿음으로써 그 믿음 자체에 의한 피드백을 통해 행동을 변화시켜 직간접적으로 그 믿음을 실제로 이루어지게 하는 예측이다." 네이버 지식백과 심리학 용어 사전, '자기 충족 예언'

권'이 부족하다 느껴 긍정적인 자아상을 갖기 어려워진다.[33]

하지만 다행인 것은, 내가 가지고 있는 나에 대한 이미지는 나의 해석이다. 그리고 고정관념을 해석하는 방식을 바꾸는 것은 전적으로 나에게 달려 있다. 우리는 의미를 추구하는 존재이기에, 의미가 바뀌면 행동과 감정도 함께 움직인다. 나에 대한 부정적 신념이 있다면 이것을 드러내고 이를 야기한 고정관념을 살펴서, 긍정적인 방향으로 돌려보자. 우리는 누구나 내가 옳다고 생각한 방향으로 나를 받아들이고 행동할 '자기결정권'을 가지고 있다. 내가 나를 세워주지 않으면 다른 사람도 나를 먼저 세워주지 않는다.

33 페터 비에리 지음, 문항심 역, 《자기 결정》, 2015, 은행나무, 87쪽을 참고해 작성.

〈활동지 2: 긍정적 자아상 세우기〉

나의 목적과 일치하는 정체성을 갖기 위해서는 내가 바라보는 현재 나의 모습은 어떠한지, 그리고 원하는 모습은 무엇인지 알아야 한다. 나는 지금 서커스단의 새끼 코끼리인가, 아니면 탈출할 만큼 자란 성인 코끼리인가? 앞으로 서커스단에 계속 있고 싶은가, 아니면 마음속 어딘가의 초원에 있고 싶은가?

내가 생각하는 나를 알기 위한 가장 효과적인 방법은 '적는 것'이다. 일단 적어야 머릿속으로만 생각하는 것이 분명해진다. 그리고 어떤 생각으로 변화시킬지를 쉽게 떠올릴 수 있다. 그리고 주변에 나를 잘 아는 신뢰할 만한 사람들과 이에 대해 나누고 앞으로의 행동에 대해 피드백을 받으면 나의 정체성을 변화시켜 나가는 데 더 큰 효과를 볼 수 있다. 지금 잠깐 볼펜을 꺼내서 아래 질문에 답을 해보자.

① 먼저 '나는 어떤 사람이다'와 관련된 10개의 문장을 적어보자. 너무 많은 생각을 하기보다는 떠오르는 대로 적는 것이 좋다. 여기에 내가 생각하는 장점과 단점, 관계에서의 특징들을 포함시켜 보자. 지금까지 나의 성공 경험을 이끌었던 장점뿐 아니라, 한계라고 느껴지는 점과 후회되는 점 등을 함께 적어보자.

....

....

....

② 아무런 제약이 없다면 내가 원하는 모습은 어떤 모습인지 자유롭게 적어보자.

....

....

....

③ 나는 나를 어떠한 태도로 보고 있는지 살펴보자. 긍정적인 쪽이 많은가, 부정적인 쪽이 많은가? 내가 되고 싶은 모습과 어떤 점에서 차이가 있는가?

....

....

④ 첫 번째 질문에서 내가 나에 대해 적은 문장들 중, 내가 성장하거나 원하는 방향으로 변화하는 데 방해가 되고 있다고 생각되는 문장에 동그라미를 쳐보자.

⑤ 동그라미 친 문장들이 만들어진 이유에 대해 스스로에게 질문을 던지고 답해보자. 이러한 생각이 여성의 정체성에 대한 부모님이나 사회의 편견에 의해 만들어진 것은 아닌지 생각해 보자. 이때 원치 않는 신념을 갖고 있다고 해서 자책하거나 누군가를 원망하기보다 있는 그대로 받아들이자.

⑥ 이러한 생각은 나를 어떻게 도와줬는지, 또 내가 하려고 하는 것을 방해하는 것은 없는지 적어보자.

⑦ 그 문장을 이제 어떤 식으로 바꾸고 싶은지 적어보자. 이때 내가 생각하는 장점과 중요하게 생각하는 의미를 넣어 바꿔보자.

⑧ 그러기 위해서 어떤 사람이 되고 싶은지, 어떤 행동을 하고 싶은지, 어떤 감정을 느끼고 싶은지 적어보자.

⑨ 이제 그 모습과 행동, 감정을 취할 수 있다고 나에게 단언하는 문장을 적어주자.

〈예시〉 4번에 '나는 여자이기 때문에 승진에는 한계가 있어'라는 문장을 골랐다면, 5번에는 그러한 생각을 가진 이유로 회사에서 여자 임원을 본 적이 없기 때문'이라고 적을 수 있다.

6번에는 '이 생각으로 인해 과장 진급 이후로 회사에서 적극적으로 일해야 하는 동기를 갖기 어려웠다'고 적는다. 그리고 7번에 '나는 여자이기 때문에 남자들보다 감성이 뛰어나 동기부여를 더 잘할 수 있어'라고 나의 장점인 공감 능력을 포함시켜 문장을 바꿔본다.

8번에는 '후배들에게 관심을 더 많이 두고, 좋은 대화법을 훈련한다. 존경받는 선배가 된다는 뿌듯함을 느낀다.'라고 적을 수 있다.

마지막으로, 9번에 '나 송지현은 나의 강점인 공감 능력 덕분에 후배들에게 일하고 싶은 의욕을 충분히 되살려 줄 수 있어!'라고 적는다.

03

나다움 발견하기

③ 고정관념 피봇팅하기

나는 거칠고, 야망이 있고, 내가 원하는 것이 무엇인지 정확히 안다. 그 사실이 나를 나쁜년으로 만든다면, 그래, 좋다.

- 마돈나 Madonna

최근 변화하는 경영환경에 맞게 사업전략을 '피봇팅(Pivoting)'해야 한다는 이야기가 자주 등장한다. 피봇팅(Pivoting)은 스포츠 용어로, 농구를 할 때 공을 잡은 선수가 상대 선수를 피하기 위해 한쪽 발은 가만히 둔 채 다른 발을 움직여 방향을 전환하는 것을 말한다. 이것이 사업에 적용되면 기존의 사업 아이템을 포기하지 않고 방향을 전환한다는 의미를 갖는다. 이 용어는 '유능함'과 '성장'에 대한 우리의 믿음에도 적용이 가능하다. 여성에 대한 고정관념은 부정적 자아상을 세우는 데 큰 영향을 미친다. 내가 원하는 자아상에 맞게 나에게 영향을 미치는 고정관념도 의미 전환을 통해 바꿔나갈 수 있다.

현재 나에게 영향을 미치는 고정관념을 파악하는 목적은 내 무의식에서 일어나는 패턴을 이해하고 내가 원하는 정체성을 만들어 나가기 위해서다. 하지만 막상 나에게 영향을 주는 패턴을 발견했다고 하더라도 그것을 모두 버릴 필요는 없다. 지금 나의 변화에 도움이 되는 것은 남겨 두고, 성장에 방해가 되는 생각들만 바꿔주면 된다.

대부분의 방어기제는 우리를 보호하기 위해 만들어진다. 지금 나의 성장을 방해한다고 이야기한 성향들은 분명 지금까지 나에게 반드시 필요한 이득을 주었을 것이다. 하지만 그 고정관념의 근거가 반드시 합리적이거나 우리에게 도움만 주는 건 아니다. 나의 성장을 제한하는 패턴을 알아차렸다면, 그 근거가 타당한지 질문해 보자. 그리고, 내 믿음의 기준을 조금만 피봇팅할 때 습관을 변화시키고 성장하기가 한결 쉬워진다.

앞의 1장에서 구분한 유형에 따라, 고정관념의 근거에 대해 다르게 생각해 볼 수 있는 관점들을 정리했다. 이 중 선택하고 싶은 관점이 있는가?

〈활동지 3: 고정관념 피봇팅〉

1장에서 발견한 고정관념(4사분면)에 대한 나의 생각을 적어보자.

① 나의 고정관념은 어떤 패턴이 있나?

② 이러한 감정과 행동 패턴을 통해 내가 피하려는 것은 무엇인가?

③ 이러한 패턴으로 내가 얻는 것은 무엇인가?

④ 이러한 패턴으로 내가 잃는 것은 무엇인가?

고정관념에 대해 다른 관점으로 바라보기

자신의 유형에 해당하는 내용을 읽으며, 선택하고 싶은 관점을 체크해 보자.

① 착한여자형

- 다른 사람들에게 호감을 얻는 것은 중요하다. 하지만 내가 친절하다고 해서 다른 사람들이 그것을 그대로 받아들이는 것은 아니라는 점을 인식하자. ☐
- 상대의 의견에 맞추려는 자세는 상대와 우호적 관계를 맺는 데 도움이 되지만 나의 판단력을 흐리게 하고 신뢰를 떨어트릴 수 있다. ☐
- 나 자신의 감정에 진실할 때 다른 사람에게 진정성 있는 친절함이 발휘될 수 있고 신뢰할 수 있는 관계로 이어진다. 내 감정이 내키지 않을 때 다른 사람의 기분에 맞추는 것은 그만두자. ☐
- 나를 낮추는 것은 겸손과 다르다. 진짜 겸손은 칭찬을 받았을 때 그것에 대해 감사하고, 자신이 했던 노력과 함께 자신의 단점과 실수까지도 드러낼 수 있는 용기이다.[34] ☐

② 슈퍼우먼형

- 다양한 역할에서 최고가 되려는 생각은 책임감 있는 모습일 뿐 아니라 성장에 큰 도움이 된다. 하지만 모든 걸 다 해야 한다는 생각은 버리자. ☐
- 일을 정말 잘하는 사람은 무슨 일이든 다른 사람에게 위임한다는 사실을 깨닫자. ☐
- 일과 양육을 모두 감당하는 워킹맘은 인류 역사상 가장 노동집약적인 존재다. 슈퍼우먼은 사람들의 고정관념에서 출발한 하나의 유형일 뿐 바람직한 모습은 아닐 수 있다. ☐
- 내가 'No'라고 말하지 않으면 다른 사람들은 그들의 도움이 필요하다는 사실을 알지 못한다. ☐

③ 완벽주의형

- 모든 것을 탁월하게 해내려는 성실함은 지금의 전문성을 높이는 데 큰 도움이 됐다. 하지만 리더로 성장하기 위해서는 모든 디테일에 완벽해야 한다는 생각을 바꿔보자. ☐
- 디테일에 집착하면 큰 그림을 볼 수 없다. ☐
- 모든 것에 완벽해야 한다는 압박감은 새로운 시도를 주저하게 만든다. ☐
- 능력은 타고나는 것이 아니라 실패를 통해 한계를 발견하고 새로운 한계를 정복할 때

---

34 리사 손, 《임포스터》, 2022, 21세기북스, 187쪽 참고.

만들어진다. □

- 인간이 집중할 수 있는 에너지는 정해져 있으므로, 어디에 집중할지를 결정하는 것은 나 자신의 몫이다. □
- 리더는 스스로 성과를 만드는 사람이 아니라, 구성원들이 성과를 낼 수 있도록 촉진하는 사람이다. □
- 일을 책임감있게 하는 것은 중요하지만, 일 자체가 나는 아니다. 내 삶의 목적을 가진 더 큰 존재다. □

④ 여왕벌형

- 남성 중심 문화에서 여성적인 정체성을 드러내지 않는 것은 친화력을 높이고 신뢰를 쌓는 데 큰 도움이 된다. 하지만 나에게 가장 편안한 정체성을 가질 때 다른 사람들과의 연결이 깊어지고 지속적으로 성장할 수 있으므로 바꿔보자. □
- 가장 나다운 것이 무엇인지 알 때 나의 잠재력과 장점이 개발될 가능성이 높아진다. □
- 비교우위로 경쟁하는 것은 한계가 있다. 자기 자신의 고유한 가치를 말할 때 신뢰와 영향력이 올라간다. □

⑤ 유리인형형

- 자신의 취약함을 내보였을 때 사람들의 도움을 쉽게 받을 수 있다. 하지만 연차가 쌓이면서 이러한 성향은 책임감이 없어 보이거나 일에서 신뢰를 주지 못할 수 있으므로 변화가 필요하다. 나의 자존감도 낮아진다. □
- 감정적 연결도 중요하지만 업무에 대한 신뢰가 전제되어야 한다. □
- 작은 것도 내가 결정하고 책임졌을 때 자존감이 올라가고 내 실력이 된다. □
- 능력은 타고나는 것이 아니라 실패를 통해 한계를 발견하고 새로운 한계를 정복할 때 만들어진다. □
- 실력은 안전한 일에만 머물 때 쌓이는 것이 아니라 실수를 통해 배울 때 만들어진다. □

⑥ 스펙추구형

- 사람들에게 공신력을 얻을 수 있는 스펙을 추구하는 것은 자신에 대한 신뢰를 얻는 데 가장 효과적인 방법이다. 하지만 연결이 중시되는 사회에서 장애물이 될 수 있으니 바꿔보자. □

- 뷰카 시대, 자격증을 통한 지식보다 다른 사람들과의 대화와 협업을 통해 얻을 수 있는 지식이 더 유용하다. □
- 사람을 통해서 배울 때 살아있는 지식을 배울 수 있다. □
- 기회는 사람을 통해서 온다. □

⑦ 과업중시형

- 자신이 맡은 일에 대한 책임감과 추진력은 좋은 성과를 이끄는 중요한 동력이다. 하지만 함께 일하는 사람에 대해 좋은 감정을 갖지 못했을 때 생산성은 오히려 저하될 수 있다. □
- 일에만 집중하는 것에서 벗어나 함께 일하는 사람의 개인적 성향이나 장점, 인간적인 존중 등의 상호작용이 일어날 때 사람들은 일에 더 몰입하고 창조적 결과물을 만들어 낸다. □
- 반대로, 구성원 자신이 일의 수단으로 활용된다는 생각은 주어진 역할 이외의 노력을 하지 않게 만들어 탁월한 성과를 내기 어렵다. 또한 신뢰를 기반으로 한 네트워크에서 얻어지는 사회적 자본을 확대하지 못한다. □

04

습관 리프레임하기

① 과소평가와 완벽주의

삶의 상황들은 일방적으로 주어지지만, 그 상황에 대한 프레임은 철저하게 우리 자신이 선택해야 할 몫이다. 더 나아가 최선의 프레임을 선택하고 결정하는 것은 우리에게 주어진 인격성의 최후 보루이자 도덕적 의무다.[35]

- 《프레임》의 저자 최진철

나에게 영향을 미치는 고정관념을 폐기하고, 장기적으로 어떤 목적을 추구하는 사람이 되고 싶은지를 결정했다면 이에 맞는 습관을 만들어 나가야 한다. 우리의 말과 행동들은 대개 우리의 정체성을 반영한다. 우리는 의식했든 하지 않았든 우리가 어떤 사람인지 스스로 믿고 있는 대로 행동하기 때문이다.

35 최진철, 《프레임》, 2007, 21세기북스, 185쪽.

습관이란 자동적으로 실행하게 될 때까지 여러 번 반복한 행동이다. 습관은 수많은 이득을 가져다 주지만, 우리를 이전의 사고와 행동에 가두기도 한다. 삶은 끊임없이 변화하고 우리는 주기적으로 과거의 습관과 믿음이 여전히 우리에게 이득을 주고 있는지를 살펴봐야 한다.

우리는 잘 알아차리지 못하지만 수십 년간 정신적 프로그래밍이 진행된 후 자동적으로 패턴화된 대로 살아가기 때문에 무의식에 따라 행동하는 습관을 수정하는 것은 생각만으로 잘 되지 않는다. 목적과 정체성에 맞는 행동들이 쌓여야만 우리는 스스로가 그런 사람이 되어간다는 것을 신뢰할 수 있다. 어쩌다 한 번 자신감 있는 행동을 취했다고 해서 그 사람이 자신감 있는 사람이 되지는 않는다. 하지만 나의 정체성에 맞는 행위를 의식적으로 반복해 나가면 증거가 서서히 쌓이고, 내가 생각하는 나의 자아상도 변화하기 시작한다.

맨체스터 대학의 뇌영상 인지분석 분야 수석 연구원인 레베카 엘리엇(Prof Rebecca Elliott)은 여성의 '회복탄력성' 문제에 수년간 매달려 왔다. 그녀는 여성들이 남성보다 유전적으로 불안감과 걱정이 많다는 사실을 발견했다. 그리고 습관을 바꿨을 때 뇌에서 어떤 변화가 일어나는지를 연구했다. 여성이 자신감을 기르겠다는 선택을 하고, 자신감에 대한 긍정적 경험과 효과를 지속적으로 쌓아주면 뇌의 신경 경로가 바뀐다는 사실을 다양한 조사를 통해 입증했다. 이때 중요한 것은 반복적인 경험이다. 새로운 패턴으로 연결되어 습관으로 정착될 때까지 우리는 반복해야 한다. 기존의 습관과 연관성이 높고 즐거운 감정과 연결된다면, 새로운 패턴은 습관으로 더 빨리 정착될 수 있다. 레베카 엘리엇의 연구와 여러 행동과학자들의 이론은 우리의 습관 변화를 위한 단계[36]를 설명해 준다.

① **신호**(Cue): 어떤 상황과 자극에서 내가 어떤 행동을 고치고 싶은지 이해한다.

뇌가 어떤 행동을 시작하게끔 자극하는 단서들이 무엇인지를 알아야 한다.

② **열망**(Crave): 어떤 사람이 되고 싶은지를 떠올린다.

모든 습관 뒤에는 동기와 욕구가 있다. 나의 어떤 모습에 자부심을 가질수록 그와 관련된 습관들을 유지하고 싶어진다.

③ **반응**(Response): 기존의 습관 대신 자신의 정체성과 연관된 행동을 하기로 미리 생각해 둔다.

어떤 습관을 그만두기로 했다면, 그 대신 '이런 상황에서는 이렇게 한다'는 것을 같이 결정해야 한다. 뇌가 습관을 형성하는 이유는 반복적으로 발생하는 문제를 해결하기 위해서다. 다른 해결책을 의식적으로 기억해 뒀을 때, 동일한 조건이 주어졌을 때 이미 기억해 둔 행동

---

36 1930년 행동과학자 스키너가 자극Stimulus, 반응response, 보상reward으로 인간의 행동을 설명, 찰스 두히그는 《습관의 힘》에서 신호cue, 반복행동 routine, 보상reward로 설명, 제임스 클리어는 《아주 작은 습관의 힘》에서 신호Cue, 열망Crave, 반응Response, 보상Reward으로 설명

을 선택할 수 있다.

④ **보상**(Reward): 자신의 행동을 모니터링하고 작은 성공에도 칭찬한다.

보상의 목적은 만족감을 제공하고, 이것이 기억할 만한 가치가 있는지를 알려주는 피드백이다. 작은 것에도 칭찬하고 보상을 해줬을 때, 순환을 끝내고 습관 사이클을 완성할 수 있다.

지금부터 자신의 습관을 떠올리고 질문을 해보자. 이 행동은 내가 바라는 사람이 될 수 있게 하는가? 이 습관은 내가 원하는 정체성을 쌓아 나가는 한 표가 되는가? 그렇지 않다면 어떻게 바꿀지를 떠올려 보자. 우리는 원하는 내가 되는 쪽으로 인생을 살게 될 것이기 때문이다.

우리를 방해하는 정체성의 조각들을 점차적으로 지워 나가고, 우리에게 도움이 되는 정체성을 쌓아가기 위해서는 이에 맞는 행동들을 반복해 보자.

〈활동지4: 목적과 정체성에 맞는 습관으로 리프레임하기〉

아래는 우리가 '여성에 대한 전통적 고정관념'과 관련해 흔히 보이는 '습관'의 예시다. 나다운 모습을 생각하는 것만큼이나 중요한 것은 나답지 않은 모습이 무엇인지를 아는 것이다. 나를 낮추는 습관, 완벽을 추구하는 습관, 부정적인 생각을 되풀이하는 습관 등은 여성에 대한 고정관념과 연관이 깊다. 물론 이 습관들은 관계를 부드럽게 해주는 장점이 있다. 하지만 연차가 쌓여가고 리더의 역할을 수행할 때 나에게 유용했던 이 습관들은 나의 의도대로 일을 추진하거나 내 자신으로 행동하지 못하게 하는 장애물이 될 수 있다. 하지만 이 패턴을 인지하고 우리의 목적과 정체성에 맞게 행동을 한 가지씩 바꿔 나가면 우리는 우리가 원하는 모습에 하루하루 조금씩 가까워져 갈 수 있다.

그만둘 습관과 새롭게 만들 습관을 선택할 때 주의할 점은 3개 이상을 선택하지 않는 것이다. 우리의 뇌 구조는 지금까지 프로그래밍된 방식으로 작동하기를 원하기 때문에 한번에 너무 큰 변화를 이루려 하면 그만큼의 큰 의지를 필요로 한다. 연초에 무리한 계획을 세워서 작심삼일로 끝나는 것보다 '중요한 것'과 '실현 가능성이 높은 것'에 집중해 '성공 경험'을 만들고 그다음에 새로운 것을 또 시도하면서 습관을 바꿔 나가는 것이 더욱 효과적이다. 현재 나에게 가장 개선이 필요한 습관을 모두 체크해 보고 그중 1-2가지에 집중해 보자.

① 일하는 여성들이 버려야 할 습관[37]

- 자신이 한 일을 충분히 알리지 않는다. □
- 다른 사람들이 알아서 내 성과를 알아줄 거라 기대한다. □
- 네트워킹의 중요성을 간과하고 일을 꼼꼼하게 하는 데에 치중한다. □
- 내가 쌓은 회사 내외의 인맥을 일에 활용하지 않는다. □
- 칭찬을 받으면 '아니예요', '제가 한 게 하나도 없어요'라고 부정하거나, 자신의 기여도를 지나치게 낮춘다. □
- 사람들 앞에서 나를 낮추는 언어로 말을 시작한다. (죄송합니다만, 조금, 잘 몰라서…) □
- 혼자 있을 때 스스로에 대한 부정적 혼잣말을 자주 한다. (내가 그렇지 뭐…) □

---

37 마셜 골드스미스·샐리 헬게슨 지음, 정태희·윤혜리 옮김 《내_일을 쓰는 여자》, 2020, Eight Point, 93-94쪽 참고

- 미래의 커리어 목표보다 현재 주어진 일에만 집중한다. □
- 모든 일에 완벽주의를 추구한다. □
- 문제의 원인을 상황과 시스템에서 찾지 않고 나에게로 먼저 돌린다. □
- 여성들과의 네트워크를 활발히 하지 않는다. □
- 남과 의견이 대립할 때 내 주장을 빨리 포기한다. □
- 나에 대해 무시하는 의견이 나와도 침묵한다. □
- 회의나 많은 사람이 모인 자리에서 자신을 드러내지 못한다. □
- 안 해도 될 말을 너무 많이 한다. □
- 과거의 실수를 너무 많이 떠올린다. □
- 다른 사람이 어떻게 생각할지를 너무 많이 신경써 원하지 않는 말과 행동을 하고 나중에 후회한다. □

② 내가 바꾸고 싶은 습관을 골랐다면, 이 습관을 갖게 된 계기와 이때 드는 나의 감정, 그리고 어떤 상황에서 이러한 습관이 나오는지를 적어보자. 행동은 나의 생각과 감정이 연결돼 패턴으로 작용하며, 특정 자극에 따라 자동적으로 반응하기 때문에 이 꾸러미 전체를 이해하는 것이 중요하다.

③ 만약 이러한 행동을 계속한다면 무엇을 손해 보거나 포기해야 할지도 적어보자.
세계적인 자기 계발 전문가 '토니 로빈슨'은 우리의 행동은 고통을 줄이고 즐거움을 늘리기 위한 방향으로 움직이기 때문에 변화하고 싶은 행동이 있다면 그 '고통'을 높이라고 말했다. 3년 후에도 이 행동을 계속한다면 난 무엇을 감수해야 할지를 떠올려 보자.

④ 아래는 위의 고정관념과 관련된 행동을 떨쳐 버리는 데 도움이 되는 행동의 예시이다. 내가 어떤 사람이 되고 싶은지를 떠올리고, 이에 맞는 사람이 되기 위해서는 지금의 행동을 어떤 행동으로 대체할지를 적어보자.

- 상사와 동료가 나의 성과를 대해 알 수 있도록 한다. □
- 나의 목적과 목표를 상사에게 공유한다. □
- 나를 낮추는 말은 꼭 필요할 때만 사용한다. □
- 기회가 있을 때 실패하더라도 도전해 본다. □
- 부정적 생각이 들 때 '누구나 그래', '그럼 좀 어때'라고 셀프 토크한다. □

- 새로운 시도에 대해 실수했을 때 '그럴 수도 있지'라고 말하고, '무엇을 배웠을까?', '다음에 어떻게 더 잘할까?'에 집중한다. □
- 나의 장점과 개선할 점에 대해 머릿속 생각으로만 멈추지 않고 글로 적는다. □
- 수고한 자신에게 의도적으로 자주 감사하고 자축한다. (목적일기, 감사일기, 수고일기 주기적으로 쓰기 등) □
- 잠들기 전 내가 잘한 일 세 가지를 떠올리며 잠든다. □
-걷거나 앉을 때 허리와 가슴을 당당하게 편다. □
- 우선순위를 명확히 하고 중요도가 낮은 일에 대한 압박감을 떨쳐낸다. □
- 조직 내외에서 멘토를 찾아 성장에 대한 조언을 구한다. □
- 누군가에게 멘토가 되어준다. □
- 동료와 팀원에게 먼저 티타임이나 점심 식사 등 비공식적 모임을 제안한다. □
- 동료, 상사, 가족들의 부담스러운 요청을 거절하거나 필요한 도움을 요청한다. □
- 외부 커뮤니티에서 비슷한 목적과 관심사를 가진 사람들과 학습 모임을 한다. □

⑤ 마지막으로 언제부터 시도할 것이며, 어떤 주기로 모니터링을 할지 적는다. 모니터링을 하지 않는 것은 거울을 보지 않는 것과 같다. 가능하면 아침 혹은 잠자리에 들기 전과 같이 방해받지 않고 규칙적으로 되풀이되는 시간에 모니터링 습관을 만들어보자. 그리고 성공했을 때 스스로에게 어떤 칭찬을 할지도 적어본다. 우리의 생각과 행동은 매력적이라고 여기는 것을 따른다. 긍정 피드백을 스스로에게 주지 않으면 우리는 이전의 익숙한 습관으로 금방 돌아가고 만다. 우리의 뇌는 고통이 아닌 '즐거움'에 반응한다는 점을 고려해서 모니터링할 때는 잘한 것을 중심으로 칭찬하고 때때로 물질적으로도 보상해 보자.

위의 내용을 표로 기록해 잘 보이는 곳에 붙여 두자. 현재 나의 패턴과 바뀌어야 하는 '행동'이 명확해지면 이것만으로도 나의 행동에 동기부여가 된다. 체크리스트 형태로 만들어 하루의 루틴으로 정착시켜 보거나 가까운 사람들과 내용을 나눠 실행 의지를 높이는 것도 좋다. 습관을 변화시키는 것은 하루아침에 되지 않지만 긍정적 감정을 반복적으로 경험할 때 새로운 뇌의 프로그램이 만들어져 간다는 것을 기억하자.

습관 리프레임 실행하기					
① 바꾸고 싶은 습관	② 습관이 만들어진 원인과 감정, 상황	③ 계속할 때 손해 보는 것	④ 새롭게 시도할 습관	⑤-1 언제부터	⑤-2 모니터링 / 보상
모든 것에 완벽하려 한다.	남들에게 지적받고 싶지 않아서.	계속되는 야근, 더 넓은 시야를 갖기 어려움. 직원들의 스트레스	내가 반드시 해야 하는 것만 완벽성을 추구한다.	2023년 1월 1일	팀원들의 피드백 / 00 콘서트 가기

05

습관 리프레임하기

② 정서지능 키우기

'너도 있지만 나도 있다'는 자기에 대한 감각이 살아 있어야 공감자가 될 수 있다. 나와 너를 동시에 공감하는 일은 양립 불가능한 일이 아니다. '나와 너 모두에 대한 공감'의 줄임말이 '공감'이다.[38]

-《당신이 옳다》 저자 정혜신

A사에 근무할 때 내 별명 중 하나는 '냉장고 여인'이었다. '여자는 감정적이라 같이 일하기 피곤해'라는 말을 종종 들었던 나는 '감정적인 여자 팀장'이라는 꼬리표를 달고 싶지 않아 자연스레 감정을 드러내지 않는 습관이 생겼다. 회사에서 감정을 드러내는 것은 남녀를 불문하고 '성숙하지 않거나', '논리적이지 않은' 태도로 여겨졌기 때문이다. 여자 팀장의 약점은 더 빠르게 소문이 나기에 내 약점을 노출시

38 정혜신, 《당신이 옳다》, 2018, 해냄출판사, 194쪽.

켜 사람들의 구설수에 오르고 싶지 않았다.

누군가 내 감정에 대해 물으면 나는 재빨리 '괜찮다'고 답했다. 늦게까지 회식이 있는 나를, 다음날에 있을 중요한 보고 때문에 늦게까지 야근을 해야 하는 날, 마지막까지 자리를 지키고 있는 나를 보면서 사람들은 "송팀장 진짜 괜찮아?"라고 물었지만 나는 항상 밝은 표정으로 '괜찮다'고 말했다.

집에서도 마찬가지였다. '양육'과 '일'을 양자택일하지 않기 위해 내가 할 수 있는 것은 힘들고 짜증나도 '괜찮다'라고 말하는 것이었다. 내가 일을 그만둬야 할 이유는 너무 많았다. 아이는 엄마가 옆에 있어주기를 바랬고, 남편과 시댁에서도 내가 좋은 엄마와 좋은 아내가 되기를 원했다. 하지만 나는 일을 잘하면 양육을 소홀히 할 수 밖에 없는 현실'에 타협하기 싫었다. 나는 내가 원하는 일을 하며 얻은 긍정적 에너지를 통해 아이에게 더 좋은 영향을 주는 사람이었다. 상황을 적극적으로 개선하기는 어려웠지만, '괜찮다'고 말하며 스스로의 감정을 무시하다 보면 견뎌낼 수 있었다.

사실 나는 괜찮지 않았다. 하지만 '괜찮지 않다'고 말하면 '약해 보이거나', '자격이 없어 보이거나', '일을 그만둬야 할' 것같아 말하지 못했을 뿐이다. 그러다 보니, 회사에서 '감정적'이라는 이야기는 듣지 않았지만 대신 '감정을 너무 드러내지 않는다'는 비난이 들려오기 시작했다. 칭찬은 아니었지만 당시에는 오히려 다행이라는 생각을 했었다. '여자 같지 않은 여자 팀장'이 되는 것이 그때는 내게 더 중요했다.

하지만 스스로의 감정을 알아차리고 표현하지 못했던 나는 팀원들의 감정 역시 들여다보지 못했다. 과중한 업무나 부서 간 협업으로 힘들어하는 팀원에게 '데드라인은 꼭 지켜야 한다'고 말하는 것이 감정관리를 잘 하는 것이라 착각했다. 문제는 그것만이 아니었다. 평상시에는 친절하게 대응했지만, 컨디션이 좋지 않은 날은 목소리가 높아지고 상대에게 공격적인 태도로 나와 회의에 참가한 팀원과 동료들을 당황시켰다. 당시에는 팀원들이 잘 따르지 않고, 유관부서의 협조를 얻는 것이 유난히 어려웠던 이유가 '냉장고처럼 차가웠기 때문'이라는 사실을 알지 못했다.

미국의 심리학자 수전 데이비드(Susan David)는 그녀의 책 《감정이라는 무기》에서 사람들이 일반적으로 부정적 감정을 다루는 방식에는 두 가지가 있다고 했다. 하나는 병에 꾹꾹 눌러 담는 방식이다. 하지만 눌러 담는다고 부정적 감정이 어디로 가지 않는다. 억눌린 감정은 차차 쌓여 결국 폭발한다. 문제는 아주 사소하고 엉뚱한 상황에서 터져 버려 주변 사람들을 의아하게 한다는 점이다. 또 다른 하나는 자신의 공포와 걱정을 누군가에게 털어 놓는 방식이다. 털어 놓는 것 자체가 문제는 아니다. 문제는 과거의 방식을 반복해서 떠올리며 감정이 점점 더 고조된다는 것이다. 이때는 남에 대한 배려가 없다. 듣는 상대방도 지치지만 이에 대해 인지하지 못한다. 털어 놓는 것 자체로 해소되지 않는다는 것을 말하는 사람도 인지하기 때문에 대화가 끝나고 나면 허탈함과 좌절이 더 커진다.

두 가지 방식 모두 부정적 감정을 해소하는 좋은 방법이 아니다. 좋은 일에 기뻐하는 것은 어렵지 않다. 하지만 부정적 감정을 어떻게 처리하고 반응하는가, 이것은 관계에서 중요한 역할을 한다. 리더가 부정적인 감정을 제대로 처리하지 못할 때 사람들은 쉽게 '리더십이 부족하다'고 판단한다. 실력을 객관적으로 판단하는 것은 쉽지 않지만, 감정을 표현하는 방식은 눈에 쉽게 띄고 누구나 직관적으로 느낄 수 있기 때문이다.

정서지능, "지금 내 감정은 ○○○ 해요"

타인의 좋은 평가뿐 아니라 조직에서 좋은 관계를 유지하기 위해 리더는 자신의 감정을 잘 들여다보고, 상황에 맞게 활용할 수 있는 **'정서지능'**을 반드시 갖춰야만 한다.

정서지능은 자신의 감정이 다른 사람에게 끼치는 영향을 고려하여 자신이 속한 사회의 기대에 맞게 자신의 감정을 관리하고 조절하는 능력이다. 다니엘 골먼은 "자신과 타인의 감정적 반응을 잘 파악하고 다룰 수 있는 사람은 유연한 상호작용을 통해 리더십과 대인관계 능력에서 뛰어난 모습을 보여준다"는 사실을 다양한 사례를 통해 보여줬는데, "자신이 무엇을 느끼고 있는지를 모른다면 타인과의 감정 교류가 일어날 수 없다"고 말했다. 결국 좋은 관계를 위해서는 나의 감정을 인지하는 능력이 가장 우선돼야 한다.

나는 감정에 대한 지식이 생기자, 일상의 대화부터 중요한 의사결정까지 감정과 관련되지 않은 것이 없다는 것을 알게 됐다. 감정은 이성이 미처 파악하지 못한 문제의 핵심을 더 정확히 파악하는 데 아주 유용하다. 창의적인 문제 해결 방법론으로 많이 사용되는 '디자인 씽킹'의 첫 단계가 사용자와의 '공감'에서 시작하는 것도 같은 맥락이다. 사용자가 문제에 대해 느끼는 감정에 진심으로 공감했을 때 근본적인 문제를 해결할 수 있는 혁신적인 아이디어를 얻을 수 있기 때문이다.

직원들과의 관계, 유관부서와의 협력, 문제해결 등 감정을 잘 활용하는 것은 리더에게 매우 중요한 역량이며, 선천적으로 풍부한 감정을 지닌 여성은 분명 우위에 있다. 하지만 감정이 여성 리더의 진정한 무기가 되기 위해서는 나의 감정에 공감하고 솔직해지는 것부터 시작해야 한다. 그리고 근육처럼 감정을 관찰하고 활용하는 훈련을 계속해야 한다. 이를 위해서는 약점을 노출시켜 받게 되는 감정의 상처는 성장과 의미있는 삶으로 가는 신호라고 생각을 리프레임해야 한다. 회의 중 직원들에게 이성적 근거뿐 아니라 직감적으로 느껴지는 것이 어떠한지를 확인하고, 직원들에게 피드백을 줄 때 상대의 감정에 주파수를 기울이려는 노력도 필요하다. 이렇게 감정을 확인하고 조율할 때 감정을 원하는 방향으로 표현하는 정서지능이 길러지고, 구성원들은 우리의 이야기를 지시가 아닌 공감으로 받아들일 수 있다. 그리고 우리는 훨씬 감정에 독립적이면서 상대와의 연결을 깊게 만드는 리더십 자산을 갖게 된다.

감정 수련에 관심을 갖기 시작한 지 벌써 수 년이 지났지만 지금도 나는 가끔씩 감정이 급발진을 일으킨다. 그래도 전에는 내 감정적 반응에 대해 인정하지 않고 엉뚱한 일로 분풀이를 했다면, 지금은 내 감정의 이유를 상대방이 알아듣게 설명하려 한다. 그리고 잠자기 전 스스로를 토닥인다. '내가 열심히 준비한 걸 이 사람들이 알아주지 않아서 서운했구나'라고.

정서지능을 기르기 위한 ABCD

항상 좋은 기분일 수는 없지만, 내 감정을 내가 확인할 수 있으면 리프레임하거나 전환할 수 있다는 사실을 기억하며, 정서지능을 높이기 위한 **ABCD 기법**을 활용해 보자. 앞에서 소개한 '습관 리프레임'의 절차와도 상당히 비슷하다. 현재의 나의 패턴을 인식하고, 어떠한 패턴으로 대체할지를 결정한 후, 모니터링하며 보상해 줄 때 우리의 감정 조절 습관도 조금씩 변화해 나갈 수 있다.

첫째, Aware 내 감정의 패턴 인식하기

언제, 어떤 사람과, 어떤 단어에 내 감정이 폭발하는지를 적어보자. 그 이유와 내가 진짜 원하는 욕구를 함께 적어보는 것도 좋다.

매일 특정한 시간대나, 혹은 부정적 감정이 밀려올 때 내 감정을 단어로 표현해 주는 습관을 가져보는 것도 감정 패턴 인지에 도움이 된다. 놀람, 화남, 짜증남, 흥분, 기대 등 감정을 단어로 표현해 주면 그 자체로 감정이 누그러든다. 또한 그 원인에 대해 파악하면서 감정에 대한 통제력이 올라간다.

그리고 현재의 패턴을 어떠한 방식으로 바꿀지도 미리 떠올려 보자. 우리의 반응은 특정 자극과 연결돼 있기 때문에 동일한 자극에 어떻게 반응할지를 미리 결정해 둬야 실제 그런 상황이 왔을 때 당황하거나 그냥 넘어가지 않고 멈추며 선택할 수 있다.

남달리 넓은 주변 시야를 가진 뛰어난 운동선수가 경기장에서 가능한 많은 것을 보려고 노력하는 것처럼, 내가 표출하는 감정 이면의 무의식의 패턴에 대한 이해를 심화시킨다는 의미이기도 하다. 처음에는 알아차리기 어렵지만, 계속 연습하게 되면, '아, 문제의 패턴이 진행되는구나!'라고 인식하며 컨트롤할 수 있게 된다.

예를 들어, 나는 매일 아침 출근길과 점심 먹고 나서, 스마트폰에 감정을 적는 습관을 시도해 봤다.

아침	점심
감정: 불안하다. 이유: 오후 미팅에 참석하는 최팀장이 나와 의견 충돌이 있다. 원하는 것:내 아이디어가 채택되길 바란다	감정: 뿌듯하다. 이유: 미팅에서 최팀장이 내 의견을 무시하는 발언을 해서 조금 욱했지만, 다른 부서의 김팀장이 내 의견을 지지해 줘서 다행히 욱하지 않을 수 있었다. 원하는 것: 다른 동료 부서장에게 존중받고 싶다.

감정을 글로 표현하면서 나는 두 가지를 발견했다. 첫째, 나는 인정 욕구가 강하다는 것 둘째, 인정 욕구를 파악하면 감정에서 한 걸음 떨어져 원하는 것을 얻기 위한 방법을 미리 생각해 볼 수 있다는 것이다.

감정을 인식하지 못할 때는 무의식의 패턴에 포로로 붙잡혀 있다. 하지만 일단 그것을 알아채고 이름을 붙이면, 그것은 우리에게 이전처럼 강한 구속력을 가지지 못한다.

둘째, Breathe & Scan, 감정이 올라올 때 멈추고 상황을 스캔하기

나치 수용소에서의 경험을 통해 자신의 심리학 이론을 발전시킨 빅터프랭클은 "자극과 반응 사이에는 '공간'이 있으며 그 공간에서의 선택이 우리의 삶을 결정짓는다"고 말했다. 그는 나치에 의해 작은 감방에 홀로 발가벗져진 채로 있을 때조차도 자신의 상태를 관찰자 입장에서 바라보려 애썼다. '인간이 가진 가장 마지막 자유'가 '주어진 상황에서 자신의 태도를 취할 수 있는 자유'[39]라는 것을 자각했기 때문이다.

상대에게 나의 부정적인 감정을 바로 표현하기 전에 한 걸음 물러나서 상황을 바라보는 관찰자 훈련을 해보자. 상대의 주장이나 나의 감정에 매몰되지 않고, 마치 공중을 나는 새처럼(Bird Eye View), 혹은 5층 집 베란다에서 1층 놀이터의 아이들을 구경하는 것처럼 높은 곳에서 넓은 시야로 바라보는 것이다. 혹은 사물의 관점에서 보는 것도 다소 엉뚱하지만 감정에 매몰되지 않는 좋은 방법이다. '저 에어컨은 이 상황을 어떻게 볼까?', '지금 상황을 5층에서 내려다 보면 내 행동을 어떻게 볼 수 있을까?' 나의 감정과 신체적 반응을 스캔한 이후에는 상대의 감정과 의도는 무엇일지, 그렇게 된 이유는 무엇인지, 상대가 처한 상황은 어떠한지 등등을 빠르게 스캐닝한다.

내 감정의 패턴이 작동하는 것을 인지했다고 해서, '공간'을 만드는 것으로 연결되는 것은 쉽지 않다. 우리에게 각인된 패턴은 무의식의 영역에서 매우 빠르게 작동하기 때문이다. 멈추고 공간을 의도적으로 만들기 위해서는 큐싸인을 주는 '리셋' 버튼을 만드는 시도를 하는 것이 효과적이다. 물을 마신다든지, 손톱을 꽉 누른다든지, 헛기침을 한다든지 등등의 신체적 신호를 주는 것이 감정의 흐름을 변화시키는 데 좋다. 나는 어떨 때 내가 욱하는지를 파악한 후부터, 신뢰할 수

---

39 빅터 프랭클 저, 이시형 역, 《죽음의 수용소에서》, 2005, 청아출판사, 120쪽,

있는 동료에게 내가 비슷한 패턴을 반복할 것 같으면 회의 탁자 밑에서 내 발을 차 달라고 부탁했다. 스스로의 의지로 리셋할 수 있는 상황이 아니라면 믿을 수 있는 주위 사람들의 도움을 받는 것도 좋은 방법이다.

셋째, Choose, 내가 원하는 말과 행동, 감정을 선택하여 표현하기

자극이 있을 때 내가 해왔던 대로 무의식적으로 반응하는 것은 감정에 끌려가는 것이다. 하지만, 잠시 멈춰서 나의 감정과 욕구를 파악하고, 원하는 반응을 선택하는 것, 그리고 내가 원하는 것을 다른 사람들에게 요청하는 것은 감정을 책임지는 행동이다. 자극이 주어진 상태에서 원하는 반응을 바로 선택하는 것은 쉽지 않으므로, 미리 어

〈정서지능 향상을 위한 습관 리프레임 프로세스 ABCD〉

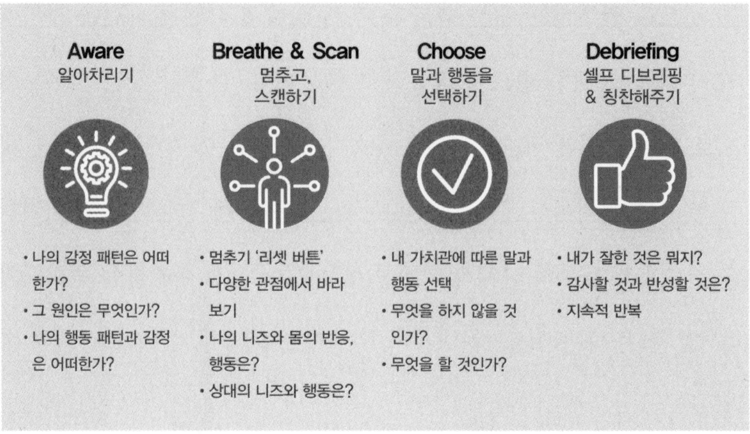

Aware
알아차리기

- 나의 감정 패턴은 어떠한가?
- 그 원인은 무엇인가?
- 나의 행동 패턴과 감정은 어떠한가?

Breathe & Scan
멈추고, 스캔하기

- 멈추기 '리셋 버튼'
- 다양한 관점에서 바라보기
- 나의 니즈와 몸의 반응, 행동은?
- 상대의 니즈와 행동은?

Choose
말과 행동을 선택하기

- 내 가치관에 따른 말과 행동 선택
- 무엇을 하지 않을 것인가?
- 무엇을 할 것인가?

Debriefing
셀프 디브리핑 & 칭찬해주기

- 내가 잘한 것은 뭐지?
- 감사할 것과 반성할 것은?
- 지속적 반복

떠한 행동으로 반응할지를 생각해 두는 것이 좋다. 예를 들어, 회의 중 상대가 나를 무시하는 반응을 할 때 해왔던 대로 '욱하는 것'이 문제라는 것을 파악했다면, 이에 대한 적절한 반응으로 '회의의 목적과 상대의 발언의 관련성을 묻는 질문을 하자'고 미리 생각해 두는 방식으로 실제 그 상황에 처했을 때 내가 원하는 방식으로 대처할 수 있다.

넷째, Debriefing, 스스로에게 긍정적으로 피드백하기

지금의 감정 패턴이 나에게 도움이 되는지, 그렇지 않은지에 대한 피드백을 스스로 해줄 때 습관이 완성된다. 앞에서 얘기한 것처럼 우리의 뇌는 긍정적인 경험에서 온 감정 패턴을 더욱 강화시키기에 가능하면 실수에 대해서도 '이 정도면 잘한 거다'라고 긍정적 의미를 부여해 주자. 우리는 남의 말보다 나 스스로에게 하는 말에 더 큰 영향을 받는다. '고맙다, 잘했다, 최고야'라고 내 몸을 두드리며 격려해 주자. 이때도 감정을 조절하고 표현하는 것이 나의 목적과 가치와 어떤 연관이 있는지를 떠올리며, 이를 향하는 과정임을 인식해 주자.

우리 주변에는 나에게 에너지를 더해주는 '헬리오트로픽형'의 리더가 있는가 하면, 있는 에너지마저 빨아가는 '에너지 뱀파이어형' 리더가 있다. 어떤 타입의 에너지를 가진 리더가 될 것인지는 환경이 아니라 우리의 선택에 달려 있다는 사실을 기억하자.

정서지능을 높여 좋은 대인관계를 만들 수 있는 감성지능 훈련 Tip

① 나의 감정 '위키피디아' 만들기 (예시: 기분이 좋을 때, 나쁠 때, 폭발할 때, 우울할 때와 관련된 사람, 표출 행동 적기)
② 감정일기 쓰기
③ 내 감정을 감정언어로 표현하고, 상대의 감정과 이유에 대해 추측해 보기
④ 유머를 사용하기
⑤ 다른 사람의 관점에서 바라보기 (사물의 관점에서 보는 것도 좋음)
⑥ 주체를 '나'에서 분리해서 말하기 (예시: 나는 내가 스트레스를 받고 있다는 것을 깨닫고 있다)
⑦ 나에게 소리내서 말하기 (예시: "그만!", "내 생각은 ~하다")
⑧ 긍정적 감정과 연관된 행동하기 (예시: 산책하기, 몸을 곧게 펴기)
⑨ 나에게 긍정적 셀프 토크하기 (예시: 토닥토닥 몸짓과 함께 "잘하고 있어", "나니까 이만큼 하는 거야"
⑩ 장기적 목적에 대해 생각하고 과정에 집중하기

06

나부터 돌보기

세상이 너무도 바빠졌기에, 목적지 없이 달리는 일은 드물기에 반대로 우리에겐 다른 목적이 있는 질문이 아닌 나라는 존재 자체가 목적인 순수한 질문이 필요하다. 그 질문에 답하는 동안 어깨의 긴장이 풀리고 복잡했던 생각은 간단해지고 나의 취향을 분명히 알게 된다. 이 모든 것을 떠나, 다시금 콧노래를 흥얼거릴 수 있는 즐거운 기분이 될 것이다. 가끔씩 나를, 인터뷰하자.[40]

- 《나는 나라는 식물을 키우기로 했다》 저자 김은주

30대 후반이 되면서 내 몸에는 두통과 허리 통증 외에 또 하나의 증상이 추가됐다. 피부 두드러기였다. 몸에 올라온 두드러기는 가렵기는 해도 감출 수 있었지만, 얼굴은 화장으로 가리기도 힘들었고 화

40 김은주, 《나는 나라는 식물을 키우기로 했다》 허밍버드, 2021년, 97쪽.

장품도 흡수가 되지 않았다. 내과, 피부과, 한의원 등등 병원 투어를 하고 나면 잠시 증상이 사라졌지만, 계절이 지나면서 다시 올라왔다. 내 주변의 일하는 여성들도 30대 후반이 되면서 병원 순례를 하는 경우가 많았다. 그리고 나처럼 뚜렷한 병명이 없었다. 내가 그랬듯 '괜찮다'는 말로 내 감정과 몸이 보내는 신호를 무시해서 생겨난 증상이었기 때문이다. 이 병원 저 병원을 돌아다니며 고생한 지 시간이 꽤 흐른 후에 나는 알게 됐다. 나에게 일어난 신체적 증상이 번아웃(Burnout syndrome)의 대표적 신호라는 것을.

번아웃은 심신의 피로가 쌓여 모든 일에 무기력해진 상태를 의미하는데, 단어 자체의 뜻은 '숯이 타서 더 이상 불이 붙지 않게 된 상태'이다. 우리가 새벽까지 야근을 하고 나면 '하얗게 불태웠다'라고 하는 말이 그냥 비유가 아니라 실제 우리 몸에 일어날 수 있었다! 번아웃의 대표적 증상은 피로, 식욕부진, 수면장애, 알레르기, 공감 능력 결여 등이 있다. 한 방송 프로그램의 설문 조사에 따르면 대한민국 직장인의 85%가 경험할 만큼 우리나라 직장인의 만성적 문제이기도 하다. 하지만《내가 뭘 했다고 번아웃일까요》를 쓴 정신건강학 전문의 안주연 원장에 따르면 놀랍게도 일하는 여성들은 완벽주의 성향과 모성에 대한 죄책감, '가면 증후군'으로 인한 불안감으로 인해 남성보다 번아웃에 시달릴 확률이 더 높다고 한다.

나만의 쿼렌시아를 찾아라

스페인어 중에 **'쿼렌시아(Querencia)'**라는 단어가 있다. '자기만의 피난처나 안식처, 회복의 장소'라는 뜻이다. 스페인의 투우장 한쪽에는 소가 안전하다고 느끼는, 사람들에게는 보이지 않는 구역이 있다. 소는 투우사와 혈전을 벌이다가 쓰러질 만큼 지쳤을 때 이 구역으로 달려간다. 그리고 숨을 몰아쉬며 다시 기운을 모은다.

우리는 어쩌면 누구나 투우장에서 온몸의 에너지를 다 쏟아내며 경기를 치르는 투우일지 모른다. 하면 할수록 더 많아지는 업무, 교통지옥을 뚫고 출퇴근길을 오가며 쌓인 피로, 위로는 상사에게 아래로는 직원에게 받는 관계 스트레스, 커리어 우먼으로 엄마로 아내로 동동거리면서 뛰어다니지만 제대로 하는 게 하나도 없는 것 같은 불안함을 매일 경험한다.

하지만 우리도 투우장의 투우처럼 복잡하고 지친 마음을 잠깐 내려놓고, 어지럽게 섞인 생각을 빗질하는 시간이 필요하다. 충전의 방식은 사람마다 다르다. 나에게 휴식은 침대에 더 오래 누워있는 것이 아니라 나의 내면의 욕구에 귀 기울이고, 내가 원하는 삶의 목적에 맞게 살고 있는지를 점검하는 것이다. 나의 답이 다른 사람의 답이 될 수는 없다. 누군가에게는 하루 종일 침대에 늘어져서 아무것도 하지 않는 것이, 또 누군가에게는 드라마나 영화를 시리즈로 보는 것이 충전에 도움이 될 수 있다, 때문에 다른 사람의 멋진 방식이 아니라 나에게 맞는 충전법을 익히고, 주기적으로 휴식의 시간을 갖는 것이 중요하다. 그런 뒤에야 비로소 투우장으로 나갈 용기와 맑은 머리를 가질 수 있다.

지금도 나는 종종 두통이 생기고 두드러기가 올라오지만 크게 걱정하지 않는다. 내 몸이 '나한테 좀 더 친절해, 안 그러면 큰일 나'라고 보내는 신호라는 걸 알기 때문이다. 그리고 그때 나에게 무엇을 해줘야 하는지에 대한 나만의 '쿼렌시아'를 알고 있기 때문에 전처럼 당황하지 않는다.

나만의 충전 시스템을 위한 미타임(Me-Time) 갖기

'회복탄력성'이란 스트레스나 실패가 없는 상태가 아니다. 자신에게 닥친 역경과 어려움을 오히려 발판으로 삼을 수 있는 마음의 근육을 갖는 것을 의미한다[41]. 이를 위해서는 먼저 나만의 충전 시스템이 필요하다.

나는 이런 방식으로 '쿼렌시아'를 만들어 나갔다. 제일 필요한 것은 **혼자만의 시간(Me-Time)**을 확보하는 것이다. 나도 아이가 만 3세가 되기 전까지는 혼자만의 시간을 갖는 건 불가능하다고 생각했다. 우리 가족에게 '엄마'의 개인 시간은 '가족을 위한 시간'이었기 때문이다.

41 김주환, 《회복탄력성》, 2019, 위즈덤하우스.

하지만 혼자만의 시간이 필요하다고 생각하자 제일 현실적인 방법은 주말 아침 시간 늦잠을 포기하는 것이었다. 원래 주말은 오전 10시까지 모든 식구가 잠을 자기 때문에 내가 10시 전까지 개인 시간을 보내는 것에 대해 가족들의 동의를 얻는 것이 어렵지 않았다. 그래서 나는 주말에는 회사 가는 시간보다 30분 이른 오전 6시에 일어나기 시작해 무조건 집 밖으로 나갔다. 동네에 새벽에 문을 여는 카페를 수소문해서 카페에서 혼자 밀린 독서를 하거나 다이어리를 쓰며 시간을 보내기도 했고, 운동을 하기도 했다. 밀린 잠은 오후 시간의 낮잠으로 보충했다. 혼자만의 시간을 가지면서 나는 '해야 하는 것'을 잠시 밀쳐 두고 '하고 싶은 것'을 할 수 있는 틈이 생겨났다. 하고 싶은 것들이 점점 늘어났고, 그러면서 에너지가 조금씩 올라왔다.

아침 6시 기상 시간이 정착되자 주말뿐 아니라 주중에도 적용해 가족들이 일어나기 전 아침 30분을 나 혼자만의 시간으로 시작했다. 명상 앱을 이용해 10분간 명상을 하거나 체조를 했고, 그날 해야 할 일들 중 중요한 것들을 적어봤다. 여전히 하루에 해야 될 일들은 많았지만, 허둥대며 시작하는 것이 아닌 나의 우선순위에 따라 시작되는 하루의 에너지는 전과 달리 집중력과 힘이 있었다. 내가 할 수 없거나 굳이 내가 하지 않아도 되는 일들에 대해서는 거절할 수 있는 힘도 생겨났다.

나는 한동안 일과 육아가 일의 중심이 되면서 '내가 무엇을 좋아하는지'에 대한 감각을 잃고 살았다. 그리고 그 하기 싫은데 해야 되는 일들이 그 자리를 차지했다. 그것이 내 삶의 활력을 얼마나 많이 앗아 갔는지를 나는 나중에 알게 됐다[42]. 정원을 가꾸기 위해서 영양분을 빼앗아 가는 잡초를 먼저 뽑아내고 내가 키울 식물에 충분한 햇빛과 영양분을 줘야 했다.

운동을 시작한 것 역시 중요한 터닝 포인트가 됐다. 체력은 감정과 밀접하게 연결돼 있다. 또한 뇌와도 직결된다. 삼십 대 중반이 넘어가면서부터 신체적 에너지가 있어야 감정적으로도 사람들과 연결될 수 있고, 정신적으로도 일에 집중할 수 있으며, 새로운 것에 도전하려는 마음이 생겨난다는 것을 알게 됐다. 몸이 지치면 평상시 다른 사람에게 쉽게 하던 배려마저도 귀찮고 부담스럽게 느껴지게 된다. 번아웃의 대표적 증상이 '공감 능력의 저하'인 것을 보면 좋은 관계와 신체적 에너지가 얼마나 높은 상관 관계가 있는지를 알 수 있다. 리더가 에너지를 잘 관리해야 구성원들과 좋은 관계를 맺을 수 있고, 팀 전체 에너지의 역동이 잘 살아날 수 있다. 그렇기에 운동은 체력이 부족한 여성들이 바쁠수록 더 챙겨야 하는 영역이다.

운동은 돈도 시간도 많이 든다. 단기적으로는 돈과 시간을 아끼고 싶었지만 5년, 10년 후 운동을 하지 않았을 때의 내 모습을 상상해 봤다. 건강이 뒷받침되지 않았을 때 좋은 관계도, 좋은 습관도, 새로운

42 마셜 로젠버그가 쓴 《비폭력대화》에서 힌트를 얻었다.

도전도 하기 어려울 것이 분명해 보였다. 50세가 넘어도 왕성히 활동하는 해외의 여성 리더나 연예인들을 보면 탄탄한 근육을 자랑하는 경우가 많다. 신체적 건강은 단기적으로는 고통스럽지만 결국 내가 원하는 삶을 살아가기 위해서는 필수적이었다.

나의 PT 선생님은 나에게 헬스를 매일 하기보다 이틀이나 삼일에 한 번씩 할 것을 권했다. 헬스를 하고 나면 당장은 근육 조직이 미세하게 찢어져 근육 기능이 약화되지만, 24시간이나 48시간이 지난 후 근육이 회복해 더 강해지기에, 운동 직후에는 회복할 시간을 주는 것이 좋다는 것이다.

우리 삶의 모든 근육에도 이러한 원리가 적용하는 것 같다. 인내심 근육, 집중력 근육, 관계의 근육 등등. 몰입해서 에너지를 쏟고 나면 우리에게는 충분한 휴식이 필요하다. 충분히 회복되지 않은 상황에서 무리하게 되면 우리 몸의 균형은 흐트러지고, 관계의 질도 약화될 수밖에 없다.

우리가 느끼는 불안과 과로는 지금의 속도와 업무량을 감당하지 않으면 경쟁에서 도태될 수밖에 없다고 말하는 환경 탓이 크다. 남성 중심의 조직 문화와 육아에 대한 부담도 우리의 불안감과 죄책감을 키운다. 하지만 불안감, 의무감, 두려움, 죄책감에 떠밀려 하는 일들을 잠깐 멈추고, 나만의 쿼렌시아를 찾아 내가 하는 일들에서 '내가 하고 싶은 동기'를 발견하자. 삶의 목적을 떠올리고, 우선순위를 조정하며 내 중심을 잡자. 사회는 우리에게 워커홀릭이 되라고 권유하지만, 결국 선택은 우리에게 있다. 그 결정에서 에너지와 주도권이 시작된다.

〈활동지5: 나의 쿼렌시아 발견하기〉

TV 속 연예인이나 SNS의 인플루언서 대신 나에 대해 관심을 갖고, 명확히 적어보자. 나의 취향을 새롭게 발견하고, 이에 집중하는 일은 나의 자존감을 높여준다. 혼자만의 시간을 더 잘 보낼 수 있게 되고, 다른 사람들에게도 내가 원하는 것을 주저하지 않고 말함으로써, 내가 원하는 것을 나에게 해줄 수 있는 가능성이 올라간다.

① 내가 하기 싫은 일은 무엇인가? 하기 싫지만 선택의 여지가 없다고 생각해서 하고 있는 일들을 적어보자.

....

....

....

....

....

....

예시) 하기 싫은 일 : 집 청소, 시댁의 잦은 경조사 참석, 보고서 작성과 수정
그럼에도 계속하게 되는 이유 : 반드시 해내야 한다는 의무감, 집안일을 소홀히 하고 있다는 죄책감, 하지 않으면 비난을 받을지도 모른다는 불안감

② 이 중 그만둘 행동과 지속할 행동을 선택한다. 그리고 그만둘 행동을 대신할 대안도 함께 적어보자.

....

....

....

....

....

....

예시) 그만둘 행동과 대안
- 청소 : 2주에 한 번씩 청소대행 서비스 이용
- 시댁의 경조사 참석: 먼 친척들과 관련된 행사는 남편 혼자 참석해도 문제가 되지 않음

지속할 행동과 이유
- 보고서 작성과 수정 : 보고서는 다른 부서들과의 정보 공유뿐 아니라 이후 프로젝트 진행에도 중요함. 팀원들에게 역할 분담을 잘하지 못할 만큼 디테일에 지나치게 신경쓰는 것은 그만둬야겠지만, 부서에서 함께 작성하는 보고서의 퀄리티를 높일 수 있도록 지원하는 일의 중요성을 깨달음.

③ 선택한 행동에 대한 나의 욕구를 찾아 적어본다. 하기 싫은 일 중, 그만둘 것과 대신할 것들, 그리고 그럼에도 계속할 것들의 리스트 옆에 '나는 ~를 원하기 때문에 ~을 하기로 선택한다'라고 적어본다.

....

....

....

....

....

....

예시) '나는 집안일을 하는 시간에 가족들과 더 많은 대화를 하기를 원하기 때문에 청소대행 서비스를 2주에 한 번 쓰기를 선택한다.'
'나는 주말 시간에 형식적이지 않고 진솔한 관계를 통해 에너지를 얻기 위해 시댁 식구들의 경조사 중 얼굴을 아는 친척의 행사에만 참석하기로 선택한다'
'나는 우리 부서에서 더 인사이트 있는 보고서로 조직 내에 기여하기 원하기 때문에, 보고서 방향 기획에 에너지를 집중하고, 구체적인 내용들은 부서원들과 협업하고 위임하는 것을 선택한다.'

④ 이 밖에 나의 에너지를 높이기 위해 내가 나에게 해줄 것들을 적어본다. 내 기분을 올라가게 하는 것들을 항목별로 적어보자.

내가 좋아하는 음식은 무엇인지

내가 좋아하는 장소는 어디인지

언제 가장 행복하다고 느끼는지

에너지가 소진됐다고 생각될 때 무얼 하면 좋은지

그리고 이 중 무엇을 언제 해줄지를 계획해 보자.

〈사례: 송지현의 '나와의 연결' 여정〉

독자들이 '목적'과 정신 모형 II를 찾아가는 데 도움이 될 수 있도록 나의 목적을 발견하기 위해 나에게 질문을 던지고 답했던 여정을 기록했다. 지금까지 꽁꽁 감춰뒀던 어린 시절의 기억을 떠올리는 것은 쉽지 않지만 정신 모형 I에서 한 발짝 나아가기 위해 반드시 필요한 과정이었다. 물론, 지금도 부모님과 사회가 부여한 자아상에 갇혀있는 모습을 문득 나에게서 발견한다. 하지만 이제는 이러한 패턴을 알아차리고 조절할 수 있는 힘과 내가 집중할 수 있는 나의 삶의 지도가 있기에 점점 나답게 되어가고 있다고 믿는다.

① 직면하기

'이제까지 내 삶에서 가장 기억에 남는 경험은 무엇인가?'

'인생에서 힘들었던 경험을 생각하면 무엇이 떠오르나? 무엇 때문에 힘들었나?'

'지금까지 삶에서 결정적인 순간이 있다면 언제였나? 나의 선택은 무엇이었나?'

'시간 가는 줄 모르고 하게 되는 일은 무엇인가?

'마지막에 어떤 사람으로 기억되고 싶은가?'

현재 나의 정신 모형을 발견하기 위한 첫 번째 단계는 나를 인터뷰하는 것이었다. 어떤 과거를 거쳐 지금의 내가 되었는지, 나에게 가치 있는 것은 무엇인지를 발견하기 위해서였다.

'나'를 주제로 한 질문들은 최근 겪었던 밀레니얼 세대 직원의 '불량 리더 폭로'를 떠올렸다. 시간을 거슬러, 네 번의 이직, 육아를 하며 병행했던 대학원 생활, 대학시절, 결혼 생활, 그리고 유년 시절의 기억들까지 즐거웠던 기억, 화났던 기억, 그리고 아픈 기억들을 떠오르는 대로 종이에 옮겨 적고 타이핑해 보았다. 내가 적은 스토리에는 반복되는 패턴이 있었다.

나는 인정받을 때와 그렇지 못할 때 감정의 격차가 컸다. 누구나 그런 경향이 있지만 나는 그 차이가 심했다. 누군가로부터 인정받을 때는 유쾌하고 긍정적인 에너지가 넘쳤다. 몸을 혹사해도 기필코 맡은 일을 해냈고 결과도 좋았다. 워킹맘의 고된 일상에도 야간 대학원을 다닐 때 주말에 키즈카페에서 리포트를 쓰고 밤 12시까지 수업을 들어야 했지만 새로운 관계에서 주어지는 인정 때문에 피곤하지 않았다.

하지만 누군가 인정해 주지 않을 때 나의 컨디션은 곤두박질쳤다. 특히 내가 여자라서 부당하게 소외받는다고 느낄 때는 화가 더 많이 났다. 아무도 인정해 주지 않는 집안일이나 사소한 일을 여자라는 이유로 내가 해야 할 때는 분노가 치솟았다. 하지만 그럴 때 내가 선택하는 반응은 억울한 감정을 묻어두거나 만만한 누군가를 탓하는 것이었다. 옆 부서의 남자 부서장들이 나를 인정하지 않거나 소외시킨다고 느낄 때, 나는 스트레스를 받았지만 여기에 대해 한 번도 입을 열지 않았다. 대신 부서원들을 더 까다롭게 대하거나 친한 친구에게 그 부서장에 대한 욕을 늘어 놓았다. 야근 후 싱크대에 쌓인 설거지를 옆에 두고 티비에서 야구 중계를 보고 있는 남편을 볼 때도 가슴 한켠에서 불이 활활 타오르는 것 같았지만 엉뚱한 일에 트집을 잡을 뿐 집안일을 공평히 분배하자고 말하지 않았다. 친정보다 시댁에 용돈을 더 많이 부치는 남편이 얄미웠지만 여기에 대해서도 토를 달지 못했다.

나의 정신 모형에는 '인정'에 대해 예민하게 반응하는 내 모습이 있었다. 하지만 나는 부당하다고 생각하는 순간 그것에 대해 적절히 표현하지 못하고 엉뚱한 데서 폭발했다. 적절히 표현하지 못하는 데에는 그러면 안 될 것 같은 두려움이 있었다. 두려움의 감정을 발견하자, 느닷없이 한 장면이 내 머릿속을 스쳐갔다. 갑자기 고장난 수도꼭지처럼 눈물이 흘렀다.

초등학교 입학식이었다. 엄마 아빠 손을 잡고 학교로 향하던 아이들 틈바구니에서 인상을 잔뜩 쓰고 서 있었던 여덟 살 아이가 보였다. 다른 아이들처럼 엄마가 집에 없었던 나는 엄마 대신 집에서 일을 봐주는 아주머니 손을 잡고 학교를 갔다. 새로운 환경이 낯설고 두려운 것보다 나만 엄마가 옆에 없다는 사실이 화나고 창피했다. 아빠와 별거 중이었던 엄마는 초등학교 2학년 무렵 집으로 돌아왔다. 하지만 다른 엄마들과 달리, 사람들과 잘 어울리지도, 밖에 잘 나가지도 않았다.

1951년, 칠 남매 중 여섯째로 태어난 엄마는 '여자가 배워서 뭐하냐'는 집안의 타박에도 불구하고 공부를 잘하는 학생으로 자랐다. 학교에서 1, 2등을 다투는 우등생이었지만 4년제 대학을 갈 형편이 되지 않아 당시 2년제였던 교육대학에 들어가 초등학교 교사로 일하며 친정집에 생활비를 부쳤다. 그때까지 엄마는 힘들었지만 당당했고 억척스러웠다. 하지만 결혼 후의 삶은 달랐다. 엄마는 외삼촌들이 '땅이 많다'며 소개해 준 아빠와 결혼했다. 아빠는 가부장적이었고, 대학을 나온 엄마와 달리 야간 고등학교를 나왔다. 그 점은 권위적인 아빠에게 불편한 사실이었다. 아빠는 '여자는 집에 있어야 한다'며 엄마의 일을 그만두게 하고 외출을 제한했다. 그리고 아빠의 방식으로 가장의 권위를 세웠다. 엄마는 어떻게든 결혼 생활을 유지해 보려 노력하다 결국 이혼을 결심했다. 하지만 '출가외인은 안 된다'는 외갓집의 반대로 이혼을 하지 못했다. 결국 오랜 별거 생활 끝에 내가 초등학교 2학년 무렵 다시 집으로 돌아왔다. 내가 기억하는 엄마는 모든 일에 의욕이 없었고, 저녁에 우울증 약을 먹지 않으면 잠들지 못했다.

그런 엄마를 옆에서 보면서 나는 이런 생각을 했다. '엄마가 일을 포기하지 않고 살았다면 지금보다 훨씬 자신감 있고 활기찬 삶을 살지 않았을까?'

일은 사회와의 연결을 만들어주고, 숨겨진 능력을 개발하도록 해주는 창구이다. 나는 일을 통해 나의 새로운 능력을 발견하는 것이 좋았고, 사람들에게 인정받는 것이 즐거웠다. 하지만 그 이면에는 두려움과 분노가 있었다. 꿈 많고 똑똑했던 엄마가 가부장적 사회와 가정에서 자신을 포기하고 고립돼 살아가야 했던 사회적 구조에 대한 것이었다.

② 스토리 재구성하기

내 스토리를 글로 풀어 놓으며 깨달았다. 유년 시절 엄마에 대한 기억과 경험, 감정들은 내가 사회와 사람을 이해하고, 내가 조직에서 일하고 관계 맺는 방식, 즉 정신 모형 I에 적지 않은 영향을 미쳤다는 사실이었다. 내가 지금까지 몇 번의 이직을 하고, 남성 중심 문화에서도 꿋꿋이 견디며 일하면서, 계속 무언가를 배우고 극복하려 노력했던 데에는 '자기 삶의 주인으로 살지 못한 엄마처럼 살면 안 된다'는 두려움이 깔려 있었다.

그런데 나는 엄마처럼 살고 싶지 않다는 생각만 했지, '어떻게 살고 싶다'는 구체적인 모습은 생각하지 못했다. 그러다 보니 계속 과거의 상황 속에서 나에 대한 연민에 갇혀 있었다. 불공정한 사회의 시스템과 사람들에 대해 속으로만 비난했지 어떻게 바꾸자고 제대로 목소리를 내지 못했다.

나는 지금까지 정신 모형 I을 만든 스토리를 재구성하기로 했다.

내가 만약 영화 감독이고, 또 내가 그 영화의 주인공이라면 지금 나는 영화의 기승전결 중 어디에 와 있을까?

주인공에게 어린시절 엄마와의 경험은 어떤 의미일까?

지금 조직에서 겪는 리더십 위기는 어떻게 해결하게 될까?

마지막 엔딩은 어떤 모습일까?

갑자기 영화 〈굿 윌 헌팅〉이 생각났다. 천재적인 두뇌를 가지고 있지만 어린 시절 상처 때문에 마음을 열지 못하는 주인공 '윌(맷 데이먼)'이 심리학 교수 '숀(로빈 윌리엄스)'를 만나 위로 받으며 조금씩 변해가는 과정을 그린 '굿 윌 헌팅'은 몇 번씩 봐도 뭉클한 감동을 주는 영화였다. '윌'이 마음을 열 수 있었던 것은 '숀' 역시 자신과 마찬가지로 불우한 어린 시절의 경험이 있었기 때문이었다. 비슷한 경험을 가진 사람이 줄 수 있는 위로의 크기와 진정성은 어떤 훌륭한 이론이나 보상보다 값지기 마련이다. 영화에서 윌이 조금씩 마음의 문을 열기 시작했을 때 숀은 말한다.

"넌 천재야, 그건 누구도 부정 못해. 책 따위에서 뭐라든 필요없어. 우선 네 스스로에 대해 말해야 돼. 자신이 누군지 말야."

나는 천재적 두뇌와는 거리가 멀었지만, 어찌 보면 〈굿 윌 헌팅〉의 '윌'처럼 마음의 문을 닫고 살아왔다. 여성에게 공정하지 못한 가사분담과 고정관념으로 인한 기회의 제한 등 사회적 구조에 대해 화가 났지만 내가 말해봤자 바뀌는 것은 없다는 좌절감이 내 안에 있었다. 그

것이 느껴질 때는 나를 자책하거나 만만한 상황에서 엉뚱하게 감정을 표출했다. 하지만 더 이상 〈굿 윌 헌팅〉의 '윌'로 살아갈 수는 없었다. 나를 분노하게 하고 두렵게 하는 원인을 발견했다면 이제는 그것을 넘어서야 했다. 어린 시절 문제 의식을 가진 주인공이 모험을 떠나 고난을 맞이했다면 자신의 한계를 넘어서야만 의미있는 엔딩을 맞이할 수 있었다.

'개통령'이라 불리는 동물훈련사 강형욱 씨의 스토리가 떠올랐다. 개들과의 훌륭한 교감을 보여주며 각종 예능 프로에서 활약하고 있는 강형욱씨의 아버지는 아이러니하게도 개 농장을 운영했다고 한다. 그는 어린 시절 아버지가 잔혹하게 개를 다루는 모습을 보면서 상처를 받고 좌절하기도 했지만, 거기에서 머물지 않고 건강한 반려동물 문화를 만드는 사람으로 거듭났다. 과거의 부정적 기억을 회피하지 않고 그 사건이 주는 교훈과 의미를 재해석할 때 건강한 자아상이 만들어지고 자신의 목적에 충실한 삶을 살 수 있다는 것을 보여주는 사례였다.

지금까지 엄마의 이야기는 아무에게도 말하지 못한 콤플렉스였다. 오랫동안 나는 우울증을 앓던 엄마 때문에 불행한 삶을 살아왔다고 한탄했다. 그것이 내가 지금까지 해왔던 과거에 대한 해석 방식이었다. 하지만 내가 주인공으로 출연하는 영화의 감독이라 생각하니, 이대로 결말을 맞이할 수 없었다. 엄마의 경험과 엄마와의 관계는 주인공인 나에게 어떤 의미가 있는 것일까?

그러자 내가 원하는 삶의 이미지들이 떠올랐다. 나는 나와 마찬가지로 가부장적인 문화에서 자랐거나, 남성 중심 문화에서 소외감을 느끼는 여성 리더들이 자신에 대한 부정적인 자아상과 남에게 잘 보이기 위한 가면을 내려놓고, 자신의 주체적 정체성을 발견하도록 돕고 싶었다. 그리고 조직 내에서 자신의 일을 통해 자신의 잠재력을 더 많이 끌어내 기여하고 인정받으며, 삶의 목적에 다다를 수 있도록 동기부여하고 싶었다. 여성들이 그러한 가치를 안전감 있게 추구할 수 있는 조직의 문화와 환경을 만드는 데 기여하고 싶었다.

그 모습은 내 옆에 있어 주었으면 하는 누군가의 모습이기도 했다. 내가 회사 내 다른 여성 동료나 멘토를 통해 용기와 에너지를 얻었듯, 여성 리더가 겪는 어려움을 가장 잘 이해하고 공감하며 도움을 줄 수 있는 사람은 여성일 가능성이 높았다. 나 혼자서는 그런 사람이 되기 어렵지만 비슷한 고민을 가진 사람들과 함께 도우려는 마음으로 연결되면 그 모습에 가까워질 것이라는 믿음이 자라났다.

③ 삶의 지도와 목적지에 이름 붙이기

나는 과거의 점들과 미래에 내가 되고 싶은 모습을 연결한 목적선언문을 만들었다. 간단한 문장으로 표현된 목적은 분명해 보이고 일상과 연결되는 힘이 더 크기 때문이다. 목적선언문에는 돕고 싶은 대상은 누구이고, 어떤 변화나 가치를 이끌어낼지를 적어야 했다.

"여성 리더가 자기다움을 바탕으로 잠재력을 개발해 삶의 목적을 실현하도록 돕는다."

'자기다움'은 자신의 목적과 가치, 원하는 정체성을 의미했다. 누군가와의 비교가 아니라 나 자신에 대한 이해가 커지면 이전에는 몰랐던 자신의 잠재역량을 끌어올릴 수 있고, 조직뿐 아니라 삶 전체에서 원하는 자기모습에 다다를 수 있다는 나의 믿음을 표현했다.

그렇게 내 목적에 이름을 붙이고 나자, '여성의 주체성을 높이는 데 기여하는 것'이 내 삶에 얼마나 큰 의미인지 실감할 수 있었다. 엄마에 대한 원망, 남성 중심 조직에서 느끼는 소외감, 늘 바쁘지만 부족한 나에 대한 좌절감 등 부정적으로 흐르고 있던 내 생각의 흐름이 긍정적인 의미와 과제로 다가왔다.

그러자 가슴이 뜨거워졌다. 지금까지 머리로만 일해왔다면 앞으로는 머리와 가슴이 연결된 일을 하고 싶어졌다. 나에게는 내 삶을 의미있게 만들어갈 자격과 의무가 있었다. 스티브 잡스가 스탠포드 대학교의 축사에서 말한 것처럼 나는 나만의 이유로 '우주에 흠집'[43]을 내

43 스티브 잡스는 2005년 스탠포드 졸업 축사 중, '당신의 시간은 제한돼 있으니, 다른 누군가의 삶을 사느라 시간을 낭비하지 말아라. 당신의 마음과 직관을 따르는 용기를 가져라. 이미 당신은 당신이 진정으로 원하는 모습을 알고 있다. 죽음은 삶의 유일하면서도 최고의 창조자와도 같다. 낡은 것들을 새로운 것으로 바꿔주기 때문이다. 우리는 우주에 흠집을 내고자 태어났다'고 말했다. https://www.youtube.com/watch?v=Hd_ptbiPoXM

고 싶었다.

④ 목적과 삶을 연결하기

나의 목적선언문은 내 방 책상에서 가장 잘 보이는 곳에 붙여져 있다. 무언가 결정해야 할 때, 내가 잘 하고 있는지 확인이 필요할 때마다 목적선언문을 확인한다. 경험이 쌓여 가면서 때로는 목적과 비전에 의심이 들 때도 있다. 그 의심이 며칠씩 지속될 때는 조금씩 목적과 비전을 수정했다. 길이 한 번에 만들어지지 않는 것처럼 '목적'도 경험이 쌓이면서 어떤 부분은 수정되고 어떤 부분은 더 확고해져 갔다. 목적에 이르기까지의 경로인 '비전'은 상황에 따라 더 자주 변화됐다. 하지만 몇 년이 흐르고 보니 내 삶의 스토리에서 발견된 목적과 비전은 나만의 일관된 방향성을 가지고 있었다.

나는 중요한 의사결정을 하거나 일에 대한 불안감이 들 때마다 내 방에 붙은 '목적선언문'을 중심으로 내가 옳은 트랙 위에 있는지를 점검했다. 그리고 내 목적과 맞지 않는 습관들을 리프레임해 나갔다. 그러면서 내 삶의 방향이 일관되게 잡혔고, 선택할 때 용기와 에너지를 얻었다. '목적'은 지금까지 내가 쌓아온 스토리에서 나왔지만, 목적을 구체화하고 난 이후에는 목적이 나의 삶을 이끌어주는 느낌이었다.

내 목적을 외부로 이야기하기 시작하면서 새로운 관계가 많이 생겨났다. 기존의 관계에서도 예전의 대립각들이 많이 사라졌다. 이제는 나의 능력을 입증하고 내가 옳다는 것을 관철하는 것보다 공통의 목적을 발견하고 각자의 장점을 모아 문제를 해결해 나가는 것이 더 중요하다는 것을 알게 됐다. 또한 목적을 추구하는 것은 나에게도 중요하지만 누군가를 돕는 일이라는 인식은 때때로 발생하는 오해와 구설수에 대해서도 담담하게 받아들일 수 있게 됐다.

삶의 목적은 조금씩 변화하기도 했다. 하지만 그 근거가 나에게 있기에 당황하거나 흔들리지 않았다. 목적선언문을 기반으로 내 생각과 삶이 일관된 방향을 가지면서 내 삶은 전보다 간결해졌고, 일과 관계에 대한 집중력은 높아졌다. 새로운 선택의 기로에 있을 때 나는 여행지에서 나침반과 지도를 확인하듯, 내 방에 붙은 목적선언문을 바라보며 나만의 해답을 찾아가고 있다.

〈나와의 연결 프로세스〉

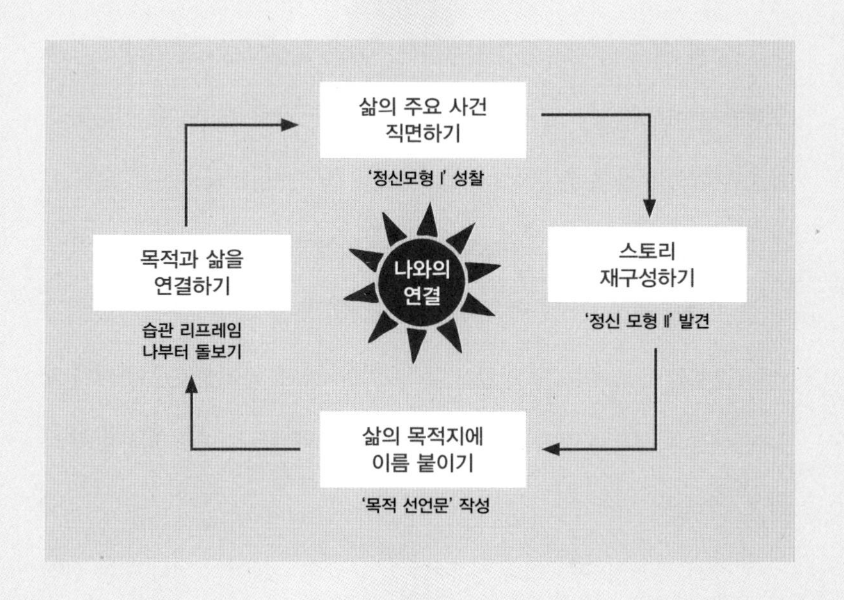

삶의 주요 사건
직면하기
'정신모형 I' 성찰
스토리
재구성하기
'정신 모형 II' 발견
삶의 목적지에
이름 붙이기
'목적 선언문' 작성
목적과 삶을
연결하기
습관 리프레임
나부터 돌보기
나와의
연결

3장 요약

① 삶의 '목적'을 발견하기 위해서는 지나온 삶에서 중요했던 순간의 스토리를 돌아보며 부모님과 사회로부터 부여된 '정신 모형Ⅰ'을 이해하고, 앞으로 원하는 삶을 살아가기 위한 지도인 '정신 모형Ⅱ'와 자신의 목적·가치·비전을 주체적으로 쓰는 스토리텔러가 되야 한다.

② 여성에 대한 고정관념은 여성 리더들이 '부정적 자아상'을 형성하고 '자기결정권'을 낮추는 데 영향을 줄 수 있다. 나의 성장에 도움이 되지 않는 자아상은 생각의 근거들을 다시 살펴보며, 새로운 의미로 피봇팅해 나갈 수 있다.

③ 삶의 목적 및 정체성과 상충하는 습관들은 그것이 가져다 주는 단점들을 떠올리며 우리에게 도움이 되는 행동과 감정으로 리프레임해야 한다.

④ 나의 감정을 인지하고 타인과 상황에 맞게 감정을 리프레임할 수 있는 '정서지능'은 조직에서 나와의 관계뿐 아니라 타인 및 그룹과의 관계력을 높이는 데 유용하다.

⑤ 전통적으로 타인을 돌보는 데 익숙한 여성들이 원하는 목적과 정체성을 유지하기 위해서는 스트레스와 번아웃을 극복하기 위한 나만의 충전 시스템인 '쿼렌시아'가 반드시 필요하다.

3장에서는 《커넥트 리더십》의 시작점인 '나와의 연결' 방법을 살펴봤다. 4장에서는 나를 넘어 구성원과 연결되기 위한 방법을 탐색해 보자.

Chapter 04

구성원과의 원온원 커넥트

나와의 연결을 만들었다면, 이제는 구성원과의 원온원 연결을 깊게 할 단계이다.

'위커넥터'는 사교적이고 대화를 좋아하지만, 대화할 때는 한 명 한 명에 집중할 줄 안다. 깊이 있는 원온원 대화야말로 상대의 고유함을 인정하고 동기부여하는 데 중요한 상호작용임을 이해하기 때문이다.

하지만 신뢰의 잔고가 쌓이지 않은 상황에서 원온원 대화는 부담스러울 수밖에 없다. 너무 뾰족한 '완벽주의형'이나, 상대의 감정과 상황을 배려하지 않는 '과업중시형', '여왕벌형' 리더 앞에서 구성원들이 자신을 보호하기 위해 솔직해지지 못하는 건 자연스러운 본능이다. 이때 구성원과의 대화는 형식적이고 정보 교환은 느리게 일어날 수 밖에 없다. 이제 의미있는 원온원 연결을 통해 신뢰의 잔고를 마이너스에서 플러스로 돌리기 위한 연결 방법을 살펴보자.

다음은 원온원 연결을 돕는 행동에 대한 체크리스트이다. 아래 항목 중 나와 관련 있는 것에 체크해 보자. 12점 이상이면 커넥트가 매우 좋음! 8점 이상이면 보통! 8점 미만이면 주의가 필요하다.

Check List 2 - 원온원 커넥트 점검하기			
1	리더십 갑옷 내려놓기 Shedding the armor	구성원 앞에서 내 실수나 약점에 대해 있는 그대로 인정하는 편이다.	
2		타인의 말을 중간에 끊지 않고 주의 깊게 듣는다.	
3		내 말투는 대부분의 사람들이 나에게 더 많은 것을 말하게끔 한다.	
4		누군가 내 의견에 반대할 때 나는 방어적인 입장을 취하기보다 상대의 관점을 이해하려 노력한다.	
5		후배 직원의 장점을 인정하고 가끔 조언을 구한다.	
6		본격적인 업무 소통을 시작하기 전에 가벼운 개인적 대화를 통해 편안한 분위기를 조성한다.	
7	공감 피드백 Empathetic Feedback	피드백을 하기 전 피드백하려는 행동의 상황과 기준에 대해 말한다.	
8		상대에게 답을 자세히 알려주기 전에 질문을 통해 생각하게 한다.	
9		대화 중 상대에 대한 선입견이 작동하지 않는지 스스로 점검한다.	
10		상대의 작은 성과에 대해서도 칭찬이나 긍정 피드백을 한다.	
11		결과보다는 과정에 초점을 맞춰 말한다.	
12		상대의 의견을 확인할 필요가 있는 피드백을 전달할 때는 가능한 대면이나 유선을 통해 전달한다.	
13	목적과 일의 연결 Work-Redesign by Purpose	동료나 후배 사원들의 역량의 차이와 관심사를 이해하고 있다.	
14		동료나 구성원에게 개인적 목적과 가치에 대해 질문한다.	
15		일을 위임할 때 구성원의 개인적 목적과 가치관을 반영하려 노력한다.	
16		업무를 지시하기 전에 일의 목적과 배경에 대해 충분히 설명한다.	
17		구성원에게 팀과 회사 전체의 목적, 가치관, 비전에 대해 설명한다.	
18		다른 사람들이 일에서 자신의 삶의 의미를 발견하도록 영감을 준다.	

01

'리더십 갑옷' 내려놓기

> 대담한 리더십의 진짜 장애물은 우리의 '갑옷'이다. 구체적으로 말하면, 취약성을 기꺼이 인정하지 않고 자신을 보호하는 데 급급하게 사용하는 생각과 감정, 그리고 행동이다··· 누구도 갑옷으로 위장한 상태에서는 충분히 성장하고 기여할 수 없다. 갑옷을 입은 채 행동하려면 엄청난 에너지가 소모된다. 때로는 갑옷을 지탱하고 있는 것만으로도 에너지가 완전히 소모되기도 한다.
>
> -《리더의 용기》 저자 브레네 브라운 Brene Brown

남성 중심 조직에서 리더로 승진한 여성들 중에는 실무 능력이 뛰어난 '일잘러'들이 많다. 그렇지 않고서는 남자 동료들을 제치고 승진하는 것이 쉽지 않기 때문이다. 그러다 보니 '내 실력을 입증해야 한다', '남보다 더 잘해야 한다'는 강박관념이 더 커지는데, 이러한 강박은 결국 미국의 심리학자 브레네 브라운이 말한 '리더십 갑옷'을 쓰게 만든다.

대표적인 스타일이 완벽주의형과 여왕벌형, 과업중시형, 스펙추구형의 리더이다. 작은 것부터 큰 것까지 모든 것에서 완벽주의를 추구하고, 실패에 대한 두려움이 커서 새로운 도전을 주저한다. 항상 스스로가 부족하다는 생각이 크다 보니, 자기 자신 뿐 아니라 구성원에 대해서도 칭찬을 하지 못한다. 그리고 그들이 자신의 말을 잘 듣고 통제하에 있어야 마음이 놓인다. 구성원이 좋은 의견을 제시하면 오히려 이것을 자신의 위치에 대한 위협으로 여겨, '자신이 더 옳다'라는 것을 증명하느라 불필요한 대화를 이어간다. 그러다 보면, 결국 실무 능력을 단련하는 데에만 맴돌며, 타인의 신뢰와 지지를 받지 못해 상급관리자로 승진하지 못하게 된다.

구성원들이 이렇게 '리더십 갑옷'을 단단히 입은 리더 앞에서 입을 다물고 있는 것은, 리더의 부족함을 눈치채지 못해서가 아니다. 리더가 갑옷을 쓰게 되면 구성원 역시 스스로를 보호하기 위해 갑옷을 입게 된다. 회사는 다니지만 반드시 해야 하는 일에만 소극적으로 참여하는 '조용한 사직(Quite quitting)' 상태에 머물며, 굳이 자신의 재능과 열정을 일과 조직에서 발휘하다 팀장의 눈밖에 나거나 보상과 인정이 돌아오지 않는 열정 페이를 지불할 필요를 느끼지 못한다. 결국 각자의 갑옷 속에 있는 리더와 구성원 사이에는 단절과 외로움만이 남는다.

내가 A사에서 팀장으로 근무할 때, 나는 모든 자료를 자세히 꿰고 있는 '과업중시형'과 '완벽주의형'을 오가는 리더였다. 구성원이나 다른 부서에서 작은 실수라도 나오면 많은 사람들이 있는 곳에서 송곳처럼 찔렀다. 그때는 그렇게 남을 비난해야 나의 우월함이 드러난다고 착각했다. 2차, 3차까지 이어지는 술자리도 약을 먹어가며 어떻게 해서든 버텼다. 겉으로 보면 나는 꽤 자신감 있고 당당한 사람이었지만, 속마음은 두려움에 질려 있었다. '남들 앞에서 약점을 드러내면 안된다!'는 불안감이 느껴질수록 나는 더 두껍게 갑옷을 입고 '괜찮은 척', '다 알고 있는 척'을 했다. 그것이 참 피곤한 일이었다는 것을 소화불량과 두통을 앓고 있는 내 몸은 알았지만, 긴장에 휩싸인 나의 뇌는 알아차리지 못했다. 구성원들이 나를 따르지 않는 것이 나의 갑옷으로 인해 사람들이 나와 연결되지 못하기 때문이라는 것도 시간이 한참 지나고 많은 시행착오를 겪은 이후에야 깨달았다.

구성원과의 윈윈 연결을 위해서는 리더가 먼저 갑옷을 내려 놓아야 한다. 한쪽이 먼저 갑옷을 내려놓지 않으면 다른 쪽도 승패 관계에서 지지 않기 위해 갑옷을 더 두껍게 할 수 밖에 없다. 예전에는 리더가 굳이 노력하지 않아도 구성원이 알아서 자신의 자존감을 내려놓고 리더에게 맞추어 주었다. 하지만, 자기존중과 공정성을 중시하는 MZ세대는 다르다. 리더가 자신의 가치를 존중해 주는 사람이라는 신뢰가 들지 않으면 마음을 먼저 열어 상처 받기보다, 일과 삶의 경계를 확고히 굿는다. 반면 리더가 자신을 존중하고 성장시키려 한다는 것을 느끼면 야근을 마다않고 '일잘러'를 꿈꾸며 리더의 든든한 지원군이 되기도 한다.

조직 생활에서 갑옷을 내려놓는 것은 용기가 필요하다. 어느 조직에나 있는 소시오패스와 나를 그다지 좋아하지 않는 구성원들이 나의 약점을 물어뜯을 수 있는 리스크를 감수해야 한다. 하지만 무거운 갑옷을 계속 끌고 다니는 것은 나 자신의 목적과 가치관대로 살지 못할 뿐 아니라 구성원들과 불신, 단절의 기회비용을 지불해야 하는 더 큰 리스크가 있기에, 어찌 보면 연결을 위해 시도해 볼 수 있는 유일한 방법이기도 하다.

'두려움'을 피하기보다 있는 그대로 바라보고 갑옷을 내려놓으면, 수직적 위계로 자신의 권위를 세우는 것보다 다른 사람과 공동체의 성장에 더 큰 가치를 두는 전통적 여성의 장점이 되살아날 수 있다. 용기를 내서 '리더십 갑옷'을 스스로 벗겨낼 수 있는 방법을 소개한다.

첫째, 실수와 부족함을 인정하자

요즘처럼 모호하고 복잡한 뷰카 시대에 리더가 모든 실무를 파악하는 것은 거의 불가능하다. 현업에 있는 담당자들로부터 진행사항과 이슈를 파악하고 다양한 정보를 연결해 종합적인 방향을 제시하고 문제 해결을 돕는 것이 리더의 중요한 역할이다. 이 과정에서 리더의 실수는 반복되고, 스스로도 부족함의 연속이라고 느낄 때가 많다. 이럴 때 리더가 자신의 실수를 인정하는 것은 쉽지 않을 수 있다. 하지만, 리더십 갑옷을 내려놓고 빠르게 실수를 인정하고 사과할 때 구성원들은 리더에게 '같은 인간'으로서 동질감을 느끼면서 신뢰를 보낸다. 또한 구성원과의 감정과 자원 낭비를 줄이고 일의 본질에 몰입함으로써 좋은 성과로 연결될 수 있다.

'갑옷'을 벗는 것이 '난 정말 모르겠어'라며 나의 약점을 드러내 사람들의 동정을 얻는 '유리인형형'이 되라는 의미는 아니다. 그것은 또 다른 형태의 갑옷이다. 실수와 약점이 드러났을 때 그대로의 내 모습을 인정하고 정직해지는 것. 브레네 브라운이 이야기한 **'취약성(vulnerability)'**을 인정하고 상대의 다름을 포용하는 것이다.

모든 것을 다 아는 듯한 연기 대신 "저보다 OO대리가 이 분야의 전문가잖아요", "이쪽 분야는 워낙 복잡해서 지난번 설명을 들었지만, 정확히 파악이 힘드네요. 이 부분에 대해 설명해 주실 수 있나요" 등의 말로 자신이 모르는 부분을 정직하게 인정하면 된다. '이 부분은 이런 노력을 기울였지만, 결과에 대해서는 예상하지 못했다. 내가 부족했다'는 식으로 자신이 기울인 노력을 대해 함께 언급하면서 부족한 부분에 대해 책임감을 표현할 때 구성원들은 리더를 신뢰하며 부족한 부분을 함께 해결해 보자는 의지가 생겨난다. 또한 리더에게 설명하는 과정에서 구성원에게 책임감과 자신감이 생겨난다.

만약 구성원과의 신뢰가 부족하거나 리더에 대한 구성원의 불만이 높은 상황이라면, "팀장이 그걸 모르시면 어떡하나요?"라며 불만으로 응수할 수도 있다. 하지만, 이렇게 불만을 표출하는 것은 '대화하겠다', '해결하고 싶다'는 의지가 담긴 긍정 시그널일 수 있다. "그러게요, 그래서 같이 일하는 거죠"라며 리더가 갑옷을 내려놓고 상대의 의견을 가볍고 자연스럽게 인정해 주면 그때부터 둘 사이의 팽팽한 기운이 순화되기 시작한다.

둘째, 상대의 장점을 인정하고 조언을 구하자

내가 부족하다는 생각이 크면, 상대의 장점은 나의 부족함을 부각시키는 계기가 될 수 있다. 완벽주의형이나 여왕벌형, 과업형은 상대가 많은 장점이 있음에도 불구하고 상대의 단점에 주목해 말하는 경향이 있다. 리더 입장에서는 '구성원의 성장을 위해서'라고 말할 수 있겠지만, 듣는 구성원 입장에서는 장점에 대해 언급하지 않고 단점만을 지적하는 것은 '비난'으로 들릴 수밖에 없다. 앞서 살펴봤듯이 MZ세대는 자기존중과 공정성을 중요한 가치로 여긴다. 구성원이 잘한 것이 성과로 이어지고 칭찬과 관심이라는 보상이 주어질 때 능력이 훨씬 배가되고 열정이 생겨난다.

인정을 효과적으로 하기 위해서는 평소 그 사람에 대해 관심을 가지고 지켜봐야 한다. MZ세대가 개인적 관심을 불편해한다고 말하는 사람도 있지만, 그것은 일과 무관한 개인적 생활에 대해 상사가 일방적으로 지나친 관심을 보이는 것을 불편해한다는 의미이다. 성장에 대한 욕구가 강한 MZ세대는 선배나 리더가 자신의 성장을 위해 관심을 기울이는 것을 그 어느 세대보다 원한다. 또한 자신의 열정과 성과에 대해 표현할 기회가 있을 때 소속감을 느끼고 몰두하며 성장하고 있다는 만족감을 느낀다.

평소에 관찰한 구성원의 행동에 대해서 그 가치와 의도, 그리고 그것이 가져온 긍정적 영향을 표현해보자. 그리고 그렇게 할 수 있었던 그 사람의 비결에 대해 질문하거나, 조언을 구해보자. 자신을 낮추면서 상대의 전문성과 노력을 인정해 주는 리더의 배려에, 구성원은 쑥스러워하면서도 신이 나서 이야기할 것이다.

나에게로 쏠려 있는 관심을 상대에게로 돌리고 이를 통해 상대가 성장하는 모습을 발견하게 되면, 예전에 상대에게 느꼈던 시기심이 조금씩 사라진다. 그때부터 구성원과의 경쟁 관계를 넘어서, 나의 실력을 인정받는 것보다 구성원이 성장함으로써 얻는 성취감이 더 클 수 있다는 것을 느끼게 된다. 또한 구성원의 열정을 통해 개발된 역량으로 팀 전체의 역량은 커져 간다.

'장점을 인정하는 대화'의 흐름	
① 관찰한 내용을 표현하기	지난번 주간 회의 때 다른 사람들을 배려하며 논의를 끌고 가는 모습이 좋았어요.
② 가치와 의도를 존중하기	새로운 시도였어요. 팀원 한 명 한 명을 존중하려고 노력했네요.
③ 주변에 미친 영향을 언급하기	이번 시도가 내 모습을 돌아보게 했어요. 팀장인 나도 OO대리 보면서 많이 배웠어요.
④ 비결에 대해 질문하기	이번에 새로운 시도를 하게 된 계기가 뭐예요? 이 부분을 잘 하게 된 비결이 있나요? 나도 좀 가르쳐줄 수 있어요?

셋째, 판단하지 말고 끝까지 적극적으로 경청하자

구성원에 대한 공식적인 평가권을 가진 리더가 구성원의 말을 판단없이 듣기는 쉽지 않다. 구성원이 보고하는 동안 눈은 컴퓨터 화면에 고정돼 있거나, 머릿속으로 딴 생각을 하며 반박할 거리를 찾거나, 중간에 끼어들어 "그러니까 이런 얘기죠?"라며 성급하게 결론을 내려 버리는 경우가 많다. 듣는 과정에서도 '내가 더 옳아'라는 '리더십 갑옷'은 작동하기 때문이다. 특히 일의 과정보다 결과에 집중하는 '과업형' 리더나 자신의 입장에서만 상황을 바라보는 '여왕벌형', '스펙추구형' 리더들은 상대의 이야기를 듣는 데 더욱 취약하다.

상사의 이런 태도 앞에서 직원들은 자유롭고 솔직하게 말하기보다 상사의 눈치를 보며 꼭 필요한 말, 상사가 원하는 말만 하게 된다. 결국 현업에 있는 직원들을 통해 살아있는 정보를 취합해야 하는 리더는 왜곡되거나 부분적인 정보만을 취하게 된다. 직원들은 자신의 목소리를 반영하지 않는 조직에서 굳이 비난을 무릅쓰고 적극적으로 의견을 개진하지 않고, 결국 수동적인 조직문화는 굳어진다.

상대의 의도를 제대로 이해하기 위해서는 **'적극적 경청'**을 해야 한다. '적극적 경청'이란 말하는 상대의 '언어' 뒤에 숨은 동기와 느낌, 욕구에 귀 기울이는 활동이다. 미국의 심리학자 앨버트 메러비안(Albert Mehrabian) 교수가 연구해 알려진 '메러비안의 법칙'에 따르면 우리의 소통은 소리말에 7%, 어조와 억양에 38%, 손 모양과 몸짓에 55%의 정보를 담고 있다. 우리가 귀로 들리는 소리 언어에만 집중하면 상대가 말하려 하는 정보의 93%를 놓치게 되는 것이다. 그렇기에 우리는 상대의 말뿐만 아니라, 어조와 표정이 어떤 의도를 전달하려고 하는지도 잘 살펴야 한다.

나는 이 점에 익숙해지는 데 많은 시간과 인내심이 필요했다. 특히 말이 길거나 나와 생각이 다른 사람들과 대화할 때는 지금도 예전의 버릇이 튀어나와 상대의 말을 끊고 반대 의견을 말하고는 한다. 하지만 그런 의도가 올라올 때 바로 알아차리고 나를 다스리려고 노력한다. 듣는 것만으로 해결되는 것은 아니지만, 듣는 것은 상대를 존중하는 가장 기본적인 태도이기에, 귀를 기울이는 것만으로 인간관계의 갈등을 줄일 수 있다는 걸 깨달았기 때문이다. 예전에는 리더하면 남들 앞에서 말을 잘 하는 사람을 떠올렸다. 하지만 이제는 '좋은 리더' 하면 귀 기울일 줄 알고, 좋은 질문을 통해 상대가 스스로 알아차릴 수 있도록 하는 사람이 떠오른다. 이런 리더에게 구성원들은 '멋있다'는 말 대신 '고맙다'는 말을 한다. 그리고 자신이 했던 말에 더욱 책임감과 에너지를 얻어 간다. 경험이 상대적으로 적은 구성원의 생각은 어떤 면에서 리더보다 부족할 수 있다. 하지만 사람은 누구나 자신이 존중받고 지지받고 있다고 느낄 때 최선을 다하게 된다. 그리고 이러한 시도를 통해 구성원과 리더, 동료와의 신뢰가 쌓여갈 수 있다.

넷째, 스몰토크로 '라포'를 형성하자

대화를 할 때 서로에게 집중하지 못하는 것은 각자의 갑옷에서 자기 생각만 이야기하기 때문이다. 대화를 시작하기 전에 서로가 쉽게 공감할 수 있는 **스몰토크(small talk)**를 나누고 상대의 말을 충분히 들어주는 태도를 보이는 것은 본격적인 업무에 들어가기 전 서로가 마음의 문을 열고 공통의 공감대를 마련한다는 의미가 있다. 구성원과의 유대 관계가 질적으로 좋아지면 이성적인 이야기도 더 유연하게 흘러간다. 일 자체에 대한 몰입이 높은 과업형 리더일수록, 대화의 본론에 들어가기 전 '라포' 형성에 노력을 기울인다면 관계와 일 모두 좋은 성과를 얻을 수 있다.

'라포(rapport)**'**란 프랑스어로 '가져오다'라는 의미로 사람 간의 심리적 신뢰 관계를 뜻한다. 서로 어떤 일이라도 터놓고 말할 수 있거나, 이를 충분히 감정적으로나 이성적으로 이해할 수 있는 관계를 말하는데, 의사와 환자, 상담사와 내담자 간에 형성된 신뢰 관계를 지칭할 때 주로 사용된다.

라포를 형성하는 대화가 길 필요는 없다. 5분을 넘지 않는 짧은 대화면 충분하다. 여유가 없다면 본론으로 들어가기 전 한두 마디라도, 일과 무관하게 상대에게 관심을 건네는 것만으로 구성원과의 연결은 깊어질 수 있다. 라포 형성을 위한 스몰토크를 나누는 방식은 어렵지 않다.

- 유행하는 TV 프로그램이나 취미, 관심사 등을 먼저 꺼내도 좋고, 질문을 해봐도 좋다. "지난 주말에는 어떤 프로그램 재밌게 봤어요?"

- 미팅 장소에서 발견한 상대방의 의상이나 외모에 대한 칭찬 등도 좋은 소재가 될 수 있다. "오늘 티셔츠 색이 아주 잘 어울리네요~"

- 사생활이나 종교, 정치에 대한 이야기는 서로의 입장 차가 클 수 있으므로 피하는 것이 좋다.

- 주의할 것은 상대가 이야기할 때 경청하는 태도를 보이는 것이다. 눈빛과 표정, 집중하는 자세 등을 통해 원온원 미팅이 아니라 평소 우연히 지나칠 때도 "점심 뭐 먹었어요?" "무슨 좋은 일 있으세요?" 등의 스몰토크를 통해 라포를 자주 쌓아나간다면, 신뢰가 차곡

차곡 쌓여 이후 업무 진행에도 큰 도움이 될 수 있다.

마지막, 진지한 이야기일수록 웃으며 하자

타인의 말을 진지하게 경청하고 공감하는 것은 상당한 에너지가 소진되는 일이다. 이렇게 에너지가 소진되면 말하는 사람도 듣는 사람도 긍정적인 기운이 내려간다. 진지한 이야기를 진지한 분위기에서 하는 것도 필요하지만, 문제는 듣는 구성원들은 진지하지 않은데 말하는 리더만 진지한 경우가 많다는 점이다. 이 경우 본인은 많은 에너지를 쏟아 내용을 전달했지만 상대가 원하는 만큼 메시지를 수용하지 않아 결국 대화의 목적을 이루지 못하고, 상대에 대해서도 '팀장의 말에 관심이 없다'며 실망하게 된다. 나의 감정뿐 아니라 상대의 감정을 살펴 대화를 이끄는 능력이 정서지능인데, 리더십 갑옷을 입으면 공감 능력이 저하돼 정서지능도 약해진다.

상황이 허락한다면 상황을 압축적으로 보여주는 **비유**나 반전의 분위기를 이끄는 **유머**를 활용해 보자. 비즈니스에서도 비유나 유머는 상대와의 대립을 해소하고 나의 편으로 만들기 위한 고도화된 대화 스킬이다. 복잡하고 갈등이 첨예한 주제일수록 비유나 유머를 활용하면, 이성을 다루는 우뇌보다 감정을 다루는 좌뇌가 활성화되면서 상대와의 공감대가 쉽게 형성될 수 있다. 양쪽 모두 갑옷에서 나와 '내가 옳다'는 입장을 내려놓고, '우리'가 지향하는 것에 집중할 수 있게 된다. 또한 복잡한 상황이 심플하게 정리되면서 대화의 주제가 객관화되는 이점도 있다. 예를 들어, 협업 때문에 문제가 생겼을 때 '빨리 가려면 혼자 가고, 멀리 가려면 함께 가라는 말이 있잖아요'라는 비유를 써서 구성원 스스로 자신의 문제를 객관화시킬 수 있도록 도울 수 있다. 구성원이 보고 자료에 너무 많은 내용을 담아 초점이 흐려져 있다면 '돌멩이 하나로 두 마리 토끼를 잡기는 어려울 듯하다'라는 속담으로 보완점에 대한 이야기를 시작한다면, 구성원도 한발 물러나 자신의 보고서를 살펴보며 능동적으로 보완책을 찾아 나간다. 리더의 의도에 대한 수용성뿐 아니라 리더와의 인간적 연결도 올라간다.

타잔이 정글에서 살아남을 수 있었던 비결은 넝쿨을 잡는 법이 아니라 넝쿨을 놓으며 앞으로 건너갈 수 있는 법을 터득했기 때문이라고 한다. 갑옷 위에 얹혀진 나의 실력을 입증해야 한다는 강박을 내려놓고, 나의 주파수를 상대에게로 옮길 때 구성원과의 연결은 자연스럽고 깊어질 수 있다.

듣기에도 연습이 필요하다

아래 소개된 **적극적 경청 스킬**[44]을 연습해 듣기 실력을 높여보자.

비언어적 교감 (Non-Verbal Communication)	눈빛, 끄덕거리기, 미소 혹은 진지한 표정, 아~ 네~
따라 말하기 (Copying)	상대의 발언을 그대로 따라함으로써 발언자에게 신뢰를 주고 왜곡을 방지함. 예) (특정 업무가 힘들었다는 김대리의 말에) "김대리가 많이 힘들었군요"
바꾸어 말하기 (Paraphrasing)	상대의 발언을 유사한 말로 따라함으로써 발언자에게 신뢰를 주고 의미를 명확히 함 예) "…라는 의미인가요?"
요약하기 (Summarizing)	상대의 이야기가 길거나 전환이 필요할 때 핵심 내용을 짚어 줌으로써 의미를 명확히 함 예) "3가지 중요한 얘기를 했네요."
감정 알아채기 (Acknowledging)	상대의 감정을 포착하여 표면화함으로써 상대가 그 상황을 인지하고 받아들이도록 함 예) "표정을 보니 박대리는 이번 결정에 대해 우려가 있는 것 같네요."

① 비언어적 경청

가장 기본적인 적극적 경청 스킬은 비언어적으로 내가 듣고 있다는 것을 비언어적인 행동으로 보여주는 것이다. 상대에게 대답할 때

44 샘케이너 지음, 구기욱 역, <민주적 결정방법론> 2017, 69쪽~88쪽 참고

눈을 상대로 향하며 고개를 끄덕이거나 '아, 네~' 등의 추임새를 넣어 주는 것이 대표적인 예이다. 또한 상대가 긍정적 이야기를 할 때는 작게 미소를 짓고, 어려운 이야기를 할 때는 심각한 표정을 짓는 등 구성원의 메세지에 공감하고 있음을 표현해 줄 때 효과적으로 연결될 수 있다.

② 반복하기

상대가 말한 핵심적인 단어나 문장을 그대로 반복해 주는 것이다. 우리는 같은 '한국어'를 사용하지만 같은 단어를 말해도 그 안에는 그 사람만의 의미와 감정, 경험이 담겨 있다. 때문에 각자의 해석은 상대의 진짜 의도와 전혀 다른 경우가 있다. 나의 말로 바꾸기보다 상대가 사용한 언어를 그대로 따라해 주면 왜곡을 방지하고 잘 듣고 있다는 신뢰를 줄 수 있다.

③ 패러프레이징

패러프레이징은 상대의 말을 유사한 말로 바꾸어서 표현하는 방법으로 상대가 말한 의미가 명확하지 않을 때 효과적이다. '~란 의미인가요?'라며 되묻게 되면 상대도 자신이 한 말을 다시 확인할 수 있고, 상호 간의 의미가 명확해질 수 있다.

④ 요약하기

때로는 상대의 이야기가 너무 길어 집중하기 어렵거나, 전환이 필요할 때가 있다. 이럴 때는 손짓 등의 간단한 바디랭귀지로 상대의 발언을 멈추게 하고 '3가지 중요한 얘기를 했네요'라며 핵심 내용을 짚어주는 것이 좋다. 중간에 말을 멈추게 하는 것이 바람직하지 않다고 하지만, 주제에서 멀어지거나 너무 장황한 이야기를 계속 듣고 있는 것 역시 효과적 경청은 아니다. 편안한 분위기를 해치지 않는 선에서 간단명료하게 요약을 해주면 의미가 명확해져 말하는 사람도 만족하게 된다.

⑤ 감정 알아채기

상대의 표정을 통해 말로 표현되지 않은 상대의 의도를 읽고 표현해줄 수 있다. 이를테면 '표정을 보니 이번 프로젝트로 인해 ○○과장은 걱정이 있는 것 같네요', 혹은 '이 논의가 꽤 만족스러운 표정인데요?'라며 추측되는 감정에 대해 표현하는 방법이다. 감정을 알아채기 위해서는 귀뿐 아니라 시선도 상대를 향하고 있어야 가능하다. 그렇기 때문에 상대는 나의 생각과 감정이 존중된다는 느낌을 더 크게 받게 된다.

02

'목적'으로 동기부여하기

리더는 구성원들에게 일을 하는 이유, 즉 WHY를 계속 물어 발견하게 하고, 그것을 조직의 존재이유와 연결시키는 일을 하는 사람이다.

- 미국의 경영컨설턴트 사이먼 사이넥 Simon Sinek

"그 친구가 그런 생각을 하고 있을 줄 몰랐어요. 진작 나한테 찾아와서 얘기했으면 업무를 조정해 줬을텐데 아쉽네요." 고성과자의 갑작스러운 이직 통보를 받고, 미리 자신에게 찾아와 고민을 털어놓지 않은 구성원을 탓하는 리더들을 종종 본다. 리더는 충분히 인정하고 성장의 기회를 줬다고 생각하지만 구성원 입장에서는 전혀 다른 생각을 하고 있었던 것이다. 한번 결정한 이직을 되돌리기는 쉽지 않다. 그리고 새로운 구성원이 들어오고 자리 잡을 때까지 공백을 메우는 것은 리더의 몫이 된다. 물론 연봉 때문에 다른 회사를 선택한 경우, 리더가 구성원의 요구를 만족시키는 데 한계가 있다. 하지만 MZ세대는 연봉과 복지 등의 외적 동기부여만큼이나 내적인 동기부여를 중시하는 성향을 지닌다. 때문에 내적 동기부여가 충족되지 않을 때, 외적 조건에 더 민감해질 수 있다.

미국의 세대 연구기관 CGK의 CEO 더니스 빌라(Denise Villa)는 "MZ세대는 지속적인 경력 개발, 회사가 추구하는 방향과 자신이 추구하는 가치관의 동일함, 회사의 사회적 임팩트(세상에 미치는 긍정적인 영향) 세 가지를 중요하게 여긴다"고 말했다. 대학내일20대연구소가 2022년 발표한 자료에서도 Z세대는 경제적 가치보다 일을 통한 자아실현과 지적 성장을 더 중시하는 것으로 나타났다.

이처럼 의미와 가치를 중시하는 MZ세대의 성향을 고려했을 때, 리더가 구성원이 무엇에 목적과 가치를 두는지를 이해하고, 일과 연결시켜 주는 것은 구성원의 업무 몰입도와 조직에 대한 소속감을 높이는 데 있어 반드시 필요한 일이다. 그리고 이를 위해서는 구성원이 리더에게 찾아와 이야기하기를 기다리는 것이 아니라, 리더가 주기적인 원온원 세션을 통해 구성원에게 질문을 던지며 구성원의 성장과 목적을 연결시킬 수 있는 기회를 함께 찾아 나가야 한다.

20%의 힘

2017년 미국의 의학저널 메이요클리닉(Mayo Clinic Proceeding)은 병원을 떠나는 의사들이 늘어나는 것에 심각성을 느끼고 미국의학협회 소속 의사들을 대상으로 그 원인을 조사했다. 그 결과, 육체적·심리적 번아웃이 의사들이 병원을 떠나는 가장 결정적인 원인임을 알게 됐다. 하지만 그보다 흥미로운 사실 중 하나는 자신이 맡은 업무 중 자기가 좋아하는 일의 비중이 20% 정도를 차지할 경우, 비슷한 어려움과 스트레스 상황에 있다고 하더라도 번아웃을 경험할 확률이 현저히 적다는 사실이었다. 또한 좋아하는 업무의 비중이 20%를 크게 넘어선다고 해서 회복탄력성이 비약적으로 높아지지는 않는다는 것도 발견했다.[45] 20%의 좋아하는 일은 그렇지 않은 80%의 일들까지 열정을 가지고 해내게 만드는 힘을 가지고 있었다.

글로벌 IT 기업 구글은 **20%의 법칙**을 잘 활용하는 기업 중 하나이다. 자율성과 성장을 중시하는 MZ세대 직원 비율이 높은 구글은 모든 직원에게 주당 근로 시간의 20% 이상을 자율적으로 새로운 서비스 개발에 쓸 수 있는 권한을 준다. 구글의 대표적인 서비스인 G메일, 구글 맵 등은 이 프로그램을 통해 개발됐다. 연봉이나 인센티브 등 외적인 동기부여 요소만 가지고는 만들어내기 어려운 창의적이고 혁신

45 Kristine D. Olson, MD, MSc, 〈Physician Burnout—A Leading Indicator of Health System Performance?〉, 2017.09.08, Mayo Clinic Proceedings.

적인 성과였다. 전체 업무의 20%만이라도 개인의 목적과 관심사와 연결된다면, 그리고 이를 리더가 지원한다면 여기서 생겨난 직원의 능동적 에너지는 80%의 다른 영역에도 긍정적 영향을 미칠 수 있다.

'스윗 스팟' 발견을 위한 코칭 대화

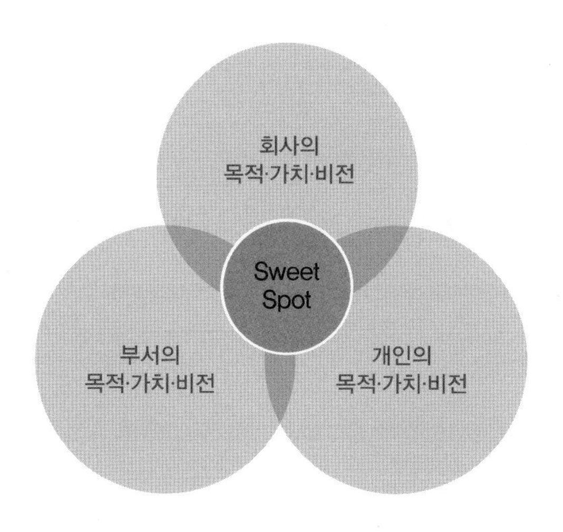

일과 구성원의 목적, 관심, 장점을 발견하기 위해서는 리더와 구성원이 함께 '스윗 스팟'을 찾아야 한다. **스윗 스팟(Sweet Spot)**은 골프채, 라켓, 배트 등으로 공을 칠 때 많은 힘을 들이지 않고 원하는 방향으로 멀리 빠르게 날아가게 만드는 최적 지점이다. 구성원이 성장하기를 원하는 영역이 부서와 회사가 추구하는 방향과 공통점이 없다면 리더가 구성원의 역량을 키우는 것을 지원하기 어렵다. 하지만 회사,

부서, 개인의 성장 니즈가 공통적으로 존재하는 영역을 발견할 수 있다면 개인의 동기가 가장 높고, 조직의 자원과 지원도 집중되기에, 성장 가능성이 가장 높은 20%의 '스윗 스팟'이 될 수 있다.

스윗 스팟을 발견하기 위해서 구성원은 회사와 부서의 목적·가치·비전을 알아야 한다. 또한 리더도 구성원의 목적·가치·비전과 함께 현재 준비 상태는 어떠한지를 이해해야 구성원에게 새로운 업무를 재배치할 수 있다. 이를 위해서는 평소 서로의 생각을 이해하고 스윗 스팟의 기회를 만들기 위한 원온원 대화가 주기적으로 이뤄져야 한다.

이때의 대화는 피드백과 같이 리더가 구성원의 행동에 대한 기대사항을 일방적으로 전달하는 방식이 아니라, 구성원이 주도하는 대화가 돼야 한다. 리더는 회사와 부서에서 추구하는 목적과 비전, 가치 등 필요한 정보를 제공하지만, 전체적으로는 말하기보다 듣기를, 지시하기보다 질문하기를 통해 구성원이 스스로 방법을 찾아갈 수 있도록 독려하는 코칭 대화의 접근 방법을 택해야 한다. 구성원이 심리적 안전감을 느끼며 자율적으로 자신의 생각을 나눌 때 자발성과 실행에 대한 의지가 올라가기 때문이다.

예를 들어, 고객센터에서 근무하는 김대리가 3년 차에 접어들었다. 리더는 김대리가 반복적인 고객 응대 업무보다 상위 레벨의 업무를 하고 싶은 욕구가 있다는 것을 원온원을 통해 발견했다. 그리고 김대리는 데이터를 분석하고 가공해서 인사이트를 발견할 때 동기부여가 된다는 것 또한 알고 있었다. 또한 회사 전체의 목적은 고객의 쇼핑 경험을 높이는 것이며, 이것은 부서의 목적과도 일치한다. 이때 리더는 김대리에게 지시할 수 있는 업무가 바로 머리에 떠오를 수도 있다. 하지만 자신의 생각을 바로 이야기하기보다, 질문과 경청을 통해 구성원이 '스윗 스팟'을 찾아갈 수 있도록 도와주는 코치의 역할을 해야 한다.

"김대리, 우리 회사와 팀의 목적이 고객에게 즐거운 쇼핑 경험을 주는 것이잖아요. 김대리는 데이터 분석으로 인사이트를 발견하는 능력이 탁월하죠. 김대리의 능력을 잘 발휘하면 회사와 부서의 목적을 달성하는 데 더 큰 힘이 될 것 같은데, 뭘 해보면 좋을까요?"라며, 조직의 목적·가치·비전과 구성원이 중요하게 생각하는 목적·가치·비전, 그리고 장점을 연결해서 질문하면 구성원은 능동적으로 자신이 할 수 있는 일을 탐색하기 시작한다. 만약 구성원이 선택한 업무가 조직의 목적과 거리가 멀거나, 실현 가능성이 떨어질 경우에는 "지금 얘기한 업무가 우리 팀의 목적과 어떤 연관이 있을까요?", "그 업무를 수행하려면 어떤 자원이 필요할까요?", "그 일이 김대리와 조직에 각각 어떤 의미가 있을까요?" 등의 질문을 통해 구성원이 일의 우선순위를 스스로 찾아갈 수 있도록 하는 것이 바람직하다.

일의 목적에 기초한 질문은 구성원이 일을 '해야 하는 것'을 넘어서 '의미 있는 것'으로 바라볼 수 있도록 도와준다. 또한, 자신이 고민하고 선택한 일이기에 일에 대한 구성원의 관심과 열정, 실행력은 올라간다. 뿐만 아니라, 리더가 미처 알아차리지 못했던 팀원의 잠재역량을 발견하고, 촉진함으로써 구성원과 팀 전체의 역량이 올라갈 뿐 아니라 팀원과의 신뢰 관계를 다질 수 있다.

70:20:10으로 성장 계획 세우기

원온원 대화를 통해 '스윗 스팟' 영역을 발견했다면, 구성원의 현재 업무와 연결시키기 위한 계획을 함께 수립하는 단계로 넘어간다. 구성원이 원한다고 무턱대고 그 업무를 위임하는 것은 리더뿐 아니라 구성원에게도 큰 부담이 아닐 수 없다. 리더는 구성원이 단계적으로 그 일을 해 나갈 수 있도록 구성원의 현재 역량 상태를 파악하고, 성장에 필요한 자원을 확보하며, 모니터링 및 코칭을 제공해 구성원이 성장할 수 있도록 지원해야 한다.

구성원의 성장을 계획할 때는 **70:20:10**의 학습 법칙을 참고해서 계획해 보자. 우리는 부족한 부분을 채우는 데에 독서나 강의 등의 학습이 중요하다고 생각하는 경향이 있다. 하지만 학습 법칙에 따르면, 70%의 학습은 실제 그 일 자체를 통해 일어난다. 현재 자신의 수준보다 높은 도전적인 과제를 직접 하거나, 타인에게 제안을 하면서 배우는 것이다. 20%의 학습은 사람을 통해 일어난다. 다시 말해, 그 일을 미리 해본 선배, 동료의 조언이나 코칭, 전문가의 의견은 '아하~!' 하는 깨달음을 주며 학습을 유발한다. 마지막 10%가 강의나 독서 등의 전통적 학습을 통해 발생한다. 비중이 가장 낮지만, 우리의 경험을 넘어서는 폭넓은 지식을 통해 시행착오를 최소화하고, 효과적인 방법을 얻기 위해서 빼놓을 수 없는 학습 방법이다. 세 가지 학습 방법의 비중은 고정돼 있지 않으며, 상황과 업종, 사람의 특수성에 따라 달라질 수 있다. 하지만 한 가지 방법을 고수하기보다 세 가지 요소의 밸런스를 고려할 때 학습 효과는 올라간다.

앞에서 예를 든 것처럼 김대리가 리더와의 코칭 대화를 통해 '고객 데이터 분석' 업무를 선택했다고 가정했을 때, 김대리에게 데이터 분석과 관련된 강의의 비중을 10%로, 데이터 분석 업무 경험이 있는 타 부서 멘토와의 연결 비중을 20%로, 현업에 적용해 보는 비중을 70%로 계획해 볼 수 있다. 현업 적용은 바로 혼자서 적용하는 것이 아니라, 단계적으로 시도해 볼 수 있도록 리더의 지원과 모니터링을 고려해 계획해야 한다.

리더와 구성원이 스윗 스팟을 찾아가는 대화를 나눌 때 참고할 수 있는 질문을 정리해 보았다. MZ세대 구성원이 목적과 성장에 관심이 많다고 하지만, 평소 이에 대해 생각할 기회가 많지 않은 직원은 바로 대답하기 쉽지 않다. 그렇다고 해서 이런 대화가 의미 없는 것은 아니다. 질문은 당장 답을 찾지 못하더라도 우리를 생각하게 만드는 힘이 있다. 좀 더 생각할 시간을 주거나, 리더가 자신의 인사이트를 바탕으로 스윗 스팟의 옵션을 제시할 수도 있다. 그리고 지속적 관찰과 원온원 코칭 대화로 구성원이 성장해 나갈 수 있도록 돕는다면, 구성원은 급격한 변화와 업무 과부하 등의 외적 어려움에도 자신의 목적과 관심사와 연결된 일에서 얻은 에너지로 현재의 어려움을 극복하며 역량이 확장되는 경험을 갖게 된다. 팀 전체의 업무 역량과 자발적 문화가 올라가는 것은 물론이다.

일과 성장의 '스윗 스팟' 발견 질문

[1단계: 개인의 목적과 가치, 비전 발견]

① 삶의 목적에 대해 질문하기
'어떤 사람으로 기억되고 싶은가?' 경영학의 구루 피터 드러커는 그를 지금까지 이끌었던 것은 그가 13살 때 김나지움에서 만난 선생님이 던진 이 질문이었다고 말했다. 그는 50세까지 이 질문에 확실한 답을 하지 못한다면 가치 있는 인생을 살지 않은 것이라 말했다. 목적은 어떤 삶을 살고 싶은가에 대한 질문이다. 그리고 그것은 나를 넘어서 타인과 공동체에 기여하려는 가치를 포함한다. 목적과 관련된 질문을 던질 때 사용할 수 있는 예시이다. 구성원의 성향에 따라 다르게 사용해 볼 수 있다.
- 어떤 사람으로 기억되고 싶은가?
- 어떤 일을 할 때 가장 열정이 발휘되는가?
- 어떤 재능으로 세상에 기여하고 싶은가?
- 어떤 일을 할 때 가장 의미있다고 느끼나?
- 이 회사를 선택한 이유는 무엇인가?
- 회사에서 어떤 일을 할 때 가장 몰입할 수 있는가?

② 가치에 대해 질문하기
3장에 제시된 가치리스트를 활용해 중요하게 생각하는 가치를 3~5개 선택하도록 한다.
- 그 가치가 반영됐었던 일은 어떤 일들이었나?
- 어떤 상황에서도 지키고 싶은 가치가 있다면 무엇인가?
- 자신의 가치와 충돌돼서 어려웠던 일은 있었다면 무엇이었나?
- 현재는 하고 있지 않지만, 이후 나의 가치관을 반영하기 위해 도전하고 싶은 업무가 있다면?

③ 비전 질문하기
- 삶의 목적과 가치를 실현하기 위해 현재 조직에서 이루고 싶은 비전은 무엇인가?
- 언제 그 비전을 실현하고 싶은가?
- 그랬을 때 어떤 느낌이 들 것 같은가?
- 1년, 3년 후 이루고 싶은 구체적인 비전이 있다면 무엇인가?
- 구체적으로 어떤 전문가, 리더가 되기를 바라는가?
- 그 비전은 나의 목적과 어떠한 관련이 있는가?

[2단계: '스윗 스팟'과 '성장 영역' 발견]
- 구성원 개인과 부서, 조직이 비전을 함께 달성하기 위해 어떠한 일을 해보고 싶은가?
- 이 일은 내년도 구성원의 핵심 업무와 어떤 관련이 있는가?
- 그 일을 하기 위해 내년에 성장시켜야 할 역량을 2가지 고른다면 무엇인가?
- 그 일이 회사 전체와 부서와 개인에게 각각 어떤 혜택을 가져올까?
- 이 일을 하는 데 있어 걱정되는 부분이 있다면 무엇인가?

[3단계: 역량 성장 계획 수립]
- 이 역량을 성장시키기 위해서 필요한 지원은 무엇이 있나?
- 이 역량에 대한 지식을 가장 효과적으로 얻을 수 있는 방법은 무엇인가?
- 주변에 도움받거나 멘토링을 받을 수 있는 사람이 있다면 누구인가?
- 이 역량을 키우는 데 있어 장애요인이 있다면 무엇인가?
- 역량을 성공적으로 키웠다는 것을 어떤 방법으로 확인할 수 있을까?
- 현업에 적응하는 데 시간은 얼마나 걸릴 것으로 예상되나?
- 현업에 적용할 때 가장 우려되는 상황은 무엇인가?
- 리더가 지원해 주기를 바라는 부분은 무엇인가?

03

'스피아 휴먼' 공감 피드백

피드백 없이 성장할 수 있는 사람은 아무도 없다

\- 피터 드러커 Peter Drucker

"팀원들이 아이디어를 많이 내는데, 지금의 방향과 맞지 않거나 우선순위가 달라 실행할 수 없는 것이 많습니다. 매번 싫은 소리를 하자니 팀원들의 사기가 떨어질 것 같고, 그렇다고 다 받아 주자니 산으로 갈 것 같습니다. 어떻게 해야 팀원들의 사기를 꺾지 않으면서 객관적인 피드백을 할 수 있을까요?"

여성 리더 워크숍에서 피드백이 어렵다는 이야기를 종종 듣는다. 피드백이 어려운 것은 여성만의 문제는 아니다. 누구나 남을 지적하는 피드백으로 다른 사람에게 감정의 상처를 주거나 충돌을 겪고 싶지 않다. 하지만 '여성은 친절해야 한다'는 고정관념은 여성들이 구성원들의 성장을 위해 피드백을 줘야 하는 상황에서 주저하게 만든다.

팀장 시절 나는 여러 사람들과 대화할 때는 '여왕벌형'이나 '과업형' 리더의 모습이었지만, 팀장 초기에 원온원으로 대화할 때는 '착한 여자형' 리더의 모습으로 변했다. 팀원들에게 싫은 소리를 하거나 어려운 일을 시키기 미안해 '내가 하고 말지 뭐.'라며 속으로 끙끙 앓으며 혼자 야근으로 하얗게 밤을 지새우던 적이 많았다.

하지만 그렇게 시간을 한참 보내고 나서 깨달았다. 첫째는 내가 싫은 소리 하지 않는다고 팀원들이 절대 고마워하지 않는다는 것, 둘째는 팀원들은 지적을 싫어하는 것 같지만 자기 일에 대한 구체적인 피드백으로 성장하는 데 도움이 되는 팀장을 따른다는 것, 셋째는 피드백을 하지 않고 그냥 넘어가거나, 팀장 혼자 끙끙거려 결과를 만들게 되면 팀원들의 일에 대한 애착과 주도성은 더 떨어지고 좋은 성과가 나기 힘들다는 것이다. 결국 '싫은 소리'를 '잘' 해서 구성원의 성장에 도움을 주는 것이 리더에게 기대되는 역할임을 뒤늦게 깨달았다.

피드백의 목적은 '성장'이다. 처음부터 감정을 해치거나 잔소리처럼 들리지 않는 좋은 피드백을 하기는 어렵다. 연습이 필요하기 때문이다. 받는 구성원 입장에서도 어색해 쭈뼛거릴 수 있다. 하지만 꾸준히 좋은 피드백을 연습하고 실행한다면, 6개월 뒤에는 구성원에게 실력의 변화가 생길 뿐 아니라 리더와 구성원 간 신뢰가 자라났음을 느끼게 될 것이다.

피드백이란?

피드백의 사전적 의미는 '출력된 결과를 다시 입력(원인)측에 되돌려 출력하는 과정'이다. 심리학적으로는 '진행된 행동이나 반응의 결과를 본인에게 알려주는 것'이다. 조직에서 일상적으로 일어나는 피드백도 마찬가지다. 본인의 성과와 태도에 대해 잘한 것과 부족한 것에 대한 정보를 제공하면서 앞으로 더 나은 성과로 연결해 갈 수 있도록 돕는 과정이다. 잘한 것에 대한 피드백은 **'긍정 피드백'**, 부족한 것에 대한 피드백은 **'교정 피드백'** 혹은 **'발전적 피드백'**이라고 한다. 하지만 '발전적 피드백'은 주는 사람과 받는 사람의 입장 차이가 크다.

아래의 조사 결과를 보면, 긍정 피드백에 대해서는 정확도와 제공자의 자질, 원인에 대한 입장 차가 거의 없다. 하지만 발전적 피드백에 대해서는 피드백을 받은 사람들의 평가가 크게 차이가 난다. 30% 이상의 사람들이 리더의 피드백이 정확하지 않고, 피드백을 준 리더의 자질이 의심되며, 원인은 자기 자신이 아닌 외부에 더 많이 있다고 답했다. 발전적 피드백의 목적이 구성원의 행동 변화를 통한 성장인데, 피드백 자체에 대한 수용도가 떨어지다 보니 목적과는 멀어질 수밖에 없다.

〈직장에서 피드백 제공자와 받은자 간 귀인 관점 차이〉[46]

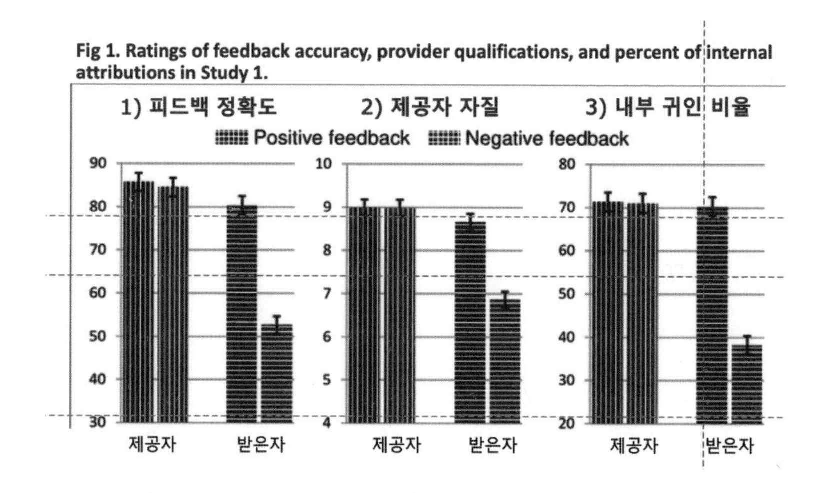

오은영 박사에게 배우는 '공감 피드백'

정신건강의학과의사이자 '금쪽이' 치료사로 유명한 오은영 박사가 채널A 〈요즘 육아 금쪽같은 내 새끼〉에 출연해 아이들을 타이를 때 주의하라고 당부하는 내용들을 보면, 직장 내 피드백에도 참고할 만한 내용이 많다.

- 감정은 배제하고 전달한다. 화를 내면 전달이 안되기 때문이다.
- 말을 길게 하지 않는다. 핵심만 말한다.

46 Jackie Gnepp·Joshua Klayman·Ian O. Williamson·Sema Barlas, 〈The future of feedback: Motivating performance improvement through future-focused feedback〉, 2022.06.19, PLOS ONE.

- 교정하고 싶은 '이유'를 설명한다.
- 성격과 가치관은 잘 변하지 않으므로 고칠 수 있는 부분에 집중해 말한다.
- 해결책을 말할 때도 아이의 감정에 공감해라. 단, 친구 같은 부모가 되려고 하면 권위가 사라지므로 권위를 유지해야 한다.

훈육 역시 아이들의 성장을 위한 피드백이기 때문에, 조직에서 리더가 구성원의 성장을 위해 전달하는 피드백과 본질적으로 유사하다. 다시 말해, 양육을 통해 진화해 온 여성들에게 구성원의 감정을 고려한 공감 피드백은 좀 더 친숙한 대화 방식이라고 볼 수 있다. 물론, 남성들도 노력을 통해 얼마든지 개발할 수 있다.

'스피아(SPIA)' 피드백으로 객관성을 높여라

'싫은 소리'가 아니라 구성원의 성장을 위한 '발전적 피드백'이 되기 위해서는 상대의 성격이나 태도를 언급하는 대신, 관찰을 통해 얻은 정보를 바탕으로 구체적인 상황과 행동을 언급해야 한다. 이를 위해서는 아래 네 가지 요소인 **스피아**SPIA의 흐름으로 피드백 대화의 구조를 끌어나가보자.

첫째, Situation & Standard. 피드백하고자 하는 일과 행동의 **상황**

과 기준을 먼저 말한다. 리더는 회사 전체적 상황에 대한 정보를 구성원보다 훨씬 많이 가지고 있지만, 실제 현업에서 일어나는 상황에 대해서는 구성원이 가진 정보가 더 많다. 때문에, 피드백을 전달하기 전 자신이 알고 있는 상황을 공유하는 동시에 구성원에게서 관련 상황을 탐색하는 질문을 통해 피드백하려는 일의 배경과 정보를 충분히 파악해야 한다. 또한 피드백의 '기준'이 분명해야 한다. 리더는 당연히 알고 있을 거라고 생각하고 "우리 이렇게 하기로 하지 않았나?"라고 말하면, 구성원 입장에서는 모호하고 합의되지 않은 기준이라 생각될 수밖에 없다. 내가 이 일을 어떤 기준을 가지고 왜 해야 하는지에 대해 설명하지 않으면 구성원은 일을 주도적으로 하기 어려워지며, 일에 대한 동기는 자연스레 낮아지게 된다. 반면, 리더가 구성원의 실수를 개인의 탓으로 돌리지 않고, 피드백에 앞서 상황을 객관적으로 이해하고 평가의 기준을 다시 명확히 하려 할 때 리더의 피드백이 일의 성과뿐 아니라 자신의 성장을 위한 것임을 이해하게 된다.

둘째, Performance. 피드백하고자 하는 **성과, 행동, 태도**에 대해 구체적으로 말한다. 이때, 중요한 것은 발전적 피드백이라 할지라도 긍정적 성과에 대해서 먼저 간단히 언급하고, 보완해야 할 점을 다루는 것이다. 여러 가지 장점에도 불구하고 오타나 문체 등의 사소한 단점을 언급하거나, 단점만 길게 열거할 경우, 구성원은 피드백이 아니라 '비난'이라고 여길 가능성이 크다. 또한 '결과'보다 '과정에서의 노력'

과 '의도'를 인정해 주고, 이에 대한 근거로 평소 관찰한 행동에 대한 내용을 메모해서 나누거나 다양한 소스의 자료를 활용하여 설명할 때 객관성은 올라간다.

셋째, Impact. 구성원의 행동이 업무 성과 또는 조직과 관계에 미친 **영향**을 말한다. 이때 리더 본인이 느끼는 감정에 대해 언급하는 것도 구성원과 공감대를 확보하면서 구성원의 행동 변화를 촉진하는 데 효과적인 방법이다. 단, 감정을 표현할 때는 주어를 상대가 아니라 '나'로 하고 '상대의 구체적인 행동으로 인해 갖게 된 나의 감정'을 설명하는 '나 표현법(I-Message)'를 사용해야 비난으로 들리지 않으면서 공감대를 넓힐 수 있다. '김대리 보면 참 걱정스러워요'라는 표현은 상대에 대한 비난으로밖에 들리지 않지만, '김대리 보고서에 들어간 숫자가 반복해서 틀리다 보니 내가 걱정스러워요.'라는 말은 공격성이 느껴지지 않는다. 그리고 상사의 감정을 전해들은 구성원은 상사의 감정을 헤아리고, 자신의 행동에 대한 개선점을 생각하게 하는 효과가 있다. 다만, '나 표현법'을 쓸 때도 '짜증난다. 화가 난다. 망쳤다.'와 같은 부정적 표현은 삼가는 것이 좋다. 이보다는 '아쉽다. 안타깝다. 걱정스럽다. 우려된다.'와 같이 중도적 표현을 쓸 때 상대의 수용성이 올라간다는 점을 기억하자.

넷째, Alternative. 대안과 이로 인한 기대효과를 말한다. 과거의 실수와 문제점에만 집중하는 대화는 구성원의 행동 변화에 도움이 되지 않는다. 앞의 연구(230쪽)에서 살펴봤듯 문제의 원인에 대해 구성원이 동의하지 않을 확률이 30%나 있기 때문이다. 따라서 발전적 피드백의 마지막은 앞으로의 '대안'에 집중해야 한다. 대안을 탐색할 때는 구성원과 리더가 함께 브레인스토밍을하며 아이디어를 찾아가는 방식이 바람직하다. 답이 비교적 간단한 문제에 대해서도 "이렇게 하세요"가 아니라 "이런 사례가 있었어요"라며 구체적인 예시를 주거나, "내 생각은 이런데, 김대리 생각은 어떤가요?"라며 구성원이 생각할 여지를 주면서 합의하는 과정을 거치는 것이 좋다. 또한 "이 프로젝트에서 가장 중요한 게 뭘까요?", "어떤 도움이 있으면 해결 가능할 것 같아요?", "장애요인은 무엇인가요?" 등의 질문을 통해 구성원이 생각을 끌어낼 수 있도록 도와준다면 구성원은 미처 생각하지 못했던 답을 발견하게 된다. 구성원이 스스로 발견한 답이기에 실행에 대한 의지가 높을 뿐 아니라 그 과정을 도와준 리더에 대한 신뢰는 올라가게 된다.

긍정 피드백은 스파이(SPI)로 자주하기

발전적 피드백뿐 아니라 긍정 피드백도 위의 스피아 흐름에 맞춰 전달하면, 일반적인 칭찬과 달리 구성원이 어떤 장점을 더 키워가야 할지 잘 알 수 있어 강점을 강화하는 데 효과적이다. 이때에는 마지막

대안(Alternative)은 생략하고, **SPI(Situation, Performance, Impact)**의 단계에 맞춰 전달하면 된다.

MZ세대에게 자기 효능감과 자존감을 높여주는 긍정 피드백은 동기부여에 중요한 요소가 된다. "지난주 발표할 때 자료 흐름이 아주 좋아서 듣는 분들이 이해가 잘됐어요!", "이번 워크숍 장소가 접근성이 좋았다고 참석자들이 좋아하네요. 열심히 알아보느라고 고생 많았습니다!" 등 작은 것이라도 너무 무겁지 않게 자주 피드백을 해주고, 가능하면 바로 하는 것이 좋다. 신속하게 하기 위해 메시지나 디지털 툴을 활용해도 좋다. 메일을 활용해 다수의 팀원이나 유관부서와 함께 긍정적 결과를 공유하면 구성원의 자존감과 성취감은 더욱 올라간다. 이때 결과뿐 아니라 이전보다 나아진 점과 발휘된 장점 등을 구체적으로 언급해 주면서, 노력 자체와 의도에 집중해서 말할 때 구성원은 더 공정한 피드백이라 느끼며 앞으로 더 노력하려는 동기를 갖게 된다.

스피아 피드백 흐름

① 긍정 피드백 사례

* Situation & Standard(상황과 기준): 어제 팀회의에서 발표 내용 좋았어요. 이번 프로젝트 목표가 고객의 VOC를 반영한 프로그램 개편이었는데,

* Performance(성과, 행동, 태도): 00님 자료에 우리의 고객 인터뷰뿐 아니라, 소셜 미디어에 있는 잠재 고객의 목소리까지 다양하게 반영돼 있어서,

* Impact(영향): 우리 프로그램이 무엇을 보완해야 할지 모두 쉽게 이해할 수 있었어요.

② 발전 피드백 사례

* Situation & Standard(상황과 기준): 올해 사업목표인 시장점유율 5% 향상을 달성하기 위해, 김대리가 담당하는 제품의 매출 목표를 7% 잡았지요.

* Performance(성과, 행동, 태도): 김대리가 새로운 판매 채널도 발굴하고, 다양한 시도를 진행했는데, 현재까지는 달성율이 20% 이상 부족한 상황이에요.

* Impact(영향): 이대로 가다가는 우리 부서의 목표를 맞추지 못할까 우려가 됩니다.

* Alternative(대안): 새로 발굴한 판매 채널이 아직 자리 잡을 때까지는 실적을 기대하기 힘들 거라 생각해요. 연 마감 전까지는 기존 채널에 좀 더 집중해서 매출에 포커스 하는 것이 현실적인 방법이 아닐까 하는데, 김대리 생각은 어떤가요?

피드백 수용성을 높이는 휴먼(HUMAN) 터치

스피아 피드백을 줄 때, 객관성 외에 고려해야 할 사항이 있다. 피드백을 주는 사람도 받는 사람도 인간이라는 사실이다. 아무리 객관적인 기준과 상황을 언급한다고 하더라도 받는 사람은 자신의 부족한 점에 대한 지적을 받아들이기 힘들어하고, 피드백을 주는 상대의 자격을 의심할 수 있다.

피드백의 수용성을 높이기 위해 노력하는 것은 아이를 타이를 때와 공통점이 많다. 아이의 잘못한 부분을 아무리 구체적이고 객관적인 기준으로 얘기해도, 아이들의 기분을 고려하지 않으면 울음을 터트리거나 방으로 들어가 문을 쾅하고 닫아 버린다. 결국 피드백의 목적인 행동의 교정과 성장은 일어나지 않는다. 상대의 정서를 고려해 피드백의 수용성을 높이는 요소들을 **HUMAN**의 이니셜로 정리해 봤다.

〈피드백 공감을 높이는 HUMAN 요소〉

감정 연결하기 (Heart)	자신의 감정 인식하기, 라포 형성하는 스몰토크 건네기 예) "피드백 시간은 언제가 괜찮아요?" "오늘 컨디션은 어때요?"
선입견 내려놓기 (Unbiased)	관찰된 정보에 기반해 표현하고, '항상, 또' 등의 부사 주의하기 예) 'MZ 세대라 6시 땡하면 가야죠?' 등 주의
소통 채널 선택하기 (Multi-Channel)	상대의 확인이 필요한 발전적 피드백은 유선이나 대면으로 진행, 긍정 피드백이나 간단한 교정 피드백은 문자 메세지나 디지털 툴로 빠르게 회신

진정성 보이기 (Authenticity)	자신의 목적과 가치관, 감정에 기반해 솔직하게 말하기 예) "이 문제는 나도 사실 답이 없어요. 하지만 우리 같이 힘을 답을 찾아나가요."
네트워크 연결하기 (Networking)	필요한 자원, 사람을 연결해주기 예) "옆 부서 O과장이 비슷한 경험이 있으니 함께 이야기할 수 있는 자리를 마련해 줄게요."

① Heart(감정 연결하기)

피드백을 전달하면서 감정 조절이 되지 않으면 원하는 내용을 전달하지 못할 뿐 아니라 신뢰까지 잃는다. 피드백 대화를 하기 전에는 구성원이 어떠한 대답을 해도 수용할 수 있을 만큼 마음이 안정된 상태인지 나의 마음을 먼저 살펴야 한다. 만약 이전 미팅에서 쌓인 스트레스가 아직 마음을 채우고 있는 상황이라면 구성원과의 피드백 대화를 미루는 것이 낫다.

나의 정서 상태를 점검했다면, 상대의 감정도 배려해야 한다. 우리가 운전을 할 때 옆 차선의 차량이 깜빡이를 켜지 않고 들어오면 화가 나는 것처럼, 사전의 양해를 구하지 않고 진행되는 피드백은 구성원이 방어 태세를 갖추게 한다. 우연히 마주친 자리에서 일방적으로 피드백을 한다거나, 상대가 아주 바쁜 시간에 피드백을 전달하는 것은 아무리 객관적인 내용이라도 거부감이 들 수 밖에 없다. "이번 프로젝트에 대해 10분 정도 피드백을 하고 싶은데 시간 괜찮아요?" 라고 묻거나, 혹은 "피드백 시간을 30분 정도 가졌으면 하는데, 언제가 좋을까요?"라고 질문해 구성원이 시간을 제안할 수 있도록 하는 방식도 좋다. 그리고 피드백 대화를 시작하기 전에는 간단한 스몰토크로 심리적 안전감인 라포를 만들게 되면 구성원이 열린 마음으로 대화에 참여하는 데 도움이 된다.

② Unbiased(선입견 내려놓기)

여성에 대한 고정관념이 여성 리더가 조직에서 자신의 역량을 충분히 발휘하지 못하게 방해하는 것처럼, 우리가 구성원에게 가진 고정관념은 구성원의 장점과 발언을 정확히 이해하지 못하게 할 수 있다. 장 프랑소아 만초니(Jean-Francois Manzoni)는 《확신의 덫》이라는 책에서 '리더들은 자신을 과신하고, 모든 답은 자신 안에 있다는 착각에 빠져든다. 또 팀원들에게 꼬리표를 달면서 선입견을 갖게 된다'고 강조하고 있다.

MZ세대와의 갈등이 대표적인 케이스다. 베이비부머 세대나 X세대가 모두 천차만별이듯 MZ세대의 성향도 각기 다르다. 누구는 야근을 싫어하지만, 누구는 밤을 새서라도 자신이 맡은 일을 최고의 수준으로 만들고 싶다. 누구는 상사와의 사적 대화를 싫어하지만 누구는 아버지뻘 되는 상사와도 죽을 잘 맞춘다.

"박대리는 90년대생이라 6시 되면 집에 가야지?", "재택할 때 일은 안하고 애만 보는 건 아니죠?" 등 본인은 무심코 던진 말에 숨어있는 고정관념은 구성원에게 큰 상처가 될 수 있다. 또한 무심코 던지는 '항상', '또', '매번' 등의 부사 역시 상대에 대한 고정관념을 드러내게 된다.

어떤 리더는 본인이 던진 말에 숨겨진 선입견이 문제가 되자 "아 그 말 농담이었어요!" 라고 둘러대는 경우가 있는데, 말을 나중에 주워 담는 것은 쉽지 않다. 리더는 무심코 던졌더라도 직원들은 리더가 던진 말을 무심코 받아들이지 않기 때문이다. '누구는 이렇다'라는 선입견에 구성원을 가두거나 지레짐작하지 말고 직접 질문하고 그들의 이야기에 귀 기울이고 공감하며, 관찰된 정보나 객관적 기준을 바탕으로 표현해야 한다.

③ Multi-channel(적합한 소통 채널 선택하기)

코로나 이후 비대면 업무가 활발해지면서 대면으로 일할 기회가 줄어든 회사가 많다. 대면으로 같은 사무실에서 일해도 서로 직접 대화하기보다 이메일이나 SNS 등 온라인 플랫폼을 통해 소통하는 경우가 늘어났다. 온라인 소통이 가져다 주는 편리함도 많지만 한 가지 놓치면 안 되는 것이 있다. 앞의 '경청'에서 다룬 바와 같이 우리가 '말'로 소통하는 비중은 7%에 불과하고, 90% 이상의 정보를 상대의 어조와 바디랭귀지를 통해 주고받는다는 사실이다. 일상 업무에서도 메신저로 대화할 때 오해가 생기는 경우가 있는데, 발전적 피드백과 같이 상대의 의견을 확인할 필요가 있는 민감한 대화는 오해가 더 커질 수 있다. 이처럼 리모트 상황에서 피드백을 제공할 때는 전달하는 내용에 따라 소통할 매체를 적합하게 선택하는 지혜가 필요하다.

전달하려는 내용이 명확해 일방향으로 전달해도 오해의 여지가 없는 내용은 **일방향 피드백** 채널로, 구체적인 상호 확인이 필요한 내용은 **쌍방향 피드백** 채널로 소통하는 게 좋다.

일방향 피드백 채널도 전달하는 정보의 양에 따라 두 가지로 나눌 수 있다. 단순 교정이나 컨펌과 같은 피드백은 빠르게 소통할 수 있는 사내 메신저나 SMS 등이 효율적이다. 하지만 구체적 정보가 필요하거나 소통의 로그를 남겨야 하거나, 다수의 사람과 공유해야 할 때는 이메일로 전달하는 것이 효과적이다.

쌍방향 피드백 역시, 전달해야 하는 내용에 따라 선택할 수 있는 채널이 달라진다. 복잡하지 않지만 중요성을 강조해야 하거나, 부정적인 내용일 때는 짧게라도 유선으로 통화하는 것이 좋다. 하지만 전달해야 하는 정보가 많고 내용이 복잡해 상호 논의가 필요한 경우에는 상호 논의가 가능한 화상통화 시스템을 사용해 서로의 얼굴을 보며 이야기를 나누는 것이 좋다. 코로나 이후 다양한 기능과 특징을 가진 화상 회의 플랫폼이 업무에서 활발하게 사용되고 있다. 줌(Zoom), 웹엑스(Webex), 팀즈(MS Teams), 구글미트(Google Meet), 마림바(Marimba)

등 조직의 규정에 부합하면서 사용이 편한 형태의 플랫폼을 선택하면 된다.

디지털 채널로 소통하는 것의 장점은 편리함과 신속함이다. 다시 말해, 디지털로 커뮤니케이션할 때는 그만큼 리더의 빠른 피드백을 기대한다. 빠르게 피드백하기 어려울 때는 언제까지 답을 남겨 주겠다고 소통하거나 피드백 회신에 대한 규칙(예: 24시간 이내 등)을 합의하는 것이 좋다.

④ Authenticity(진정성 보이기)

직원들은 리더에게 더 많은 경험과 전략을 기대하지만 그렇다고 완벽하기를 바라지는 않는다. 리더 역시 권한이 제한적이며, 틀릴 수 있다는 것을, 실수도 한다는 것을 구성원들은 이해한다. 동시에 리더가 틀렸지만 인정하지 않고 남을 탓할 때도 구성원들은 귀신같이 안다. 약해 보이지 않으려고, 자신의 실수를 인정하지 않고 상황 탓을 길게 늘어 놓거나, 책임을 전가할 때 리더에 대한 신뢰는 마이너스 잔고가 된다.

나도 구성원이 올린 기획서에 대해서 상대의 기분을 해치고 싶지 않아 그 앞에서는 '잘했다'고 말하는 경우도 많았다. 하지만 구성원은 리더가 그 자리에서 한 '말'과 '행동'으로만 리더의 진정성을 판단하지 않는다. 평소의 행동과 결과를 종합적으로 바라보며 리더에 대한 신뢰를 쌓아간다. 잔고가 부족한 신용카드를 돌려 막는 것처럼, 이리저리 상황을 조합해 그럴듯한 말로 전달하는 피드백에 구성원들은 움직이지 않는다.

구성원들이 원하는 것은 조직의 문제 해결에 리더가 얼마나 진정성을 가지고 있는지이다. 자신의 평소 신념에 맞게 대응하는 리더의 모습에서 신뢰를 느낀다. 당장의 곤란함을 피하기 위한 응급처치가 아니라 완벽하진 않아도, 모르는 건 모른다고, 자신이 틀린 건 틀렸다고 솔직히 말할 때 리더에 대한 신뢰는 마이너스에서 플러스로 돌아설 수 있다.

⑤ Networking(네트워크 연결하기)

모호함과 복잡함이 높아지는 뷰카 시대, 리더가 구성원이 필요한 모든 정보를 제공해 주는 것은 불가능에 가깝다. 또한 모든 것에 리더가 도움을 줘야 한다는 생각은 리더를 지치게 한다. 하지만 리더는 관계를 활용하는 '사회적 자본'에서 구성원보다 더 우위에 있다. 지금까지의 경험과 리더 그룹 내에서 활용할 수 있는 네트워크를 통해 구성원이 필요로 하는 정보와 경험을 가지고 있는 사람을 연결해 주는 것은 매우 실질적인 피드백이 될 수 있다. 요즘과 같이 변동성이 큰 사회에서 현재 그 업무나 업계에 종사하고 있는 사람만큼 살아있는 피드백을 줄 수 있는 대상은 없기 때문이다. 관련 부서의 부서장에게 연락해 미팅 자리를 주선해 주거나, 파트너십을 통해 알게 된 타사의 전문가를 연결해 주는 것은 리더가 약간의 노력을 통해 할 수 있는 일이다. 연결이 중요한 시대에 타인의 연결을 확장해 주는 것은 구성원의 성장에 큰 가치를 줄 수 있다.

'싫은 소리'가 힘들어 구성원 일까지 끌어안는 '착한여자형'의 리더도, 단점만 파헤치는 '완벽주의형'과 '여왕벌형' 리더도, 알아서 잘 해 주기만을 바라는 '유리인형형' 리더도, **스피아 휴먼**SPIA HUMAN **피드백**을 꾸준히 연습한다면 어느새 균형 잡힌 피드백으로 성장한 구성원을 발견할 수 있을 것이다.

일반 피드백과 '스피아 휴먼' 피드백 사례

<사례 1 - 일반 피드백>

송팀장: 지난 회의는 내년도 플랜을 보고하는 자리였는데, 박과장은 또 내년도 플랜을 제출하지 않았어요. 이번이 몇 번째예요? (Situation & Standard, 상황과 기준 - '또', '항상', '이번에도' 등 빈도를 나타내는 부사는 상대에 대한 선입견이 드러나는 표현으로 상대의 감정을 해침)

박과장: 죄송합니다.

송팀장: 바쁘다고 해도, 지난 미팅까지 준비하라고 했는데, 박과장 혼자 준비를 안했어요. (Performance, 성과, 행동, 태도 - 부정적인 정보만 일방적으로 다루고 상황에 대한 탐색 질문이 없어 객관성을 유지하기 어려움)

박과장: 좀 사정이 있었습니다.

송팀장: 박과장 혼자 바쁜 거 아니잖아요. 박과장 때문에 팀 분위기가 흐트러질까봐 걱정이에요. (Impact, 영향 - 나의 감정을 표현할 때는 상대의 어떤 행동으로 인한 것인지 관찰된 정보를 구체적으로 전달해야 하나 자신의 힘든 감정만 토로해 상대에게는 비난으로 느껴짐)

박과장: 팀장님은 제 사정은 듣지도 않고, 팀 분위기만 걱정하십니까.

송팀장: 알겠고요. 다음 주까지 플랜 준비하세요. (Alternative, 대안 - 일방적인 대안을 제시하여 구성원에 대한 존중감을 느끼기 어렵고, 자발성도 일어나지 못함)

<사례 2 - 스피아 휴먼 피드백 사례>

송팀장: 요즘 어때요? 코로나 때문에 힘들죠? (Heart, 감정 연결)

박과장: 쉽지는 않지만 그럭저럭 버티고 있습니다.

송팀장: 우리 지난 회의 때 내년도 전략을 짜기 위한 목적으로 모였잖아요. 참석자 전원이 내년도 플랜에 대해 준비를 해오기로 했었죠. (Situation & Standard, 상황과 기준) 지난 회의에서 박과장만 내년도 플랜을 제출하지 않았는데, 혹시 무슨 일 있나요? (Performance, 성과, 행동, 태도/Unbiased, 상황에 대한 탐색 질문)

박과장: 사실 말씀드리려 했는데, 요즘 시장 상황이 좋지 않아서 제가 안을 내도 목표를 이루지 못할까봐 우려돼 작성하지 못했습니다.

송팀장: 그러셨군요. 저도 상황이 쉽지 않다는 건 알아요. (Authenticity, 진정성) 가장 걱정되는 부분이 어떤 건가요? 생각이 모이면 답이 보이지 않겠어요? 박과장이

이 분야에서 오랜 경험을 가지고 있으니 지금은 생각이 나지 않더라도 같이 모여 얘기하면 해결책이 보일 거예요. 제가 예전에 비슷한 경험을 했던 구매 부서의 김부장님을 연결해 드릴 수 있어요. 공통점이 많으니, 분명 도움이 되실 거예요. (Networking, 사람과 자원 연결)

박과장: 김부장 님이 비슷한 경험이 있으셨는지는 몰랐네요. 얘기 나눠보면 뭔가 실마리가 잡힐 것 같아요.

송팀장: 박과장의 에너지가 우리 팀에 얼마나 영향이 큰지 잘 아시죠? (Impact, 영향) 얘기 나눠보시면서 내년도 방향을 모색해 보세요. 제가 지난번 공유드린 데이터 중, 올해에도 지속적으로 좋은 성과를 내는 파트를 눈여겨 보시면 좋겠어요. (Alternative, 대안)

박과장: 네, 자료를 다시 한 번 살펴 보고, 다음주까지 공유드릴께요.

송팀장: 또 제가 도울 일이 있으면 언제든 알려주세요.

〈공감 피드백 모델: 스피아 휴먼〉

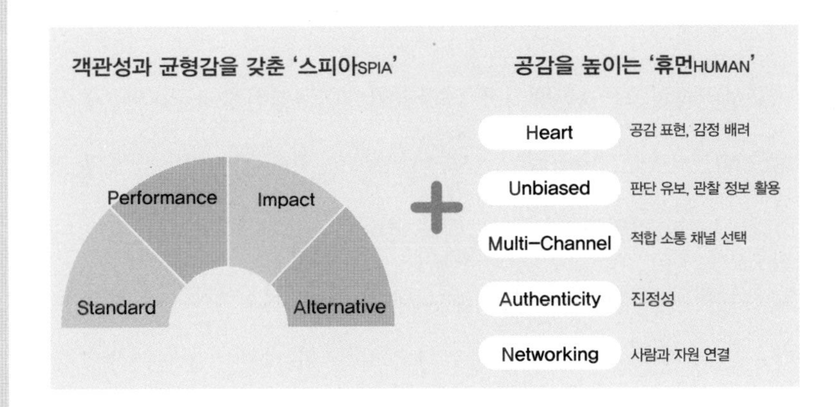

04

나의 성장을 위한 피드백 구하기

아직 개발되지 않은, 세상에서 가장 큰 저장소는 여자이다.

- 힐러리 클린턴 Hillary Clinton

구성원과의 피드백 대화를 마무리할 때 구성원에게 리더 본인에 대한 피드백을 요청해 보자. 누구나 성장을 위해서는 피드백이 필요하다. 하지만 리더가 되면 피드백을 받을 수 있는 기회가 제한되어 나를 객관화할 수 있는 기회가 줄어든다. 여기에 '여성에게 친절해야 한다'는 고정관념은 다른 남성 동료나 상사, 부하 직원이 솔직한 피드백을 하기 더욱 어렵게 만든다. 당장은 듣기 싫은 소리를 피해 갈 수 있겠지만 장기적으로는 나의 부족한 점을 보완할 기회를 갖지 못한다는 단점이 될 수 있다.

피드백을 구할 때는 너무 진지하거나 부담스럽지 않게 요청하는 것이 좋다. 피드백을 받는 사람만큼이나 하는 사람도 발전적 피드백을 전달하는 것은 정서적으로 부담스러운 일이다. 특히나 상사에게 하는 피드백은 더욱 그렇다.

아래와 같이 상대의 부담을 덜어줄 수 있는 표현이나 단서를 제공하면 상대도 좀 더 편안하게 대답할 수 있다.

"내 장점과 보완했으면 하는 점 1가지씩만 말해줄 수 있나요?"

"내가 지금보다 1% 더 나은 리더가 되려면 뭘 하면 좋을 것 같아요?"

"내가 ○○○한 리더가 되고 싶은데, 뭘 더 보완하면 좋을까요?' 세 가지를 꼽는다면 뭘까요?"

"지난번 리더십 평가에서 ○○○ 부분이 부족하다고 나왔는데, 어떤 것을 보완하면 좋을지 얘기해 줄 수 있어요?"

3장에서 살펴본 대로, 내가 생각하는 나의 자아상과 추구하는 정체성을 이해하는 것은 나다운 리더십을 발현하는 데 매우 중요하다. 하지만 때로는 남이 아는 내 모습이 나의 객관적 모습과 더 가까울 때도 있다. 리더십 갑옷을 내려놓고 구성원으로부터 직접 받는 피드백은 리더 자신이 리더로서의 역할을 잘 수행해 내는지 알 수 있고, 자신의 영향력을 올바른 방향으로 만들어가기 위한 가장 정확한 방법이다. 또한 구성원들에게 '더 좋은 리더가 되고 싶다'는 의지를 전달하고 구성원을 신뢰한다는 메시지를 전함으로써, 구성원에게 동기부여를 하는 효과적인 수단이기도 하다.

피드백이 항상 마음에 들 수는 없다. 그러나 구성원이 나에게 피드백을 제공하는 그 순간에는 아래의 내용을 따라가 보자.

첫째는 **적극적 경청**이다. 앞 장에서 얘기한 대로, 귀로만 듣는 것이 아니라 온몸으로 비언어적 반응을 하며 들어야 한다. 상대가 말을 끝내기도 전에 뭐라고 대답할지 속으로 연습하거나 자신을 방어하기 위해 초조한 상태에서는 제대로 듣지 못할 뿐 아니라 상대도 그것을 눈치챈다. 설사 상대의 말이 마음에 안 들거나 상처가 되더라도, 상사나 직원이 나의 의도를 잘못 해석했거나 주제를 잘못 파악했더라도 우선은 말을 끝까지 집중해 들어야 한다.

두 번째는 **감사하기**이다. 반박이나 긍정을 표현하기 이전에 이 말을 해야 한다. '감사합니다'. 감사의 표현은 곤란한 대화를 끝낼 수도 있고, 애써 피드백을 전해준 상대에게 존중의 표현을 함으로써 '괜히 말했나?'라는 상대의 의심을 누그러트릴 수도 있다. 가장 중요하게는 피드백을 받는 나의 겸손함을 은연중에 전달할 수 있다. 그 자리에서 말을 많이 하거나 감정을 내비치는 것은 피드백을 수용하지 못하는 태도로 비치게 되어, 구성원이 솔직한 피드백을 전달하지 못하게 된다.

세 번째는 **피드백의 내용과 기준을 확인하기**이다. 피드백에 대해 경청하고 감사를 표했다면 상대의 의도를 제대로 이해했는지를 확인하는 것이 좋다. 피드백을 주는 사람과 받는 사람이 생각하는 성과의 기준이 다르거나, 동일한 언어에 대한 의미를 다르게 사용하는 경우도 적지 않다. 그렇기 때문에 상대의 피드백에 대한 나의 생각을 전하기 전에 피드백을 주는 사람의 기준과 의미를 제대로 이해했는지 확인하자. 이때는 상대의 피드백으로부터 스스로를 방어하려는 모습처럼 보이지 않도록 주의해야 한다.

네 번째는 피드백에 대한 **후속조치**이다. 만약 그 자리에서 결정할 수 있는 일이라면 바로 자신의 계획을 말하면 된다. 하지만 고려해야 할 사항이 있거나 함께 결정해야 하는 다른 이해관계자가 있다면 감사를 표한 후, 그 피드백을 어떻게 반영할지 스스로 판단하는 시간을 가져야 한다. 그리고 피드백이 나의 성장에 도움이 되는 가치 있는 피드백이라고 여기면 구성원에게 어떻게 반영하려고 노력했는지를 알려주는 것이 좋다. 예를 들어, 구성원이 다른 부서와의 미팅에서 좀 더 자신 있게 부서의 입장을 전달했으면 좋겠다고 말했다면, 이것을 반영하고 이후 그 구성원에게 반영된 행동이 어땠는지 물어보는 것이다. 회의 시간이 너무 길어서 집중이 안된다는 의견이 있다면, 다른 팀원들과 팀 회의 시간에 대한 규칙을 만들고, 이후 그 구성원에게 만족도를 확인하면 된다.

이렇듯, 리더가 구성원에게 구하는 피드백은 업무를 효율화시키고, 더 좋은 리더로 나아갈 수 있는 정보를 제공할 뿐 아니라 '함께 소통'

한다는 관점에서 구성원으로부터 큰 신뢰를 얻을 수 있다. 또한 이러한 긍정 경험들이 쌓여 가면, 리더가 굳이 피드백을 구하지 않아도 구성원이 필요하다 느낄 때 리더와 팀의 성장을 위해 스스럼없이 피드백 할 수 있는 수평적 문화가 정착되게 된다.

호감도에 연연하지 말아라

앞에서도 여러 차례 얘기했지만, 여성 리더에 대한 피드백 중에는 여성에 대한 고정관념이 전제돼 있는 경우가 많다. 하지만 리더가 된 이상, 먼저 앞에 나서지 않으면 팀의 역할을 제대로 수행할 수 없다. 즉 여성에 대한 고정관념이 반영된 피드백까지 모두 수용할 필요는 없다.

인간 관계에도 7:2:1의 법칙이 있다. 10명 중 2명은 진짜 나를 좋아하고, 1명은 내가 무슨 일을 해도 나와 관계가 좋지 않으며, 나머지 7명은 나에게 관심이 없다는 의미이다. 신기하게도 이 말은 남들이 나를 싫어할까봐 걱정하던 나의 고민을 내려놓게 해줬다. 나의 일의 목적과 가치관에 부합되는 행동임에도 다른 사람들의 시선 때문에 자꾸만 행동을 수정하게 되면 자신감만 잃게 된다. 그리고 다른 사람에 대해 성과가 아니라 태도를 말하기 좋아하는 사람들은 내가 어떤 태도를 취한다 해도 좋아하지 않을 가능성이 높다. 열린 마음으로 피드백을 대하는 것도 중요하지만, 그 피드백이 사실에 기반한 것인지 아니면 단순한 개인의 의견인지를 판단해 보자. 만약 사실 관계가 명확하지 않고 나의 가치관과 상충된다면 괜한 곳에 에너지를 낭비할 필요가 없다.

피드백 지원군을 만들어라

여성에 대한 고정관념으로 인한 나의 습관을 고치는 가장 좋은 방법은 비슷한 고민을 하는 여성 리더들과 상호 피드백을 주고받는 것이다. 비슷한 상황을 경험하기에 누구보다 잘 이해할 수 있어 나의 약점을 쉽게 드러낼 수 있을 뿐 아니라 서로의 노하우도 함께 공유할 수 있다.

나에게는 회사 안팎에 몇 명의 피드백 지원군이 있었다. 그중 한 명은 내가 C사에서 근무할 때, 함께 일했던 동료 여성 리더 S이사였다. 서로에 대한 신뢰가 있었고, 사고방식이 긍정적인 분이었다. 또한 함께 참가하는 회의가 많아 나의 행동을 관찰하고 피드백을 해줄 수 있었다. 당시 내가 교정하고 싶었던 습관은 회의 중 갈등 상황이 벌어졌을 때 가끔씩 감정적으로 대응하는 모습이었는데, 특히 특정 동료의 말에 나는 감정적으로 대응하는 패턴을 보였다. 하지만 회의가 끝나고 나서야 후회를 할 뿐, 당시에는 스스로 조절하기 힘들었다. 그래서 나는 S이사에게 내가 회의 때 욱하는 모습에 대해 모니터링해 달라고 부탁했다.

나는 S이사의 피드백을 통해 나를 무시하는 단어에 과민한 반응을 보이고 있다는 사실을 구체적으로 파악했다. 그래서 회의 전에 '난 충분히 훌륭하다'는 셀프 토크를 스스로에게 하고, 문제가 발생하던 그 사람이 말을 할 때는 관심을 다른 곳으로 돌리는 등의 구체적 계획을 세울 수 있었다. 믿을 만한 주변 동료에게 피드백을 받지 않았다면 미처 깨닫기 어려웠을 나의 패턴이었다.

여성 리더들의 성장 기회를 앗아가는 '여성들은 피드백에 약하다'는 고정관념을 개선하기 위해서는 여성들이 피드백을 먼저 구하는 적극적인 태도와 회사 내부와 외부에서 피드백 지원군을 찾는 용기가 필요하다. 또한 상대의 피드백에 마음을 열고 우선 경청하며 감사하는 용기도 필요하다. 나를 보호하기 위해 쓴 '리더십 갑옷'을 내려놓는 용기는 많은 연결을 만들어 준다. 그리고 그 연결은 나의 잠재력과 영향력을 확장시켜 준다. 피드백에 대해 막연한 두려움을 가지고 있었다면, 이제는 '피드백은 나와 구성원의 한계를 넘게 해주는 중요한 수단'이라고 그 의미를 리프레임해야 한다.

4장 요약

① 자신을 보호하기 위해 쓴 리더의 '리더십 갑옷'을 벗고, 자신의 실수를 인정하며, 적극적으로 경청하는 태도를 보일 때 구성원과의 깊은 연결이 가능하다. 또한 평소 스몰토크를 통해 라포를 형성하고, 비유와 유머를 적절히 사용하는 것도 구성원과의 거리를 좁히는 데 도움이 된다.

② 리더가 구성원 개인의 관심사와 목적을 업무의 20%에 연결시킬 때 구성원의 번아웃은 감소하고 능동성과 열정은 올라간다. 이를 위해서는 평소 주기적 원온원 대화를 실시하고, 업무에 대해 얘기할 때에도 목적을 먼저 설명하며, 구성원/부서/조직의 목적이 교집합을 이루는 '스윗 스팟'을 찾아갈 수 있도록 우선순위의 가이드를 제공해야 한다.

③ 스피아(Standard, Performance, Impact, Alternative) 피드백 프로세스는 피드백의 객관성과 기준의 공정성, 구체적 정보 제공을 통해 성장을 중시하는 MZ세대의 동기부여와 성장을 도울 수 있다.

④ 피드백을 제공할 때 휴먼(Heart, Unbiased, Multichannel, Authenticity, Network) 요소를 고려한다면 피드백의 수용성을 높이고 실질적 행동 변화를 촉진할 수 있다.

⑤ 자기 자신을 객관적으로 이해하고 보완점을 발견해 지속적으로 성장하기 위해서는 리더도 적극적으로 타인의 피드백을 구해야 한다.

구성원과의 면담 후에 피드백을 구하거나, 회사 안팎에 신뢰할 만한 피드백을 줄 수 있는 '피드백 지원군'을 만든다면 좋은 자극이 될 수 있다.

4장에선 구성원의 고유성과 잠재력에 초점을 맞춘 원온원 연결법을 살펴봤다. 5장에서는《커넥트 리더십》의 세 번째 영역인 그룹과의 연결법을 살펴보겠다.

Chapter 05

그룹과의 커넥트

세상에서 가장 오래된 생물체 중 하나는 유타주 피시레이크에 있는 국유림인 숲 판도(Pando)이다. 판도는 4만 7천 그루의 축구장 약 60개 면적(43ha)에 달하는 거대한 사시나무 숲인데 다른 나무들과 다르게 모든 나무가 하나의 뿌리로 구성돼 군락을 이루고 산다. 겉으로는 모두 각각의 나무이지만 중앙에 하나의 거대한 뿌리가 있고 여기에서 여러 개의 서로 다른 줄기가 땅 위로 나무를 키워내며 뻗어나간다. 판도가 8만 년이란 오랜 시간 동안 생존을 유지할 수 있었던 비결은 이들이 하나의 뿌리에서 연결돼 공통의 DNA를 갖고 있다는 점이다. 급격한 생태 변화로 하나의 줄기에 문제가 생겼을 때 다른 줄기에서 영양분을 공급받으며 번성해 왔다.

그룹의 연결과 성장도 이와 같다. 그룹의 DNA, 즉 팀의 목적·가치·비전이 무엇이고 어떠한 방식으로 협업할지에 대해 구성원들이 공통된 생각을 가지고 있다면 외부의 다양한 변화와 위협 속에서도 각자의 고유성을 유지한 채 서로 도우며 지속적으로 성장해 나갈 수 있다.

하지만 리더 혼자의 생각으로 만들어진 그룹의 DNA는 공정성과 자율성을 중시하는 MZ세대 구성원에게 영향력을 발휘하지 못한다. 리더가 구성원들이 공동의 DNA를 만드는 작업에 직접 참여하고 합의할 수 있는 '심리적 안전감'을 제공할 때, 서로 다른 가치관과 전문성을 가진 구성원들이 서로의 차이를 존중하며 협업하고 지속적으로 성장할 수 있다. 이제 구성원들과 공동의 DNA를 공유하고, 다양한 그룹과 연결되면서 성장해 나가기 위한 그룹과의 커넥트 연결법을 살펴보도록 하자.

그룹과의 커넥트를 떠올리며 아래 항목들에 체크해보자. 12점 이상이면 커넥트가 매우 좋음! 8점 이상이면 보통! 8점 미만이면 주의가 필요하다.

Check List 3 - 그룹과의 커넥트 점검하기			
1	팀의 목적·가치·비전/워크룰 수립 Teamship	우리 팀/부서에는 조직 전체의 목적·가치와 연결된 팀의 목적과 가치가 있다.	
2		우리 부서의 일하는 방식은 구성원들의 의견을 반영해 만들어졌다.	
3		팀과 조직의 목적을 고려할 때 나는 동기부여가 된다.	
4		구성원들은 팀/부서의 목적이 회사 전체의 목적과 어떻게 연결되는지 알고 있다.	
5		구성원들이 어떠한 의견을 내놓아도 비난받지 않는다는 믿음이 있다.	
6		부서의 중요한 의사결정은 전체 조직과 팀의 핵심 가치를 기준으로 이뤄진다.	
7	'레이다 사고'로 협업 촉진하기 Cooperation	어떤 아이디어를 실행하기 위해 누군가의 지지가 필요하다는 걸 인지한다.	
8		상대의 니즈, 요구사항, 기대가 무엇인지를 고려해 대화를 시작한다.	
9		협업하는 부서의 주요 업무와 최근 이슈에 대해 파악하고 있다.	
10		이해 관계가 대립되는 부서나 사람과도 공통의 목적을 찾으려 노력한다.	
11		함께 일하는 사람들에게 아이디어와 의견을 적극적으로 구한다.	
12		프로젝트나 이슈 상황들을 혼자 해결하기보다 관련자들과 팀으로 접근한다.	

13	네트워크 확대하기 Horizontal Networking	나는 사람들과 공통의 관심사나 업무외 대화를 통해 연결될 수 있는 방법을 찾는 편이다.	
14		나는 내가 어렵지 않게 도움을 요청할 수 있는 사람들이 있다.	
15		공통의 목적이나 관심사를 가진 사람에게 내가 먼저 연락을 취한다.	
16		함께 일하는 주요 부서의 파트너들과 좋은 관계를 유지하고 있다.	
17		사안에 따라 어느 부서의 누구를 설득해야 하는지 알고 있다.	
18		업무 지식이나 관심 영역의 개발을 위해 회사 외부의 커뮤니티나 학습 기회를 활용한다.	

01

팀의 목적 · 가치 · 비전 함께 세우기

영향력을 발휘할 수 있는 모든 힘의 핵심은 상대방이 참여하도록 하는데 있다.

- 미국의 심리학자 해리 A. 오버스트리트 Overstreet, H. a.[47]

구성원들에게 회사의 문화보다 더 중요한 것이 팀의 문화다. 팀은 가장 가깝게 일하는 공동체이기 때문이다. 팀의 문화는 팀이 추구하는 목적과 목표, 가치, 그리고 함께 일하는 방식에서 나온다. 개인을 넘어 누군가와 함께 같은 곳을 바라본다는 생각과 감정은 하루하루 새롭게 벌어지는 업무와 스트레스를 이겨낼 수 있는 회복탄력성을 갖게 한다. 또한 개개인의 목표와 KPI를 넘어서 공동의 목적과 목

47 H. A. Overstreet, 《Influencing human behavior》, 1925, W.W.NORTON & COMPANY. INC. p.23 "The very essence of all power to influence lies in the ability to get the other person to participate. The mind that cad do that has a powerful leverage on his human world." 저자 역.

표를 위해 서로의 전문성을 나누며 협업을 원활하게 한다. 우리는 개인적이지만 동시에 개인을 넘어선 공동체에 기여할 때 행복을 느끼는 사회적 존재이기 때문이다. 때문에 구성원들이 소속감과 팀쉽(Teamship), 의미를 느낄 수 있는 **팀의 문화**를 만드는 것은 목표를 달성하는 것만큼이나 리더의 중요한 역할이다.

내가 팀장으로 일할 때에는 리더가 회사 전체와 팀의 목적과 가치를 구체화하는 다리가 되어야 한다는 생각은 하지 못했다. '조직문화는 인사팀에서 관리하는 것이고, 나는 일만 잘하면 된다'는 생각으로 주어진 목표를 채우는 데에만 집중했다. 그러다 보니 직원들이 회사의 목표를 채우기 위한 자원으로만 보였다. 직원들 역시 내가 얘기한 최소한의 일을 최대한 빨리 끝내는 데 급급해 보였다. 부족한 부분은 팀장인 나 혼자 채워야 하기에 팀에서 제일 늦게 퇴근하는 일도 잦았다. 더 큰 문제는 직원들 간에 하나의 팀이라는 소속감이 부족하다는 것이다. 개인적인 코드가 맞는 직원들끼리는 함께 몰려 다녔지만, 팀 전체가 공유하는 공통된 문화는 느끼기 어려웠다. 당연히 하나의 팀으로 일하는 데 시너지가 약했다. 문제가 있다는 것은 알고 있었지만 괜히 잔소리를 하는 것 같아 팀원들에게 직접 말은 못하고 속으로만 끙끙거렸다. 어쩌다가 우리 팀에서는 소극적으로 일하던 팀원이 다른 부서와의 TFT에 참여해서는 적극적으로 돌변하는 모습을 보면 괜히 뒤통수가 따가웠다.

소위 팀워크가 좋고 성과도 잘 나는 팀에는 그 팀만의 독특한 끈끈함이 있었다. 굳이 팀장이 술을 잘 마시고 인간적으로 따뜻한 사람이라서만은 아니었다. 그 팀이 다른 팀과 어떻게 다르게 조직에 기여하는지, 직원들은 어떠해야 하는지를 팀장뿐 아니라 선후배 사이에서도 편하게 이야기 나눌 수 있었다. 그 팀의 목적을 나타내는 슬로건을 가지고 있는 경우도 있었다. 그리고 팀의 목적과 차이에서 만들어진 그들만의 연결은 직원들이 힘들 때 다시 털고 일어날 수 있는 원동력이 됐다.

모든 팀은 각기 다른 이유와 목적이 있다. 다양한 부서들이 조직의 성과에 함께 기여하기 위해 모여 있지만, 우리 팀이 조직의 목적에 기여하는 의미와 방식은 옆의 팀과 어떻게 다른지를 이해할 때, 팀쉽과 일에 대한 몰입도는 올라간다.

예를 들어, 영업팀은 조직의 최종 성과인 매출을 실제로 책임져야 한다. 아무리 회사의 브랜드가 유명하고 제품의 성능이 뛰어나다고 해도 영업 현장의 고객을 설득하고 매출을 일으키는 것은 여러 어려움을 동반한다. 이렇게 힘들 때 "영업은 조직의 골키퍼야, 우리 팀이 없으면 아무리 시스템이 좋고, 브랜드가 좋아도 점수를 못 내잖아. 골키퍼답게 힘내자"라는 팀장의 한 마디는 지쳐있는 영업팀 팀원들에게 일하는 의미와 가치를 떠올리며 다시 일상 업무로 돌아갈 힘을 갖게 한다.

마케팅팀은 제품과 서비스의 포지셔닝과 영업과 고객 커뮤니케이션에 필요한 다양한 브랜딩 활동을 한다. 하지만 종종 타부서 사람들에게 돈은 벌어오지 못하면서 비용만 쓰고, 개인적이고 자유로운 영혼들이 모인 것 같다는 이야기를 들을 때면, 구성원은 이 일을 계속해야 할지 고민에 빠진다. 이럴 때 팀장이 "우리는 남보다 한발 먼저 트렌드를 파악하고 리딩하는 부서니까 다른 부서 눈에는 이해가 안 갈 수도 있지만, 그게 우리다운 거야."라고 말하면 잠시 좋지 않은 기분에 휩싸였다가도 '이럴수록 더 자신의 일을 잘 해야겠다.'는 의지를 세우는 계기로 전환할 수도 있다.

팀이 함께 달성해야 하는 수치적 목표만 공유할 뿐 목적과 가치를 나누지 않는다면 팀원들이 발휘할 수 있는 열정은 제한적이다. 외부 상황의 변화로 비전이 달성 불가능해지는 상황에 놓이거나, 세워놓은 비전이 예상보다 쉽게 달성되고 나면, 현재의 상황을 정당화하는 방어적인 태도로 변질되기 쉽다. 이런 태도로는 창조성, 열정 등을 불러일으킬 수 없다. 하지만 구성원들이 공감과 참여, 합의를 통해 함께 만든 팀의 목적과 가치는 공통의 정체성을 만들어내며 '우리답게 잘 해내고 싶다'는 한층 높은 차원의 동기부여를 제공한다.

회의 말고 '퍼실리테이션 워크숍'을 준비하라

우리는 누구나 자신이 한 말에 책임을 지려 한다. 자신의 목적과 일의 의미를 중시하는 MZ세대들에게 팀의 목적과 가치를 결정하는 데 참여하는 과정은 특별한 소속감과 책임감을 심어줄 수 있다. 즉 팀의 목적·가치·비전은 **워크숍**을 통해 팀원 주도로 진행하는 것이 바람직하다.

워크숍과 회의의 차이는 누가 주도하느냐에 있다. 물론 워크숍도 회의의 범주에 포함되지만 많은 경우 회의는 리더의 지시와 결정이 중요한 비중을 차지한다. 긴 테이블에 앉아있는 정적인 모습이 연상된다. 하지만 워크숍은 수평적 분위기에서 구성원의 참여와 결정이 우선된다. 참여자들은 자유롭게 움직이며 자신의 이야기를 기록하고 기록들이 붙은 차트가 벽을 장식한다. 때문에 구성원들이 주도하는 의사결정을 위해서는 일반 회의가 아닌 워크숍이 적합하다.

남성의 비중이 높은 조직에서 일했던 나의 경우, 앞에 나와서 일방적으로 발표하는 것은 그나마 부담이 덜했지만, 사람들과 상호작용을 통해 합의를 이끄는 것은 몇 배나 어렵게 느껴졌다. 하지만 그룹의 상호작용을 촉진하는 퍼실리테이션(Facilitation) 스킬을 배우고 나서, 워크숍이나 회의를 진행하는 것에 대한 두려움이 많이 사라졌다. 필요한 기법을 배우고 반복적으로 연습하면서 몇 가지 도구를 편안하게 사용할 수 있게 되니, '여자라서 남성 중심 문화에서 앞에 나서는 것은 어렵다'는 것 역시 내가 충분히 뛰어넘을 수 있는 하나의 고정관념이었다는 것을 깨닫게 된 것이다.

퍼실리테이션 회의나 워크숍을 진행하는 '퍼실리테이터(Facilitator)'는 그룹과 조직을 더 효과적으로 협업할 수 있도록 시너지를 만들어 내는 사람을 뜻한다. 그들은 회의 중 '중립적' 입장을 유지하며 구성원들이 온전하게 참여하고 다양한 관점을 이해하며 함께 문제에 대한 해법을 찾고 책임을 공유하도록 돕는 활동을 한다.[48] 직원들의 참여를 기반으로 의사결정과 수평적 조직문화가 새로운 노멀로 정착되면서 **'퍼실리테이티브 리더(Facilitative Leader)'**에 대한 관심도 늘어난다. 퍼실리테이티브 리더란 '그룹과 조직의 역동에 대해 잘 알고 있는 사람으로서, 조직 구성원들이 말하는 가치를 실현하는 동시에 조직의 비전과 목표를 명확히 제시하고 조직적인 참여를 이끌어 내되 조직원들 스스로 가능성과 재능을 충분히 활용할 수 있도록 돕는 리더이다.'[49]

이들은 모든 의사결정에 퍼실리테이션을 사용하지는 않지만, 리더가 이끌어야 할 때와 직원들이 이끌어야 할 때의 차이를 잘 이해하고 필요할 때 퍼실리테이터션을 자주 활용한다. 평소에도 구성원들이 답을 찾도록 구성원들이 상호작용하는 모습을 관찰하고 경청하며, 능동적으로 해결책을 찾을 수 있도록 격려하는 모습을 보인다.

퍼실리테이션 기반 워크숍은 크게 **'공감-참여-합의'**의 세 단계로 나눠볼 수 있다. **'공감 단계'**는 워크숍의 주제와 목적, 목표, 결과물에 대

48 샘케이너 지음, 구기욱 역, 《민주적 결정방법론》 2017, 쿠퍼북스, 46~47쪽 'Part1 참여의 핵심원리' 참조

49 47) 위의 책, 14쪽

해 참가자들이 컨센서스를 이루는 단계로, 리더의 주도가 필요하다. **'참여 단계'**는 구성원들의 주도로 아이디어와 인사이트를 모으는 워크숍의 핵심 단계로, 구성원들이 자유롭게 이야기를 꺼낼 수 있도록 심리적으로 편안한 환경을 조성하는 것이 중요하다. 마지막 **'합의 단계'**는 '참여 단계'에서 얻은 결과에 대해 다시 한번 합의하고, 이후 어떻게 실천할지에 대한 계획을 논의하는 단계이다.

팀원 중 소통을 촉진하는 퍼실리테이션 스킬이 좋은 친구가 있다면 진행을 위임하는 것이 좋다. 하지만 팀에 적절한 사람이 없다면 리더인 팀장이 프로세스와 질문을 직접 준비해서 팀원들이 자유롭게 참여할 수 있도록 준비해 보자. 진행 방식에 따라 준비물은 달라지지만 참여자들이 의견을 자유롭게 적고, 연결할 수 있도록 포스트잇과 매직펜, 전지나 차트, 그리고 모아진 아이디어들을 한 눈에 볼 수 있도록 붙이기 위한 넓은 벽이 필요하다. 지금부터 각 단계에서 고려해야 할 사항들에 대해 하나씩 짚어보도록 하겠다.

Step1: 공감하기

① '그라운드 룰'로 '심리적 안전감' 만들기

팀원들은 서로 직위가 다르고, 같은 직위 내에서도 하는 일과 연차, 나이, 성별에 따라 미묘한 긴장 관계가 있을 수 있다. 일반적인 미팅에서는 같은 직원들 내에서도 선임들의 발언이 중요도가 높게 여겨지는데, 워크숍에서도 이러한 분위기가 유지된다면 다양한 아이디어를 수렴하고, 참석한 모든 직원들의 열정을 불러일으킬 수 없다. 모든 참석자들이 자유롭게 아이디어를 내기 위해서는 워크숍의 도입부가 중요하다.

일의 의미와 가치에 대한 자신들의 어떤 생각을 꺼내 놓아도 비난받거나 불이익을 당하지 않는다는 심리적 안전감을 느끼기 위해서는 **'그라운드 룰'**을 초기 오프닝에 공유해야 한다.

'그라운드 룰'의 사전적 의미는 경기장의 사정에 따라 정식 경기 규정을 적용할 수 없는 경우 임시적으로 정하는 경기 규정이다. 회의와 워크숍을 할 때에도 일상 업무와는 달리 부장님도 평사원도 모두 평등하게 의견을 주고 받을 수 있다고 안전지대를 마련해주는 '그라운드 룰'을 워크숍 초반에 선언하는 것이다.

'모든 의견은 직급과 상관없이 동등하다', '발언을 3분 이내로 한다', '호칭은 ~님으로 한다' '역지사지하기', '타인의 의견 비난하지 말기' 등이 조직 내 직급의 위계를 없애기 위한 방법으로 주로 사용된다. 리더가 부서의 문화를 고려해 '그라운드 룰'을 준비해도 좋고, 워크숍의 초반에 오늘 '자유로운 워크숍을 위해 필요한 규칙을 만들어보자'고 제안해서 구성원들이 그 자리에 정하게 할 수도 있다. 평소 회의가 진행되는 공간이 아닌 사무실 외부의 카페나 공유 사무실에서 워크숍을 진행하거나 워크숍 초반에 아이스브레이킹 활동으로 분위기를 편안하게 해주는 것도 자유롭고 창의적인 아이디어를 촉진하는 데 도움이 된다.

② 목적과 결과물, 기대효과 공유하기

심리적인 안전감을 확보한 이후에는 팀원들이 오늘의 주제에 몰입할 수 있도록 워크숍의 **목적**(Purpose)이 무엇이고, 이 워크숍을 통해 얻어야 하는 **결과물**(Output)과 이로 인한 **효과**(Outcome)는 무엇인지에 대해 이야기한다. 구성원들이 팀의 목적과 가치, 비전의 개념에 대해 익숙하지 않을 수 있으므로 개념과 필요성에 대해 간결하게 설명해 주는 것이 좋다.

③ 조직의 목적, 가치, 비전 보여주기

본격적인 토론에 앞서, 리더는 조직의 방향에 대한 큰 그림을 공유한다. 팀의 존재 목적은 **조직 전체의 존재 목적 및 방향성과 정렬**(Alignment)되면서 해당 팀의 고유한 존재 가치가 드러나야 한다. 리더는 팀의 CEO로, 팀원들이 갖지 못한 전사의 큰 그림에 대한 정보를 가지고 있다. 직원들에게 조직 전체의 목적과 핵심가치, 연간 목표, 주요 이슈 등 CEO가 전달하고자 하는 상황들을 팀원들에게 정성스럽게 전달하는 것 자체로 팀원들은 조직의 일원으로서 연결됐다는 느낌을 받을 수 있다. 이때는 리더가 전달받은 그대로 공유하는 것이 아니라 팀의 상황에 맞게 재해석하여 팀원들에게 전달해야 한다.

또한 리더 개인의 목적과 함께 자신이 생각하는 일의 의미는 무엇이고, 팀원 한 명 한 명과의 팀워크가 얼마나 소중한지를 자신의 스토리로 전달한다면 팀원들이 갖는 팀의 목적과 가치에 대한 몰입도는 더욱 올라간다.

Step2: 참여하기

토의의 방식은 다양하게 진행될 수 있다. 핵심은 리더가 좋은 **질문**으로 구성원들이 팀의 목적과 가치, 비전에 대해 그들의 각기 다른 생각을 꺼내 놓고, 이 중 참석자들이 합의한 최선의 대안으로 결과물을 만드는 것이다.

누구나 루틴하게 일을 하다 보면, 일의 의미를 잊고 하루하루의 과제에 끌려 살아가기 쉽다. 하지만 우리 부서의 존재 이유는 무엇인지, 그 가치는 무엇인지, 함께 추구해야 할 목표는 무엇인지에 대해 질문을 받고, 자신의 생각을 동료들과 공유하게 되면 그 과정에서 의미를 발견하고 다시 내면의 에너지가 올라오는 것을 느낀다. 이 과정을 통해 직원들은 일이 단순히 밥벌이를 위한 수단을 넘어선 의미 있는 활동이라 느끼게 된다. 또한 구성원들과 한 방향으로 에너지를 집중함으로써 전보다 팀워크를 통한 시너지가 올라간다.

④ 구성원의 생각 이끌어내기

팀장은 구성원들이 편안하게 아이디어를 꺼내 놓을 수 있도록 **생각을 촉진할 수 있는 질문**을 준비한다. 질문은 목적에 대해 제일 먼저 진행하는 것이 좋다. 목적은 조직이 장기적으로 나아가야 할 방향과 지향점을 제시하고, 비전은 구성원들에게 도달할 목적지를 분명하게 보여준다. '지구를 살린다'가 목적이라면 '2025년까지 탄소 배출량을 몇 퍼센트 줄인다'는 비전이다. 목적의식 없는 비전은 의미와 방향성을 잃게 되고, 비전이 없다면 기준과 실행력이 부족해진다. 따라서 목적에 대해 먼저 탐색하고 비전에 대해 합의하는 것이 좋다. 하지만 조직의 상황에 따라 다르게 진행해도 무방하다.

팀의 목적과 비전, 가치에 대해 논할 때 아래 질문을 활용할 수 있다.

[목적]
언제 가장 우리 팀답다고 느끼나?
우리 팀이 고유하게 조직과 사회에 기여하는 것은 무엇이 있나?
고객의 관점에서 우리 팀은 어떠한 기여를 해야 하는가?
언제 우리 팀으로 일하는 것에 자부심을 느끼나?
우리 팀이 궁극적으로 얻어야 하는 최종 결과가 있다면 무엇인가?

[비전]
5년 후, 10년 후에 우리 팀이 어떻게 기억되기를 바라는가?
1년 후 우리 팀에게 기대되는 모습은 어떠한가?
우리 팀이 가장 우선순위를 두고 성취해야 하는 것은 무엇인가?
그 비전이 우리 팀의 최종 목적과 직접적인 관련이 있는가?

[가치]
우리 팀에 가장 어울리는 형용사는 무엇인가?
일상 업무에서 가장 중요하게 지켜야 할 가치는 무엇인가?
우리 팀이 가장 고유하게 지켜야 하는 가치가 있다면 무엇인가?
우리 팀 내외에서 갈등과 충돌이 있을 때 의사결정의 기준이 되는 가치는 무엇인가?

생각을 꺼내 놓는 기법은 다양하다. 기법보다 더 중요한 것은 구성원들이 자신의 생각을 편안하게 꺼내 놓을 수 있도록, 리더가 중립성을 유지하고 긍정적으로 추임새를 넣는 것이다. 팀의 문화를 결정하는 일은 모든 구성원의 의견이 빠짐없이 반영되는 것이 중요하므로, 모든 구성원들이 포스트잇 등을 활용해 자신의 생각을 1~3개 정도 쓰도록 독려하자.

[퍼실리테이션 팁] 중립성과 긍정적 추임새로 아이디어를 촉진해라

회의의 역동성은 팀원들이 상사를 얼마나 의식하지 않느냐에 달려 있다. 따라서 리더는 **중립성**을 유지하기 위해 가능한 의견을 제시하지 않아야 한다. 팀장이 의견을 제시하기 시작하면 팀원들은 침묵하거나, 팀장의 의중을 파악하며 '답정너'가 되기 때문이다. 또한 어느 한 쪽의 의견을 들어주게 되면 다른 의견을 낸 사람들에게 중립적이지 않다는 인상을 줄 수 있다. 팀장의 의견이 필요하다고 판단될 때는 참여자의 관점에서 의견을 내도 되겠냐고 양해를 구한 후 말하도록 하자.

리더가 퍼실리테이터로 의견을 촉진할 때 주의해야 할 또 한 가지는 팀원의 의견이 자신의 생각과 다르더라도 우선은 **긍정**하는 것이다. '전례가 없어서', '예산이 부족해서' 등의 이유로 팀원들이 의견을 낼 때 부정하거나 평가하게 되면 팀원들은 마음을 걸어 잠그고, 머릿속에 있는 새로운 아이디어 대신 기존의 뻔한 의견들만 되풀이한다. '거부'는 아무리 젠틀하게 해도 상처가 되기 때문이다. 4장에서 다룬 적극적 경청 스킬을 활용해 다소 엉뚱한 아이디어라도 "흥미롭군요", "그렇게 생각할 수도 있겠어요."라는 긍정 추임새를 넣어주자. 또한 내용이 모호하거나 팀장의 생각과 다를 때에는 "그렇게 생각하는 배경을 설명해 주겠어요?", "이 일에 대해 예를 들어주실래요?" "이 단어는 정확히 어떤 의미일까요?" 등 '근거'를 물어 서로의 생각의 차이를 인정하고, 아이디어들을 연결할 때 그룹의 에너지가 올라가고 창의적인 해결책에 가까워진다.

⑤ 생각을 분류하고 연결하기

비슷한 아이디어끼리 묶어보며 **생각의 패턴을 파악**한 뒤, 비슷한 생각이 적힌 포스트잇끼리 연결해 붙여서 모든 아이디어가 보일 수 있도록 한다. 이때 팀장은 포스트잇에 붙은 아이디어를 빠르게 하나하나 읽어주는 것이 좋다. 팀원들 개개인의 생각을 읽는 것만으로 서로의 공통점과 다양성을 발견할 수 있다.

유사한 아이디어끼리 묶었다면 그룹핑된 아이디어의 핵심 내용을 보여주는 제목을 적는다. 퍼실리테이터인 팀장이 진행을 해도 좋지만 팀원들이 직접 나와서 아이디어의 근거에 대해 참여자에게 질문하며 그룹핑을 하고, 제목을 정하도록 유도할 수 있다.

Step3: 합의

⑥ 기준을 합의하고 선택하기

몇 개의 그룹으로 아이디어가 정해졌다면 이후에는 **투표**를 통해 우선순위를 결정한다. 팀원들에게 다수결, 혹은 중복투표 등을 활용해 공평하게 투표할 수 있는 기회를 주고(작은 스티커 붙이기, 자신의 이름 쓰기 등), 가장 많은 의견이 나온 아이디어로 결정한다.

투표를 진행하기 전에는 **투표의 기준**을 명확히 해야 한다. 막상 투표로 결정한 안건이 우리 팀의 목적과 비전, 가치로서 적합하지 않다고 판단된다면 그것은 의사결정의 기준에 문제가 있는 경우가 많다. 투표 시작 전, '참신성', '소통 용이성', '조직의 목적과의 연결성' 등 중요하게 고려해야 할 선택 기준을 결정하고 동의를 얻은 후 투표를 시작한다.

⑦ 회고하고 실행 계획 세우기

아이디어가 선택되면 워크숍을 마무리한다. 마무리 단계는 단순히 "수고했다"는 이야기를 나누기만 하는 시간이 아니라, 결정된 아이디어의 **실행을 준비**하는 시간이다.

우선 보드나 벽에 기록된 워크숍 진행사항의 결과물들을 보며 발견된 내용과 결정사항을 요약해서 공유한다. 이어서, 함께 모은 열정이 실행과 성과로 이어질 수 있도록 역할 및 책임, 서로의 협업 방식을 결정한다.

워크숍에서 결정된 팀의 목적과 가치, 비전은 이후 팀의 의사결정과 행동의 가이드라인이 된다. 따라서 발음하기 쉽고 내용이 직관적으로 전달될 수 있도록 문장과 단어가 다듬어질 필요가 있다. 이 작업은 워크숍 내에서 하기보다 이후 네이밍에 소질이 있는 누군가가 맡아 **진행** 후 다시 한번 팀의 동의를 얻는 작업을 거치는 것이 효율적이다.

⑧ 사내 커뮤니케이션하기

팀의 목적과 가치, 비전을 나타내는 최종 문장이 결정되면 팀원뿐 아니라 유관부서와도 소통해 **전사적인 합의**를 만드는 것이 좋다. 우리 팀이 다른 팀과 어떻게 다른 목적과 가치를 가지고, 비전을 달성할 것인지에 대해 전사에 공개적으로 커뮤니케이션하게 되면 리더 자신은 물론 팀원들은 팀과 조직과의 연결이 깊어지고, 시야가 넓어지며 목적에 대한 책임감은 올라간다. 가장 중요한 **목적에서 연결**이 되면 팀원들의 심리적 안전감이 높아져 자발적으로 자신의 일을 해나갈 수 있다. 이를 통해 서로에 대한 간섭이 줄어들고 자율성과 열정은 높아지는 선순환의 구조가 마련될 수 있다.

〈팀의 목적·가치·비전 수립 워크숍 프로세스〉

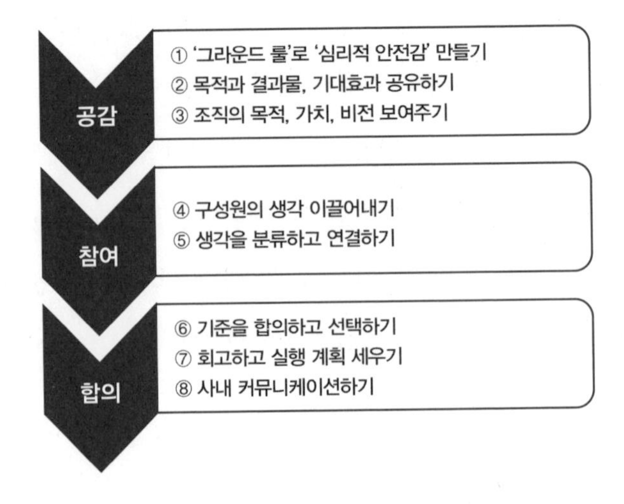

[사례] ㈜GS 52g팀 목적·가치·비전 워크숍

GS 지주사의 오픈이노베이션팀인 '52g'에는 구성원들이 인터뷰와 워크숍을 거쳐 직접 만든 목적과 핵심 가치가 있다. '새로운 도전에 설레는 세상을 만듭니다'가 팀의 목적이며, '유연함', '공감', '즐거움', '성장', '탁월함'이 핵심 가치이다.

이 워크숍은 팀에 새로 합류한 인턴 직원의 기획과 진행으로 이뤄졌다. 팀의 리더인 김진아 리드는 인턴으로 합류한 직원이 퍼실리테이션 스킬을 이미 갖추고 있었고, 직접 워크숍을 진행하며 팀원들과 조직의 문화와 가치를 더 깊이 이해할 수 있을 것이라 판단해 본인이 주도하는 대신 새로운 팀원에게 퍼실리테이터의 역할을 맡겼다.

김진아 리드는 워크숍에서 합의된 목적과 가치를 매년 팀이 진행해야 하는 핵심 업무와 운영방향과 연결해 하나의 그림으로 그린다. 그리고 그것을 직원들에게 모든 회의와 보고 문서에 첨부하도록 한다. 사람들은 매번 반복되는 장표를 보면서 이렇게까지 할 필요가 있냐고 묻는다. 하지만 그녀는 '우리 팀은 이렇게 다르다'라는 팀의 목적과 정체성은 우리 업무의 방향을 제시해 주고 직원들에게 '52g답게 일하자'라는 동기를 주기 때문에 모든 중요한 업무에 팀의 목적과 비전, 가치를 연결시킨다고 말한다.

〈5pen 2nnovation GS〉

52g의 핵심가치

02

'워크룰'로 생산성 높이기

나는 '심리적 안정감'을 '인간관계의 위험으로부터 근무 환경이 안전하다고 믿는 마음'이라고 정의했다. 어떤 의견을 말해도 무시당하지 않고 질책당하거나 징계받지 않는다면, 즉 구성원 모두가 심리적 안정감을 느낀다면 동료들의 눈치 따윈 보지 않고 자기 생각이나 질문, 우려 사항을 자유롭게 말할 수 있다.[50]

- 에이미 에드먼슨 Amy Edmondson

팀이 목적과 가치, 비전에 대해 자부심을 느낀다고 해서 이것이 반드시 좋은 성과로 연결되는 것은 아니다. 구성원들 각자가 일을 바라보는 관점과 이에 대처하는 방식이 다르기 때문이다. 변화는 계속되고 일할 시간은 항상 부족한 상황에서, 팀장과 팀원이 어떠한 행동 원

50 에이미 에드먼슨 지음, 최윤영 역 《두려움 없는 조직》, 2019, 다산북스

칙으로 함께 일할지에 대한 생각이 다르다면 팀워크는 발휘될 수 없고, 결국 팀의 목적과 가치, 비전에서 멀어지게 된다. 특히 MZ세대는 자신의 시간과 노력을 중시하는 만큼 타인의 시간과 노력을 방해하지 않는 경향도 높다. 따라서 리더와 구성원 간의 대화뿐 아니라, 함께 협업하는 구성원 간에도 서로를 배려하고, 감정을 해치면 안 된다는 생각이 강해 도움을 요청하거나 자신의 주장을 강하게 피력하지 않는다. 겉으로 보기에는 서로에 대한 예의가 잘 지켜지는 것 같지만 사실 팀 내 연결이 약화되면서 개인주의적 성향이 확대되는 것은 아닌지, 분위기만 좋고 성과는 나지 않는 팀이 되는 건 아닌지, 의심해 봐야 한다.

과거에는 팀장의 일하는 방법이 곧 팀의 일하는 방법이 되었기에, 팀원이 팀장의 일하는 방식을 따라하고 지적받으며 일을 배웠다. 하지만, 자신의 가치관과 자율성을 중시하는 MZ세대에게 그러한 방식은 작동하지 않는다. 앞에서 팀원과 함께 목적과 가치, 비전을 세웠던 것과 같이 주요한 업무 영역에서 어떠한 방식으로 함께 상호작용할지에 대한 '그라운드 룰'인 **'워크룰'**을 토의로 함께 결정할 때 구성원들의 자율성과 열정은 올라간다.

팀원들이 싫은 내색하는 것이 부담스러워 갑자기 떨어진 중요한 보고자료를 밤늦게까지 혼자 만들고 있는 '착한여자형'의 리더에게도, 팀원에게 자신의 기준을 지나치게 강요해 팀원들의 불만을 사고 있는 '완벽주의형' 리더에게도, 구성원이나 동료에게 부담이 되고 싶지 않아 도움을 요청하지 못해 업무 성과가 점점 떨어져 고민 중인 '과업중시형' 리더에게도, 구성원과 함께 만드는 '워크룰' 워크숍은 함께 일하는 즐거움과 생산성을 높여주는 좋은 해결법이 될 수 있다.

'워크룰'을 일하는 모든 영역에 세세하게 만들 필요는 없다. 팀의 목적과 비전을 달성하고 생산성을 높이는 데 있어 우선순위 영역을 선정해 만들면 된다. 워크룰을 만드는 대표적인 영역으로는 회의, 보고, 문서작성, 근태, 소통, 팀빌딩 등이 있다. 워크룰 수립 워크숍의 프로세스는 앞의 팀목적 워크숍과 마찬가지로, '공감-참여-합의'의 프로세스로 이뤄진다. 그리고 모아진 아이디어들을 한눈에 볼 수 있도록 아이디어를 붙이기 위한 넓은 벽이 준비되면 좋다.

Step1. 공감하기

① '워크룰' 영역을 선정하고 WHY를 연결하기

워크룰 영역의 선정은 워크숍 이전에 해도 좋고, 워크숍 초반부에 해도 좋다. 평소 팀원들과 '워크룰'이 필요한 영역에 대해 소통을 많이 했거나 현재 문제가 있는 영역이 분명할 경우, 팀장이 영역을 선정한 후 구성원에게 공유하고 워크숍을 시작하면 된다. 혹은 업무를 진행하는 동안에 가장 고민이 되는 영역에 대해 만들 수도 있다. "우리

요즘 주간 업무가 너무 형식적인 것 같은데, 다른 분들은 어떻게 생각해요?"라며 작지만 가장 일상적인 영역에 대해 솔직한 대화를 통해 결정할 수도 있다. 또는 간단한 설문이나 투표를 통해 워크룰을 우선적으로 설정할 영역을 고를 수도 있다. 하지만, 이때 처음부터 이에 대한 의견을 주관식으로 받으면 응답하는 사람들은 막연하다고 느껴 답하기 어렵다. 팀장인 리더가 팀의 목적·가치·비전, 그리고 회사에서 지향하는 일하는 방식을 종합적으로 고려해 3-4가지 영역에 대한 보기를 제시해 주는 것이 좋다. 워크룰을 수립할 영역이 결정되면 리더는 워크숍에 앞서 왜 이 영역의 워크룰이 중요한지 설명해야 한다. 앞서 사이먼 사이넥의 강연을 인용한 것처럼 '리더는 구성원들에게 일을 하는 이유, 즉 WHY를 계속 물어 발견하게 하고, 그것을 조직의 존재 이유와 연결시키는 일을 하는 사람'이기 때문이다. 리더가 워크룰의 목적을 팀과 조직 전체의 목적뿐 아니라 개인의 성장과 가치, 생산성과 어떻게 연결하느냐에 따라 구성원들이 '워크룰 워크숍'에 몰입하는 정도는 달라진다.

예를 들어, 고객서비스팀에서 목적을 '고객의 업무 효율성을 높인다'로 정하고, '핵심 가치'를 '고객의 불편사항에 공감하기'로 결정했다고 가정하자. 하지만 팀원들의 의견을 들어보니 우리 팀의 서비스는 여전히 기존의 매뉴얼과 시간당 효율을 우선시하는 분위기가 강하다는 것을 발견했다. 이렇게 되면 팀이 도달하고자 하는 목적과 가치에 도달할 수 없다. 이때에는 '고객의 불편사항에 빠르게 공감하기 위한 소통 방식'을 워크룰 영역으로 선정했다고 이야기하면서 '우리 팀이 1년 후 고객의 불편사항에 빠르게 공감할 수 있다면 어떤 변화가 가능할지'를 떠올려 보게 하고 '새로운 소통 방식이 정착되기 위해 정말로 필요한 것들을 솔직히 얘기해 봤으면 좋겠다'고 워크숍의 목적을 분명히 밝히며 구성원들의 동기를 끌어올린다.

② 이슈 공감하기

목적이 명확해진 후에는 현재의 이슈에 대한 구성원들의 생각을 먼저 들어봐야 한다. 이때 현황을 볼 수 있는 관련 데이터나 취합된 의견을 공유하는 것도 이슈에 대해 공감하는 데 도움이 된다. 이와 연결해 워크숍 현장에서 구성원들이 생각하는 진짜 문제가 무엇인지에 대해 편안하게 이야기할 수 있도록 하면 워크숍의 목적과 현재 상황에 대한 문제의식이 더욱 명확해진다.

이때 리더의 역할은 대화를 촉진하는 **경청**과 **열린 질문**으로 추임새를 넣으며 **심리적 안전감**을 불어넣는 것이다. "주제와 관련해 지금까지 어떤 불편함이 있었는가?" "어떤 이야기든 가장 솔직한 이야기가 우리에게 가장 도움이 된다." 등 편안하게 발언할 수 있는 멘트로 구성원들이 자유롭게 이야기를 꺼낼 수 있도록 해준다. 또한 구성원들의 이야기를 들을 때는 리더인 나의 생각을 검증한다는 태도가 아니라, 구성원 입장에서의 경험을 있는 그대로 받아들인다는 마인드가 중요하기에 '그것은 사실이 아니다' 등의 평가나 판단, 충고 등을 삼가야 한다. 그리고 구성원들이 하는 이야기를 다 함께 볼 수 있는 화이트보드나 포스트잇에 기록해 구성원들의 생각이 그냥 흘러가는 것이 아니라 축적될 수 있도록 도와야 한다. 리더 자신이 직접 하거나 서기를 지정해도 된다.

Step2: 참여

③ 아이디어 꺼내놓기

영역을 선정하고 현재 이슈가 분명해졌다면, 본론인 '워크룰'에 대한 아이디에이션을 시작한다. 진행방법에 정답은 없다. 돌아가면서 자신의 생각을 이야기해 봐도 좋고, 각자 포스트잇에 3개씩 아이디어를 적어보고 가장 많이 나온 의견을 채택해도 좋다. '어떤 방법으로 아이디어를 모을 것이냐'보다 '어떤 이야기를 해도 불이익을 받지 않는다'고 느끼는 '심리적 안전감'이 중요하다. 하나의 정답이 아니라 여러 가지 의견을 내는 것이 가능하다는 믿음, 집단의 다양한 생각이 연결될 때 가장 지혜로운 결정을 할 것이라는 믿음을 구성원들이 가질 수 있다면, 합의된 결과의 완성도가 부족하더라도 구성원들은 결과에 대해 책임감과 실행력을 발휘하게 된다.

'워크룰'에 적용할 수 있는 브레인스토밍 방식 세 가지를 소개한다.

1) ERRC 브레인스토밍

ERRC란 Eliminate(제거), Raise(증가), Reduce(감소), Create(창조)의 약자이다. 변화를 위해서는 새로운 방법을 만드는 것보다 기존의 관행 때문에 해왔던 불필요한 관행들을 없애거나 줄이는 것이 훨씬 더 중요하다.

하지만 '아이디어를 내자'고 하면 새로운 것을 만들어야 한다는 생각이 앞서기 때문에, 이 네 가지 카테고리를 제시하고 각각의 아이디어를 적도록 함으로써 없애는 것과 새롭게 만드는 것의 균형을 잡아갈 수 있다.

리더가 처음에 4개의 약자를 전지에 크게 적고, 구성원들이 각각의 카테고리에 필요하다고 생각하는 규칙들을 자유롭게 적어본 후, 그 중 투표나 상황에 적절한 합의를 통해 결정하면 된다.

2) 리버스 브레인스토밍 Reverse-Brainstorming

평소 생각하지 않은 역방향으로 아이디어를 발산하게 한 후 핵심 포인트를 결정하는 방식이다. 예를 들어, 회의 문화를 자유롭게 바꾸기 위한 워크룰을 만드는 것이 목표라면 '최악의 회의가 되기 위해 필요한 규칙은 무엇일까?'를 질문으로, '빠른 의사결정'을 위한 워크룰이라면, '느리고 답답한 의사결정 프로세스 만들기'를 질문으로 내세우는 것이다. 반대의 의견을 제시하게 하는 리버스 브레인스토밍은 '~ 해야 한다'는 부담감을 덜어내면서 구성원들이 훨씬 더 쉽게 말문을 틀 수 있게 해준다. 이를 통해 현재 일하는 방식의 문제점도 구체적으로 파악할 수 있을 뿐 아니라, 실질적인 해결책을 도출할 수 있게 된다.

리버스 브레인스토밍을 위해서는 리더가 워크룰의 목표 문장을 반대로 뒤집어 제시한 후, 브레인스토밍 방식으로 자유롭게 의견을 개진하게 한다. 그리고 비슷한 의견들을 그룹핑한 후, 투표를 통해 가장 많은 공감을 얻은 내용들을 중심으로 해결책을 제시해 워크룰로 삼으면 된다.

3) 오픈스페이스 테크놀로지 워크숍 Open Space Technology[51]

조직의 문화가 근본적으로 변화하고 자리잡기 위해서는 구성원들이 스스로 문제를 발견하고 해결하는 주체가 될 수 있는 환경을 조성해야 한다는 맥그리거의 Y이론[52]에 근거해 만들어진 회의 방법론이다.

오픈스페이스 회의방법의 가장 큰 특징은 워크숍의 토의 주제가 참석자들이 제시한 안건으로 진행된다는 점이다. 회의 진행자인 리더는 회의가 열린 분위기에서 잘 진행될 수 있도록 독려만 하면 된다. 실제 토의는 주제를 제안한 사람을 칭하는 컨비너(Convener)에 의해 진행된다. 일단 구성원들이 관심있는 워크룰 주제을 적어 내면, 해당 주제에 관심있는 구성원들끼리 모여 논의를 진행하고 논의 결과를 전체 그룹 앞에서 발표해 동의를 얻는다. 또한 워크숍을 통해 얻어진 결과물이 실제 현업에 잘 적용될 수 있도록 독려하는 것 역시 컨비너에게 맡겨진다. 90일이 지난 후 진행사항을 함께 공유하고, 피드백을 통해 개선된 방식으로 다시 적용해 나감으로써 문제 제기부터 실행까지 구성원의 자발적이고 능동적인 참여로 진행된다는 특징을 가진다.

---

51 실케 헤르만·닐스 플래깅 지음, 한창훈 역《오픈스페이스 베타》, 2021, 플랜비디자인 참고

52 더글러스 맥그리거는 MIT 슬론 경영대학원 교수로서, 1960년 저서 <기업의 인간적 측면 Human Side of Enterprise>에서 인간의 본성과 행동에 대한 관리자의 개인적인 가정이 개인의 직원 관리 방식을 결정한다며 제시한 X이론과 Y이론을 제시했다. X이론은 인간은 보상, 두려움 또는 채찍에 의해 움직인다고 믿는 것이고, Y이론은 인간은 각자의 내적 동기와 성취 욕구에 의해 자발적으로 움직인다고 믿는다는 내용이다.

STEP3: 합의

④ 워크룰 합의

워크룰에 대해 모아진 아이디어를 바탕으로 최종 합의를 이루는 단계이다. 팀의 목적·가치·비전에 잘 부합하는지, 혹시 우리가 빠트리거나 추가로 고려해야 하는 것은 없는지, 예상되는 장애물은 없는지 등을 점검하면서 구성원들이 모두 합의할 수 있도록 소통한다. 그리고 결정된 내용이 실제 현업에 적용되는 지침이 될 수 있도록, 텍스트와 비주얼을 잘 편집해서 팀원들에게 공유되는 것으로 마무리된다.

⑤ 주기적 피드백과 업데이트

워크숍을 통해 합의된 워크룰이라고 해도 항상 최적화된 '그라운드 룰'로만 존재할 수는 없다. 막상 현업에 적용하려고 할 때 적합하지 않은 부분을 발견할 수도 있다. 기존의 익숙한 문화로 돌아가려는 성향을 보이는 사람도 있을 것이다. 또한 조직과 상황의 변화는 계속되며, 구성원들도 바뀌기 때문에 일정 시간이 지나면 우리 팀에 맞지 않는 워크룰이 되어 버릴 수도 있다.

한 번 결정된 워크룰이라도 계속해서 모니터링하고 업데이트해 나가야 한다. 그렇지 않으면 처음에는 우리에게 좋은 산소와 에너지를 주었지만, 이내 시들해져 아무도 거들떠 보지 않는 사무실의 시든 화분이 될 수 있다. 리뷰할 때 팀 전체에 던져야 할 질문은 심플하다.

'현재의 워크룰은 우리 팀의 목적, 가치관, 비전에 도달하는 데 도움이 되는가?'

'어떤 부분을 더 줄이고 어떤 부분을 더 늘리면 좋을까?'

분기나 반기 정도의 일정 주기로 함께 리뷰하고 업데이트해 나간다면, 다양한 경험을 가진 구성원들이 자율적으로 일하면서도 서로 조화를 이루며 생산성을 높이는 축이 될 수 있다. 또한 리더는 리더 혼자 이끌어야 한다는 부담감에서 벗어나 함께 팀을 이끌어 나가는 문화를 통해 팀원들의 자발성을 끌어올릴 수 있다.

〈워크룰 수립 워크숍 프로세스〉

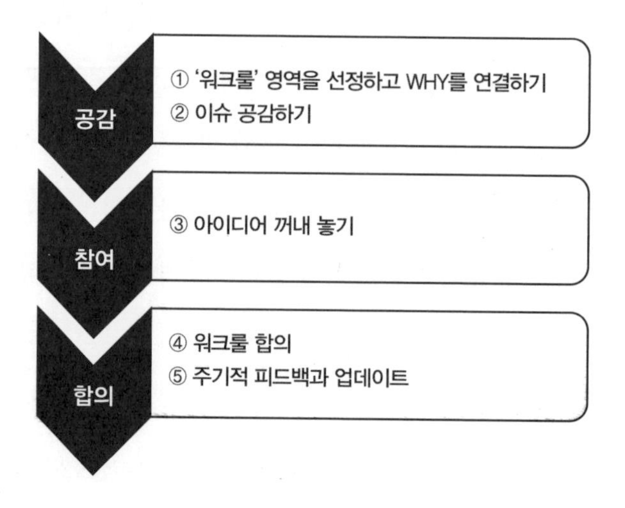

03

'레이다 사고'로 협업 촉진하기

코끼리를 반으로 쪼갠다고 작은 코끼리 두 마리가 되지는 않는다. 코끼리 한 마리를 놓고 서로 다른 이야기를 하는 이들이 회사의 생산, 마케팅, 연구개발 분야의 수장들과 무엇이 다를까?[53]

-피터 센게 Peter M. Senge

협업은 여성 리더인 나에게 오랫동안 아킬레스건이었다. 1:1로 대화할 때는 한 명만 생각하면 됐지만, 여러 부서의 담당자와 함께 TFT로 업무를 진행할 때는 고려해야 할 것들이 너무 많아 머릿속이 복잡했다.

'내가 너무 나댄다고 사람들이 싫어하면 어떻게 하지?'

'모두들 한잔 하러 가는 눈치인데, 껴야 하나? 같이 가자고 말 안 하

53 피터 센게 지음, 강혜정 역, 《학습하는 조직》, 2014, 에이지21, 108쪽.

면 어쩌지?'

'내가 이걸 얘기하면 저 부서에서 분명 반대할텐데, 세게 나가야 하나? 그럼 저 사람이 나를 어떻게 볼까?'

반대로 남성 직원들이 여성들과 협업하기를 어려워한다는 이야기도 종종 듣는다.

'자기 KPI만 챙기고 조직에는 관심이 없다.'

'저녁에 팀빌딩이 안된다'

'너무 수동적이다.'

'군대를 안 다녀와서 사회생활을 잘 모른다.'

물론, 협업의 태도는 같은 성별이라도 사람마다 차이가 있다. 하지만 '여자는 착하고 친절해야 한다'는 고정관념을 신경쓰다 보면, 자신도 모르게 자기 자신을 지나치게 낮추며 역량을 제대로 발휘하지 못하는 '착한여자형' 리더나, 자신의 역할과 역량에 선을 그으면서 최소한의 협업만을 하려는 '과업중시형' 리더, 틈을 보이면 안된다는 생각에 디테일에 초점을 맞추느라 전체적인 상황을 고려하지 못하는 '완벽주의형' 리더가 되기 쉽다. 게다가 남성들의 기호에 맞춰진 팀빌딩 문화가 불편하다 보니, 서로를 이해하고 신뢰를 쌓기 위한 기회가 상대적으로 부족해 서로에 대한 벽은 점점 높아져간다.

조직에서의 협업은 가장 어려운 과제 중 하나이다. 부서별로 각자의 목표와 KPI(Key Performance Indicator)가 다르다 보니, 각자의 목표를 충족시키기 위해 서로가 날을 세워 공격하거나, 의도적으로 필요한 협조를 하지 않는 경우가 적지 않다. 상황의 변화에 따라 책임소재가 불분명한 그레이존(Grey Zone)의 업무가 발생했을 때는 서로의 책임으로 미루며 부서원의 리소스를 아끼는 리더가 능력있는 모습으로 그려지기도 한다. 결국 협업을 위해 함께 모였을 때, 힘이 센 어느 한 쪽이 더 많은 이득을 보고, 다른 한 쪽은 손해를 보는 승패 관계(Win-Lose) 관계로 협력이 이루어지게 된다.

하지만 이와 달리, 협업을 잘하는 여성 리더 중에는 다른 사람의 시선을 신경쓰는 성향을 단점이 아닌, 상황과 맥락, 상대의 니즈를 잘 파악하는 장점으로 활용하는 경우가 많다. 상황과 맥락, 상대의 니즈를 잘 파악하는 여성의 능력은 인류가 진화해 온 방식과 관련이 높다. 동물을 사냥해 온 남성은 '레이저'처럼 오직 목표에 집중해 순서대로 정보를 인식하고 원하는 것을 얻는 능력이 발달했다. 반면, 주로 열매나 뿌리를 찾는 채집생활을 하고 양육을 맡아온 여성은 '레이다'처럼 주변의 다양한 단서를 찾아내고, 위험 요인을 감지해 아이를 지키기 위한 '레이다'식 인지 능력을 발달시켜 왔다.

그러다 보니, 여성은 관계의 세세한 부분까지 주의를 기울이고 타인의 감정을 잘 살피는 능력이 발달해, 타인에게 동기를 부여하고 영감을 주는 데 탁월하다. 힘들 때 사람들에게 먼저 손을 내밀고 자연스럽게 사기를 불어넣는다. 또한 상황과 맥락에 집중해 상대를 편안하게 하고 세심한 태도로 사람들과 협상하고 소통해 승승 관계(Win-Win)의 협업을 만들어내는 데 뛰어난 재능을 갖추고 있다[54].

답이 정해지지 않은 뷰카 시대, 다양한 경험과 관점을 가진 구성원들이 함께 서로의 생각을 교류하며 창의적이고 혁신적인 답을 찾아내기 위해서는 여성들의 **'레이다'식 인지 능력**이 조직 내에서 더 활성화될 필요가 있다. 이를 위해서는 조직의 문화가 보다 포용적이고 수평적으로 바뀌어야 한다. 그리고 여성 스스로 주변 사람들의 시선으로부터 자유로워지면서 여성의 강점인 공감을 기반으로 진정성 있는 연결을 확대해 나갈 때 조직의 협업 문화는 더 빨리 변화할 수 있다. 여성 리더들이 진화를 통해 키워온 레이다를 다시 활성화시켜 프로 협업러가 되기 위해 무엇을 해야 할까?

이해관계자의 니즈를 파악하라

협업은 결국 서로 다른 사람들이 모여 일하는 것이다. 상대에 대해 잘 이해할 때는 서로의 장점이 시너지를 일으킨다. 반대로 서로에 대한 이해가 부족할 때, 대화는 형식적으로 이뤄지고, 오해로 인한 감정노동은 늘어나며, 각자가 원하는 것만을 고집하다 업무 성과와 신뢰

54 마셜 골드스미스·샐리 헬게슨 지음, 정태희·윤혜리 역. 《내_일을 쓰는 여자》(How women rise), 2020, Eight Point, 252~254쪽 참고

모두 잃을 수 있다.

협업을 위해 이해해야 할 첫 번째 대상은 **겉으로 보여지는 목표와 정보 등의 객관적인 내용**이다. 우리 부서의 KPI에만 집중하는 것이 아니라, 상대 부서가 어떤 일을 하는지, 무엇을 중시하는지, 이번 프로젝트에서 얻고 싶은 것은 무엇인지에 대한 단서를 가지고 대화를 할 때, 상대는 균형 잡힌 시각을 가지고 있다고 여기며 신뢰를 갖게 된다.

하지만 수면으로 드러난 객관적인 사실들을 중심으로 바라보면, 서로 다른 차이점에 집중하게 된다. 결국 접점을 찾기 위해 어느 한 쪽이 양보해야 하는 승패의 관계로밖에 가지 못한다. 공통점을 발견해 승승의 관계로 가기 위해서는 수면 위로 드러난 요구 사항 외에 진짜 원하는 것이 무엇인지, 그리고 반드시 피하고 싶은 것, 우려 사항은 무엇인지 등의 **니즈**를 이해해야 한다. 각자의 목표는 다른 것을 바라보더라도, 니즈는 **공동의 방향성**을 가지고 있기 때문이다.

상대의 욕구를 이해할 때는 관점이 중요하다. 우리는 누구나 자기 자신을 중심으로 생각한다. 하지만 이러한 선입견은 상대의 욕구를 정확히 이해하는 것을 방해한다. 때문에 자신의 관점이라는 '안경'을 내려놓고 타인의 '안경'에서 바라보려는 노력을 해야 한다. 상대의 욕구를 제대로 이해하면 상대에 대한 나의 태도가 달라진다. 수직적 위계관계가 아니라 서로의 니즈를 충족시키는 수평적 파트너십이 만들어진다.

대표적인 케이스가 평가 기준을 '개인의 성과'에서 '다른 사람의 성공에 대한 기여'로 바꾸며 사내 문화를 수평적이고 협력적 분위기로 변화시킨 마이크로소프트다. 마이크로소프트는 전세계인들이 가장 많이 사용하는 윈도우와 오피스를 가진 거대 IT기업이었지만, 내부 부서 간 지나친 경쟁과 불신, 연달은 사업 실패로 오랫동안 부진한 실적을 면하지 못했다. 하지만 사티아 나델라 회장이 부임한 후 개인의 평가 기준에 '타인의 성공에 대한 기여'를 추가하며 마이크로소프트의 추락은 멈췄다. 상대의 성공이 나의 성공과 연결돼 있다는 것을 발견하면서 조직의 사일로 문화와 사업 성과는 크게 달라졌고, 마이크로소프트는 다시 시가총액 1위의 기업의 자리를 탈환할 수 있었다.

상대의 니즈를 확인하기 위해서는 질문을 던져야 한다. '이 프로젝트를 통해 궁극적으로 달성하고 싶은 것은 무엇인지', '혹시 우려되는 것이 있다면 무엇인지', '보다 만족할 만한 결과를 위해서 조정됐으면 하는 것이 있다면 무엇인지', '끝나고 나서 어떤 프로젝트로 기억되고 싶은지' 등을 직접 질문함으로써 문서에 담겨 있지 않은 상대의 진짜 니즈를 파악할 수 있다.

하지만, 짧은 시간에 상대에 대한 많은 정보를 얻기는 쉽지 않으므로, 업무 외적 시간에 주요 업무 파트너들과의 '스몰토크'를 통해 서로에 대한 이해를 넓히는 것이 도움이 된다. 지금까지는 저녁 시간의 술자리와 미팅의 앞 뒤에 갖는 흡연 자리가 그러한 역할을 대신해 왔다. 하지만, 상대의 니즈를 잘 파악하는 여성의 섬세함과 관찰력을 발휘한다면 굳이 오랜 시간 동안 술자리를 지킬 필요는 없다. 존중과 공정성에 대한 욕구가 높은 MZ세대 역시 상사의 이야기와 취향에만 초점을 맞춘 회식 자리를 선호하지 않는다. 이보다, 평소 주요 업무 파트너들의 말과 행동을 잘 관찰한다던가, 우연히 마주쳤을 때 나누는 일상적 대화를 통해 서로에 대한 이해를 높여가는 기회를 조금씩 늘려 나가는 것이 더 효과적일 수 있다.

"일이 너무 많아서 스몰토크까지 할 시간이 없어요"라고 말하는 여성 리더들이 많다. 육아로 인해 상대적으로 시간이 더 부족하기에 시간에 대한 압박을 더 크게 느끼는 것이 사실이다. 하지만 서로에 대한 이해가 높아지면 신뢰라는 밑천이 쌓이고, 일의 효과는 몇 배 올라간다. 업무 완성도에 시간을 들이는 것보다 사람을 이해하고 연결하는 데 투자하는 것이 훨씬 더 효과적이라는 점을 기억해야 한다.

공동의 목적과 비전으로 앵커링하라

각자의 니즈를 발견했다면, 이 니즈들의 공통점을 기반으로 공동의 목적과 비전을 초기에 선언해야 한다. 예를 들어, 마케팅 팀과 기술연구소, 생산품질 팀이 함께 CFT(Cross-Functional Team)를 꾸려 신제품 기획 미팅을 한다고 가정해 보자. 마케팅 팀은 고객의 불편함을 해

소할 수 있는 제품을 빠르게 시장에 내놓는 것이 목표이고, 연구소는 기술 혁신을 하는 것이 목표이다. 생산품질 팀은 제품의 하자를 최소화시키는 것이 목표다. 서로의 목표가 상이하다 보니 주장하는 것이 다르다. 하지만 세 부서 모두 시장에서 인정받을 수 있는 제품을 만들고 싶다는 니즈가 있다. 제품을 성공적으로 론칭해, 회사에서도 인정받고 싶다는 개인적 성취감을 공통적으로 가지고 있을 수 있다. 또한 개인적 성취감을 넘어서 우리 회사의 목적과 고객의 가치에 기여하고 싶다는 니즈도 있을 수 있다.

또한 이들의 니즈는 이들이 속한 부서의 니즈와도 연결돼 있다. 실제 협업의 주체는 마케팅, 기술연구소, 생산품질팀 3개 팀에서 온 6명의 구성원으로 CFT가 꾸려졌더라도, 그들을 지원하는 보이지 않는 역할을 하는 사람들의 수는 훨씬 더 많다. 협업이 원활하게 진행되기 위해서는 참가하는 사람들뿐 아니라 해당 프로젝트를 지원하는 상사들과 관련 부서의 고민은 무엇이고, 이것이 어떤 영향을 미치는지를 전체적으로 바라보면서 **공동의 '목적'과 '비전'**을 설정해야 각자의 이해관계를 넘어서 한 방향으로 나아가는 힘을 모을 수 있다.

'목적'과 '비전'을 구분해서 설정해야 하는 이유 중 하나는 우리가 변화가 많은 시대에 살고 있기 때문이다. '목적'은 달성해야 할 구체적 모습인 '비전'보다 장기적인 방향성을 의미한다. 프로젝트 진행 과정에서 시장과 조직의 변화에 따라 변동 가능성이 늘 존재한다. 하지만, 고객과 사회의 가치에 어떻게 기여할지에 대한 방향성을 담은 '목적'은 변화가 많은 상황에서도 크게 변치 않는다. 때문에 '비전'이 바뀌어도 '목적'을 중심으로 새로운 비전을 수립할 수 있다.

이화여자대학교 경영학과 윤정구 교수는 좋은 협업을 위해서는 '협동(Collaboration)'과 '협업(Cooperation)'의 차이를 이해하는 것이 필요하다고 말한다. '협동'이란 자신의 이득을 실현하기 위해 도움을 주고받는 행위이다. 협동의 당사자들은 자신의 이득에 도움이 되는 한 서로를 돕는다. 하지만 그렇지 않을 경우에는 도우려는 의지가 낮아진다. '협동'과 달리 **'협업'**은 당사자 사이에 자신들의 이득을 실현하는 것을 넘어서 **공동 목표**나 **공유된 목적**이라는 제3의 요소가 강력한 중개자로 존재한다. 모르는 사람들 사이에서도 공동의 목적에 동의하고 이를 실현할 전문성과 자원이 있다면 협업은 가능하다. 그리고 협업이 이뤄진 이후에는 화합과 신뢰의 잔고가 쌓인다. 협업을 통해 신뢰가 쌓이면 이후 협동도 자연스럽게 따라올 수 있다.

협업의 초반에 목적과 비전을 함께 탐색하고 선언하는 것은 각자의 이해관계를 넘어 열정과 몰입을 불러일으키는 앵커링 효과를 줄 수 있다.

'심리적 안전감'이 협업의 결과를 높인다

좋은 협업을 위해서는 각자의 전문성이 중요할 것 같지만, 서로가 서로의 전문성을 존중하는 태도가 뒷받침되지 않으면 아무리 전문성이 뛰어난 사람들이 모여도 좋은 성과로 이어지지 못한다.

2012년 구글의 인사팀은 전세계 200여명 이상으로 구성된 180여 개 팀을 대상으로 '좋은 성과를 내는 팀의 조건'을 파악하기 위한 '아리스토텔레스' 프로젝트[55]를 시작했다. 비슷한 관심사, 보상, 학력, 성향, 젠더 등 다양한 조건으로 팀을 구성해 보았으나 그들이 발견한 최강팀의 조건은 예상을 빗나갔다. '어떤 사람'으로 구성하느냐보다, 팀원들이 어떻게 소통하는지, 어떻게 과제를 구성하고, 그 일은 자신과 공동체와 어떤 의미가 있는지가 더 중요하다는 사실을 발견했기 때문이다.

구글 인사팀이 발견한 최강팀의 다섯 가지 요소는 심리적 안전감, 상호 신뢰, 타깃의 명확성, 일의 의미, 일의 사회적 영향력인데, 이 중 압도적으로 높은 변수는 **'심리적 안전감'**이다. 팀원이 불편한 문제를 제기하거나, 어리석어 보이는 질문을 하거나, 부족한 의견을 얘기해도 비난받지 않는다는 '심리적 안전감'을 주는 팀이 좋은 성과를 낸다는 것이다.

수직적 위계가 강한 문화에서 '심리적 안전감'을 해치는 가장 큰 요

55 https://rework.withgoogle.com/print/guides/5721312655835136/

인은 상급자의 생각이 '답'이라는 고정관념이다. '답'이 있다고 믿으면 틀릴까 봐 불안해진다. '이게 상사가 원하는 답일까? 멍청해 보이면 안 되는데? 잘난 체한다고 하면 어쩌지?' 등의 고민으로 자신의 생각을 내놓지 못하는 조직에서 수평적이고 자유로운 협업은 일어나기 어렵다.

내가 옳다고 믿으며 타인에게 강요할 때 우리는 나이와 상관없이 '꼰대'와 '답정너'가 된다. 리더의 지식과 경험은 중요하지만, 변화의 시기에는 상황을 새롭게 바라보는 신입사원의 시각이 더 유용할 수 있다. 베이비부머 세대부터 Z세대까지 다양한 관점을 가진 사람들이 공동의 목적하에서 책임의식을 가지고 함께 답을 찾아나갈 때 더 좋은 결과를 도출할 가능성이 올라간다.

'심리적 안전감'을 높이기 위해서는 협업하는 참가자들 간의 상호작용이 중요하다. 앞서 4장에서 언급한 '경청'의 기술을 활용해 구성원들의 이야기에 귀를 기울일 때 구성원들이 협업에 참여하고자 하는 의지는 올라간다. 다소 부족한 의견에 대해서도 "그렇게 생각할 수도 있겠네요", "새로운 의견인데, 좀 더 부연 설명해 줄 수 있나요?", "조금 모호하게 들리는데, 지금 다루는 주제와 어떤 관련이 있을까요?"라고 반응한다면, 구성원은 스스로 생각의 깊이를 더해가며 답을 찾아간다. 구성원의 답이 나의 생각과 크게 다르거나 잘못됐다고 생각될 때가 있다. 그럴 때는 "이렇게 진행하면 예상되는 어려움은 뭐가 있을까요?", "이렇게 했을 때 가장 큰 베네핏은 뭐일까요?"라는 질문을 통해 구성원이 스스로 자신의 부족함과 문제를 찾아갈 수 있도록 도울 수 있다. 이러한 반응은 솔직하면서도 적의가 느껴지지 않아 구성원은 존중받는 느낌을 받는다. 질문한 리더도 구성원의 생각을 촉진하면서 자신도 그들의 생각을 배우는 기회를 가질 수 있어 함께 성장할 수 있다.

심리적 안전감을 높여주는 또 하나의 방법은 리더가 구성원 개개인이 어떻게 조직의 성과에 기여하고 서로 연결돼 있는지 알 수 있도록 하는 것이다. 프로젝트 참가자 중에서도 주도적 업무를 하는 사람이 있고, 지원에 가까운 업무를 하는 사람이 있다. 예를 들어, 업종과 프로젝트의 성격에 따라 차이가 있지만, 영업과 마케팅이 고객 접점에 있기 때문에 역할이 더 부각돼 보이고, 생산 품질 팀은 덜 부각돼 보일 수 있다. 또한 같은 팀 내에서도 더 부각되는 역할을 맡은 직원과 그렇지 않은 직원이 있다. 이럴 때, 리더는 지원 업무를 하는 구성원이 동등한 파트너로서 존중받고, 다른 구성원들이 그들의 기여에 대해 이해할 수 있도록 각자의 업무가 서로에게 어떻게 기여하는지에 대해 자주 언급하고 감사를 표현해야 한다. 프로젝트 진행사항을 공유하는 정기 미팅에서도 결과만 나누는 것이 아니라, 과정 중에 서로 도움이 필요하거나 요청할 것은 없는지에 대해 구체적으로 얘기할 수 있도록 질문을 유도하는 것이 역할 간 윤활유가 되어 협업을 촉진할 수 있다.

지금까지 협업을 촉진하기 위한 방법들을 살펴봤다. 상대의 니즈를 잘 파악하고, 상대를 배려하는 소통을 하는 것은 여성들이 가진 레이다식 인식의 장점이지만, 반대로 타인을 지나치게 의식해 자신감을 잃게 만들기도 한다. 하지만, 공동의 목적을 추구하는 것은 공동체의 가치를 중시하는 여성을 대담하게 만드는 촉매가 된다는 사실을 기억하면서, 세 가지 방법을 균형 있게 반복적으로 사용하자. 또한 상대에 대한 공감 능력과 '레이다'식 사고는 여성에게 상대적으로 더 발달했을 뿐 개인차가 크고, 남성들 중에서도 이러한 능력이 뛰어난 사람들이 많다. 부족한 부분을 인식하고 훈련하면 얼마든지 바꿔나갈 수 있다는 사실을 되새기며 내 안에 잠재돼 있지만 미처 제 역량을 발휘하지 못하고 있는 '레이다'를 작동시켜 좋은 협업 관계를 만들어보자.

아래 표에 내 주변의 이해관계자들이 나에게 요구하는 것과 그들이 진짜 원하는 욕구가 무엇인지 적어보자.

미팅에서 대화를 통해 찾아나갈 수도 있지만, 미팅을 시작하기 전에 상대의 니즈를 파악해 본다면 서로의 공통 목적과 윈윈이 되는 해결책에 좀 더 빠르게 다가갈 수 있다.

이해관계자	드러난 요구사항	드러나지 않은 니즈 (원하는 것/ 불편한 것)

04

수평적 네트워크로 영향력 넓히기

성공한 여성 리더들은 직장 커뮤니티 내에서 기회를 창출하기 위해 네트워크에 적극적으로 참여하고 이용한다. 이 여성들은 남성적인 리더십에 흔히 있는 위계질서와 분리를 중시하기보다 자신의 사업에 중요한 사람들과 깊이 네트워킹한다.[56]

- 조나 바쉬Joanna Barsh

'술자리'와 '담배'는 여성 리더 대상 워크숍을 할 때, 여성 리더가 조직 내에서 네트워킹을 넓히는 데 가장 장애가 되는 요소로 빠지지 않고 등장하는 키워드다. 재택근무가 확산되고, MZ세대의 비중이 늘어나면서 불필요한 회식이 사라지고 조직 문화도 수평적으로 바뀌어 나가고 있다. 하지만 아직도 리더그룹에서 비공식적인 관계를 맺

56 LEAN IN, 〈How Successful Women Leaders Build Trust and Community〉(Video).

는 방식은 중년 남성의 기호에 맞춰져 있어 여성 리더들이 자연스럽게 네트워크를 맺는 것이 쉽지 않다. 여기에 '사내 정치'에 대한 부정적 고정관념과 '구설수에 오르고 싶지 않다'는 두려움은 여성들이 적극적으로 사람들과 관계 맺기를 주저하게 만든다.

우리는 '사내 정치' 하면 '줄을 세우는' 부정적 이미지를 먼저 떠올리며 긍정적으로 활용하는 것에 대해 거부감을 갖는다. 실제로 검색을 해보면 '조직 구성원이 조직에서 자신이 원하는 긍정적인 결과를 얻기 위해 공식적으로 인정되지 않는 방식으로 행사하는 영향력 또는 자기 위주의 행동'[57]이라고 나온다. 그리고 '경쟁관계에 있는 상대방에 대한 좋지 않은 소문을 퍼뜨리거나 정보를 의도적으로 공유하지 않고 독점하는 행동이라는 부정적인 맥락도 소개된다. 하지만 이는 사내 정치의 반쪽짜리 정의일 뿐이다. 위키피디아 영어판에 따르면, '사내 정치'의 영어 표현 'Workplace Politics'는 '조직 내 힘과 권위와 관련된 상호작용으로, 개인과 조직의 이익이나 변화를 만들어내기 위해 조직 안에서 권한과 네트워킹을 활용하는 것'이라는 중립적인 의미를 갖는다. 물론 부정적인 측면도 있다. 조직 차원의 효과를 고려하지 않고 개인적 이익만을 추구할 경우 사회적 집단화, 협업, 정보 공유, 그리고 다른 조직의 활동 등에 부정적 영향을 초래할 수 있기 때문이다. 하지만 '사내 정치가 올바르게 활용될 경우, 조직의 효

57 두산백과, '조직정치'

율을 높이고, 변화의 속도가 빨라지며, 조직과 구성원들의 이익이 증가한다[58]'는 긍정적인 측면도 크다. 즉, **사내 정치의 '목적'**을 어디에 두느냐에 따라 부정적으로도 긍정적으로도 사용될 수 있다는 뜻이다.

사람들이 모여 있고 자원이 제한된 곳에서는 언제나 정치가 존재하며, 긍정적인 목적을 성취하기 위해서도 정치는 필요하다. 실제로 조금만 관심을 가지고 보면 조직 내에서 누구와 좋은 관계를 맺어야 하는지를 잘 알고, 이를 위해 노력하는 사람이 원하는 지원도 잘 얻어내고, 좋은 성과를 만들며, 위아래로 좋은 평판을 얻어 빨리 승진하는 케이스를 적지 않게 찾아볼 수 있다. 공동의 목적을 추구하고 신뢰를 통해 지지하는 관계는 개인의 정체성을 크게 확장시키는 힘을 가지고 있기 때문이다.

나는 주니어 시절부터 '사내 정치 하지 말라'는 이야기를 종종 들었다. '여자가 남자가 똑같이 인정받으려면 1.5배 더 열심히 일하면 된다'는 이야기도 함께 들었다. 그래서 사내 정치 대신 남보다 열심히 일해 인정받으려 했고 어느 정도는 효과가 있었다. 하지만 중간관리자가 되고 나니 일을 열심히 하는 것만으로는 경쟁력을 유지할 수 없었다. 부서장이 되면 내가 일을 열심히 하는 것보다 유관부서와의 협업을 잘 이끌어내서 구성원들이 필요한 정보를 손쉽게 얻고, 관계의 껄끄러움 없이 협업할 수 있도록 하는 것이 더 중요해졌기 때문이다.

58 위키피디아 영문판, 'Workplace Politics' (검색일 2022년 11월)

당시에는 내가 그렇게 열심히 자료를 준비해도 협업 기회를 얻기 어려웠던 이유가 자료의 내용이 부족해서가 아닌, 평소의 데면데면한 관계에 있었다는 점을 알지 못했다. 하지만 이제는 네트워크가 단순히 업무의 보조적 수단이 아닌 리더의 핵심 역량임을 알고 있기 때문에 일하는 여성들에게 사내 정치에 관심을 갖고 사내 네트워크를 확대하는 것이 얼마나 중요한지에 대해 거듭 강조한다.

《나를 믿고 일한다는 것》의 저자이자 어도비코리아 대표이사인 우미영 사장은 사내 네트워크를 '나를 위한 이사회' 같은 것이라고 말한다. '회사가 올바른 방향으로 나아가도록 조언해 주고 도움을 주는 이사회처럼 나의 성공을 바라기 때문에 나에게 도움을 주고, 회사 안의 소식을 알려주며, 솔직한 조언을 해 줄 수 있는 사람들로 '나를 위한 이사회'를 구성해야 한다'는 것이다. 이어서 '혼자서 고군분투하고 있고 사내에서 경쟁하는 동료에 비해 정치적으로 밀린다는 생각이 든다면 '나를 위한 이사회'가 제대로 구성되어 있지 않은지 생각해 봐야 한다'고 덧붙였다.

현재 당신의 '사내 이사회'는 잘 갖춰져 있는가? 어떻게 하면 시간도 체력도 부족한 여성 리더들이 효과적으로 네트워크를 넓혀 나갈 수 있을까?

우선, 사내 정치구도에 관심을 가져야 한다

사람들이 모여 있는 곳에는 언제나 정치가 있다. 자원은 제한돼 있고, 사람들은 힘이 있는 사람, 자기에게 유익한 사람, 동질감이 있는 사람을 찾아 자기 소속감을 두려는 경향이 있다. 때문에, 조직에서의 영향력은 공식적 조직도와 다르게 형성된다.

직급은 과장인데, 타부서의 핵심 임원과 소통이 잘 되면 그 과장의 파워는 직급 이상이 되기도 한다. 옳고 그름을 떠나서, 우리 조직 내에서 누가 누구와 친한지, 누가 누구와 앙숙인지를 아는지 등의 비공식적 역학관계를 읽어 두면, 나중에 여러 부서와 일을 추진할 때, 사전 합의를 부드럽게 추진할 좋은 단서가 될 수 있다. 또한 타부서의 팀장의 아이들이 아들인지 딸인지, 몇 살이고 무얼 좋아하는지를 알면 업무 미팅을 시작하기 전에 훨씬 더 편안한 분위기를 조성할 수 있다. 부서장뿐 아니라 각 부서의 실무진 중 영향력이 큰 키맨(Key Man)들과도 자연스러운 대화를 통해 관계를 다져 놓으면 나중에 업무를 진행할 때 실질적인 도움을 자연스럽게 요청할 수 있다.

둘째, 스몰토크 기회를 늘리자

사람들은 목적을 가진 대화보다 목적이 없는 대화에서 더 쉽게 마음을 열고, 상대를 도우려는 마음을 가진다. 꼭 필요할 때에만 만나기보다, 평소에 타부서의 부서장이나 업무 관계가 있는 사람들과 가볍게 차 한 잔을 하거나 점심 식사를 하는 시간을 가지는 것이 신뢰를 다지는 데 훨씬 효과적이며, 정말 필요할 때 도움을 서로 주고받을 수 있다.

여성 팀장에게 '차 한 잔 하자'는 말을 하거나 일상적 대화를 나누는 데 부담을 느끼는 남성 팀장들이 의외로 많다. 옷 색상이나 날씨 얘기 등의 스몰토크를 먼저 건네거나, '전 ○○ 지역에 사는데, 어느 쪽 사세요?' 등의 간단한 자기소개는 오픈 마인드의 사람이라는 이미지를 줄 뿐 아니라 공통점을 쉽게 발견하게 해주는 효과가 있어 상대가 편하게 다가올 수 있도록 도와준다.

스몰토크를 통해 지원군을 확보하기 가장 좋은 시기는 새로운 일을 맡았을 때다. 하지만 이때 남성과 여성이 취하는 태도는 많이 다르다. 보통 새로운 일을 맡거나 부서 이동을 하면 남자 팀장들은 주요한 사람들을 찾아다니며 원온원 미팅을 하거나 저녁 식사 자리를 잡는다. 하지만 여성 리더들은 부서장으로서 업무를 파악하지 않은 상태에서 누군가를 만나는 것이 큰 문제가 되는 것처럼, 새로운 업무를 파악하기 위해 고군분투하며 혼자 야근하는 것을 종종 본다.

하지만 새로 온 사람에 대해 호기심을 갖는 기간은 그리 길지 않다. 초기 2~3주가 나의 지원군을 만들 수 있는 절호의 기회다. 그 시기를 업무를 파악하는 데 보내고 나면 사람들은 '저 사람은 사람에게는 별 관심이 없는 편이군'이라는 선입견을 가질 수 있다.

일을 파악하는 것도 중요하지만, 사람을 통해 얻을 수 있는 정보의 질이 훨씬 크고, 정보 자체가 아닌 사람을 통해 기회가 만들어진다는 사실을 반드시 기억해야 한다.

셋째는, 멘토를 구하고 누군가의 멘토가 되어주자

멘토링이란 경험과 지식이 풍부한 사람이 멘티(mentee: 멘토링을 받는 사람)에게 지도와 조언을 하면서 실력과 잠재력을 개발하는 것을 말한다. 코칭과 피드백이 직속 상사로부터 받는 원온원 대화라면, 멘토링은 주로 다른 부서나 외부 인사 중 멘티에게 커리어나 다른 부문으로 도움이 될 만한 사람이 지정된다.

내가 회사 생활을 하면서 만난 멘토 중 가장 기억에 남는 분은 내가 미국계 콘택트 렌즈 회사에서 근무할 때 만났던 아시아 태평양 지역의 영업 부사장인 리사였다. 리사는 세 아이의 엄마이기도 했으며, 내가 경험했던 커리어를 이미 거쳐 본사 조직의 보드 멤버까지 오른, 본받고 싶은 커리어 우먼이자 세 아이의 엄마이기도 했다.

커리어에서 나보다 한두 발자국 먼저 앞서 있는 멘토와의 대화는 복잡한 조직과 일에 대한 관점을 넓히는 데에도 도움이 됐다. 하지만, 그녀와의 멘토링 시간이 기다려지고 기억에 남았던 이유는 그녀 역시 여성 리더가 겪는 어려움을 이미 경험했고 자신의 방식으로 극복해 왔기에 내가 겪는 어려움을 솔직하게 털어 놓을 수 있었기 때문이었다. 그녀는 멘토링 세션을 통해 위로도 아래로도 내 편이 없다는 고립감과 막막함을 느끼고 있는 나에게 '잘하고 있다'는 따뜻한 응원의 목소리가 되어주기도 했고, 구체적으로 어떠한 루틴으로 어떤 성장에 집중해야 할 지를 그녀의 경험에 기반해 조언해 주기도 했다.

이러한 심리적 지원과 관점의 확대는 상사가 줄 수 있는 중단기적이고 실질적 지원과는 조금 다른 방식으로 나의 관점을 넓혀준다. 때문에 회사에 공식적 멘토링 시스템이 있다면 적극적으로 활용해서 시야를 넓히고, 네트워크까지 확대하는 기회로 삼기를 권한다.

조직 내 공식적인 프로그램이 없다고 하더라도, 내가 멘토로 삼고 싶은 사람이 있다면 찾아가 정중히 부탁을 하는 것도 좋다. 하지만 멘토링을 요청할 상대와 신뢰 관계가 쌓인 상황이 아니라면, 상대가 왜 나에게 시간을 내 주었으면 하는지에 대해 설득력 있게 얘기해야 한다. 또한 조직 내 누군가에게는 내가 멘토가 될 수 있다는 사실을 기억하자. 나의 시간과 노력을 통해 누군가의 성장을 돕는 것은 상대뿐 아니라 나를 더 나은 사람으로 만드는 효과적인 방법이다.

넷째는, 사내 여성들과의 연결을 확대하는 것이다

맥킨지가 2019년 발간한 보고서 〈직장 내 여성(Women in the Workplace)〉에 따르면 여성이 고위직에 올라가지 못하는 이유 중 1위를 차지한 항목은 47%의 참여자가 선택한 '여성 직장인은 선배의 도움을 받지 못한다'였다. 많은 조직에서 여성 중간관리자는 전체 비중의 30%도 차지하지 못하는 마이너리티에 속한다. 하지만 그 안에서도 서로 간의 연대는 잘 이뤄지지 못하는 경우가 많다.

'여자의 적은 여자다'라는 고정관념은 여성이 차지할 수 있는 자리가 제한적이던 과거에 해당되는 이야기다. 어떤 직업도 기회가 제한적이면 경쟁이 치열할 수밖에 없는데, 마치 그것이 여성의 고정적 성향인 듯한 선입견을 만들어내는 이 말은 여성에 대한 고정관념 중에서도 가장 먼저 폐기해야 될 대상이다.

실제로 양육과 가사, 조직에서의 유리천장, 가면 증후군 등 공통의 고민들을 가지고 있는 여성들은 그 누구보다 빠르게 동질감을 형성하고 서로의 든든한 지원군이 되어 줄 수 있다.

최근 이혼으로 화제가 된 멜린다 게이츠도 그녀의 책《누구도 멈출 수 없다(The momnet of Lift)》에서 여성들의 네트워크가 회복탄력성과 성장의 에너지가 되어 준다는 점에 대해 이렇게 말했다.

'내게는 항상 다수의 중요한 남성 친구들이 있었고, 그들은 내 행복에 없어서는 안 될 존재들이었다. 그러나 두려움을 마주하고 도와줄 친구가 필요했을 때, 내가 돌아갈 곳은 여성 친구들. 특히나 여성 그룹 안에 있는 여성들이었다. 그들은 내가 겪은 성장 과정을 함께 겪고, 그 안의 모든 길을 함께 걸었기 때문이다. 여성 그룹은 개인적으로 반드시 필요할 뿐 아니라 사회 전체에도 필수적이다. 사회 발전은

포용에 달려 있고, 포용은 여성에서 시작되기 때문이다.'[59]

선배 여성들이 먼저 마음을 열고 손을 내밀어 주면, 더 많은 후배 여성들이 리더의 자리에 오를 용기를 낼 수 있다.

마지막으로, 회사 밖에서의 커뮤니티를 통해 Weak Tie를 확대하자

코로나 이후 비대면 모임이 활발해지면서 시간이 부족한 여성들이 비슷한 목적을 가진 사람들과 함께 고민을 나누고 성장할 기회를 찾기가 더 쉬워졌다. 전에 한 번도 얼굴을 본 적이 없는 사람들이고 모임에 대한 책임과 의무도 없지만 비슷한 목적과 고민을 가진 사람들을 돕고자 자신의 시간과 비용을 투자해 나누려는 사람들 옆에는 SNS를 통해 사람들이 폭발적으로 늘어나고 있다.

회사 외부에서 목적을 중심으로 만난 네트워크는 장점이 많다. 우선 회사 내에 있는 위계질서가 없다. 대부분 호칭을 통일하고 서로 간에 존칭을 사용하며 관계를 맺는다. 모임의 리더가 잔소리를 하지 않아도 수평적이고 공정한 소통을 하기 위한 그라운드 룰을 따른다. 때문에 비교적 자유롭게 다른 이야기를 꺼내놓을 수 있고 예기치 않았던 창의적인 결과에 다다르기도 한다. 또한 모임의 목적에 공감하는 사람들이 자발적으로 모였기에, 누가 요청하지 않아도 자신이 할 수 있는 정보나 노력을 선뜻 꺼내 놓는다. 물론 더 많이 기여하는 사람이

---

59 멜린다 게이츠 지음, 강혜정 역, 《누구도 멈출 수 없다》, 2020, 부키, 379쪽.

있고 받기만 하는 사람도 있다. 하지만 스스로가 무임승차를 한다고 생각하는 사람은 여기에 대해 미안하게 생각하며 어떤 형태로든 멤버들에게 도움이 되려고 한다. 이렇게 모임의 목적에 맞는 콘텐츠와 서로의 마음이 잘 연결된 네트워크는 오래갈 뿐만 아니라, 주고받을 수 있는 정보의 질이 높아진다. 오프라인과 마찬가지로 진정성이 네트워크를 결정하는 것이다.

코로나 이후 더 활발해진 디지털 세상의 네트워크 방식은 조직 내 네트워크에도 영향을 미칠 수밖에 없다. 더 이상 저명한 논문이나 공식 언론에 노출된 정보, 조직 내에서 공유되는 이야기만으로는 기업이 경쟁력을 가질 수 없다. 또한 자신의 삶의 목적과 성장을 중시하는 MZ세대는 더 이상 일방적인 소통과 수직적인 분위기의 네트워크를 원하지 않는다.

지금까지 남성 중심 문화 때문에 기를 펴지 못했던 여성들이 자신과 삶과 일의 목적을 연결한 네트워크를 통해 더 질 높은 네트워크를 만들 수 있는 환경이 만들어지고 있다. 회사 안의 그들만의 리그에서 이제 디지털 세상으로 먼저 눈을 돌려 진정성 있는 네트워킹을 시작해보자.

이제는 'Know-How'보다 'Know-Why'와 'Know-Who'가 중요한 시대가 되었다. 더 이상 혼자 열심히 일해서 성장할 수 있는 시대가 아니다. 다양한 사람들과의 연결이 만들어주는 기회 속에서 새롭게 만들어지는 내 모습을 발견하고, 숨어 있는 잠재력을 개발해 보자. 또한 목적 중심의 수평적인 네트워크와의 연결을 깊고 넓게 확대함으로써 남성-여성을 뛰어넘어 회사 전체와 나의 팀, 구성원, 그리고 나 자신의 목적에 다가가자.

5장 요약

① 회사의 목적과 연결된 팀의 목적과 비전, 가치는 구성원에게 더 깊은 소속감과 업무 몰입, 그리고 회복탄력성을 가져다 준다.

② 리더가 퍼실리테이션을 활용한 워크숍을 통해 구성원과 함께 팀의 목적과 비전, 가치를 만들 때 구성원들의 소속감과 책임감은 더욱 올라간다.

③ 서로 다른 목표와 KPI를 가진 부서 간 협업력을 높이기 위해서는 여성의 장점인 '레이다' 사고를 활성화 시켜, 상황과 맥락을 잘 파악하고 공동의 목적을 탐색하며, 타인의 니즈를 세심히 살펴 소통하는 것이 도움이 된다.

④ 목적은 남성 문화 중심의 네트워크 문화를 극복하고 수평적이고 자발적인 네트워크를 가능하게 해준다.

⑤ 사내 여성들과의 연결과 회사 밖의 온라인 커뮤니티와의 Weak-Tie 확대는 남성 중심 문화 속에서 육아와 일을 병행하느라 네트워크의 기회를 갖기 어려웠던 여성들이 자신들의 목적과 아젠다를 중심으로 진정성 있는 연결을 확대할 수 있는 새로운 기회가 될 수 있다.

2부에서는 나 자신, 구성원, 조직 대상의 '커넥트 리더십'을 실천하기 위한 구체적인 스킬과 적용 방안을 살펴봤다. 이제 3부에서는 각기 다른 부서와 환경 속에 있는 위커넥터 7명의 생생한 관계력 스토리를 소개한다. 목적과 관계력을 무기로 활용하는 여성 리더들의 실제 스토리는 '커넥트 리더십'에 대해 확신과 의지를 갖는 데 무엇보다 큰 효과가 있을 것이라 믿는다.

3부

위커넥터의 연결 노하우를 만나다

01

박예리 카닥 CSO

"상대의 니즈를 파악하고 공동의 목적을 찾아라"

전략기획임원은 회사의 방향을 결정하는 가장 중요한 포지션 중 하나다. 그만큼 야근도 많고 책임도 크다. 대표적으로 여성 임원을 찾기 어려운 분야이기도 하다. 최근 유니콘 기업으로 떠오르고 있는 자동차 유지관리 서비스 플랫폼 카닥의 전략기획은 30대 후반의 박예리 CSO가 맡고 있다. 박예리 CSO가 카닥 이전에 다니던 직장은 더더욱 여성 리더를 찾기 어려운 한국타이어였다. 여기서도 경영기획본부에서 전략과 재무 파트를 8년간 담당했다. 여성들이 전무하다시피 한 분야에서 당당하게 자신의 목소리를 내며 성장하고 있는 비결에 대해 들어봤다.

Q1. 지금까지 일한 곳이 여성이 거의 없는 곳이었다. 특별한 이유가 있나?

핵심적인 일이 하고 싶었다. 한국타이어에서도 처음 공채로 입사했을 때 경영기획본부가 아니면 퇴사하겠다고 호기롭게 내 의사를 먼저 밝혔고, 다행히 경영기획본부로 배치돼 회사 전체의 방향과 목표, KPI를 결정하는 일에 성취감을 느끼며 재미있게 일할 수 있었다. 하지만 한국타이어는 당시 여성 팀장이 전사에 1명뿐이었고, 여성 임원은 전무했기에 내가 어디까지 승진할 수 있을지 막막했다. 그러던 차에 지금 일하는 카닥에서 경영기획팀장으로 일할 수 있는 기회를 제안 받아 이직을 했고, 운영 전반을 책임지는 COO를 거쳐 지금은 회사의 전략과 상품전략을 담당하는 CSO 역할을 하고 있다.

Q2. 남성 중심 문화에서 여성으로 일하는 것에 어려움은 없나?

한국타이어에서 일할 때 처음에는 많이 힘들었다. 전략기획부서는 사원이라도 담당 부서장이나 임원과 협의를 해야 하는 일이 많다. 내가 담당했던 일이 팀장들과 팀의 목표와 KPI를 협상하는 일이었는데, 당시 윗분들의 머릿속에 여성 직원은 서무를 보조하는 역할이었다.

당연히 나의 이야기를 귀담아듣지 않았고, 내가 담당임에도 남자 직원과만 대화하려 했다. 또 보통 까다로운 얘기들은 담배를 피거나 술을 마시면서 편하게 하기를 원하는데, 나는 그게 안 되니 논리적인 자료를 들이밀 수밖에 없었다. 그러다 보니 '유도리가 없다', '건방지다'는 이야기들이 흘러 나왔다.

Q3. 많이 힘들었을 것 같다. 어떻게 해결했나?

상대가 강하게 나온다고 무조건 수용하면 협상이 되지 않는다. 일관되게 논리적 근거들을 계속 제시하면서, 회사 전체의 목표나 협의 대상인 팀장의 상사가 가진 구체적인 목표를 같이 언급했다. 처음에는 욕을 하던 분들도 시간이 지나면서, 내가 싸우려는 것이 아니라 같은 목표를 달성하기 위해 일하는 것이었다는 사실을 받아들이셨다.

나도 시간이 지나면서 관계를 맺는 방식에 유연함이 생겨났다. 협상을 하고 합의를 하려면 상대의 니즈를 알아야 하고, 이를 위해서는 일 외의 자리에서 편안한 대화를 할 수 있어야 한다. 하지만 이 분들 입장에서 생각해 보면 내가 편한 상대일 수가 없기 때문에, 내가 먼저 노력해야 한다고 생각했다.

예를 들어, 남자들끼리는 사적인 친밀감을 나타내는 표현을 주고받는 것이 아주 자연스럽다. 멀리서 임원이 오면 90도로 폴더형 인사를 한다. 나도 임원이 들었을 때 기분 좋은 말과 90도 인사 정도는 할 수 있다고 생각해 열심히 따라했더니 어느새 익숙해졌다.

그렇다고 남자들과 뭐든지 똑같이 하려 했다는 것은 아니다. 예를 들어, 외모를 지적한다거나, 내 업무에 대해 내가 잘 모를 것이라고 넘겨짚는 등의 태도에 대해서는 정확히 선을 그었다. 하지만 그때도 정색을 하고 얘기하기보다는 "요즘 그렇게 얘기하시면 안됩니다, 저니까 이렇게 넘어가는 거예요." 정도로 상대가 수치심을 느끼거나 체면이 상하지 않도록 농담을 섞어서 이야기했다. 그렇게 되면 서로가 배려한다는 느낌을 주고받을 수 있고, 또 무엇을 조심해야 하는지 알 수 있어 장기적으로는 좋은 관계로 이어질 수 있었다.

Q4. 조직에서 좋은 관계력을 가지기 위해 가장 필요한 게 무엇이라 생각하나?

솔직함이다. 업무를 매개로 대화를 나누지만 결국 사람과 사람의 관계이기 때문에 솔직하게 현재 가능한 것과 그렇지 못한 것을 얘기했을 때 관계의 발전이 있었다. 그러려면 자신의 약점도 노출할 수 있어야 한다. 남자들은 '형 좀 도와주세요' 같은 말을 잘 한다. 반면 여자들은 자신의 약점이나 한계를 잘 드러내지 못한다. 후배들을 봐도 남자 후배들은 '뭘 배우고 싶고, 연봉은 얼마를 원하고, 불만은 무엇이다'를 더 분명히 말하고 도와달라고 하는데, 여자 후배들은 그런 요구를 하지 않는다. 좀 더 자신을 드러낸다면 그 친구의 성장에 대한 대화를 더 생산적으로 할 수 있을 것 같다.

Q5. 여성들이 관계력에 대해 갖는 강점은 무엇인가?

여성은 더 섬세하다. 상대의 니즈를 더 잘 파악한다. 그리고 주어진 목적과 목표에 더 성실하게 임하는 경향이 있다. 때문에 조직에서 관계를 맺을 때 상대의 니즈와 공동의 목적에 기반해 협업해 가는 데 더 탁월할 수 있다. 이렇게 맺어진 관계는 개인적 친밀감이나 회사 내 힘의 논리에 의해 만들어진 관계보다 더 자발적이고 투명하기 때문에 장기적으로 좋은 파트너로 남는다.

Q6. 이러한 강점을 가지고 있지만 관계력을 키우지 못하는 이유는 무엇이라 생각하나?

여성이 남성 중심 문화에서 관계를 키우기 위해서는 용기가 필요하다. 하지만 그만큼의 값어치가 있다. 나는 한국타이어에서 일할 때 한 달간 진행되는 공장 엔지니어 신입사원 교육에 자원해 참석했었다. 물론 사무실에서 얻는 정보나 데이터로도 일을 할 수 있지만 직접 현장에서 고객과 부딪히는 사람들의 이야기만큼 가치 있지는 않다. 각 부서에서 나에게 도움되는 정보를 줄 수 있는 접점이 많을수록 내 경쟁력은 올라간다. 그러기 위해서는 그들과 직접 시간을 보내야 한다. 물론 남성 중심 문화가 불편하기는 하지만 내가 먼저 입을 열면 사람들이 마음을 연다. 이 점에서 여성들이 좀 더 용기를 낼 필요가 있다고 생각한다.

Q7. 여성들이 40대 이후에 일을 그만두게 되는 이유가 뭐라고 생각하나?

나는 조직에서 여성들이 위로 올라가기 어려운 '유리천장' 문제도 크지만, 핵심 부서로 진입하기 힘든 '유리벽' 문제가 더 크다고 생각한다. 우리나라 대표 기업들의 CEO를 보면 대부분 법무 출신이거나, 재무기획 출신, 아니면 전략 출신이다. 하지만 이 부서들을 보면 리더는 당연히 남자들이 대다수고, 직원들 중에서도 여성은 극히 소수다. 여성 직원이 소수이다 보니 리더는 계속 남자가 된다. 핵심 부서에서 근무해야 회사의 중요 정보를 많이 접하고 네트워크도 커진다. 연차가 쌓여감에 따라 영향력도 함께 쌓여야 하는데 핵심 부서에서 일하는 여성들이 적다 보니 40대 이후에 자리잡기가 어려워진다고 생각한다.

이 부서들이 업무 강도가 높고 루틴하게 돌아가지 않아 양육의 부담이 큰 여성들이 도전하기 어려울 수 있다. 하지만 그만큼의 성취감과 성장을 맛볼 수 있기 때문에 더 많은 여성들이 회사의 핵심 부서에소 일할 수 있는 기회가 늘어나야 한다고 생각한다. 회사 입장에서도 다양성이 늘어나야 업무 성과가 높아지기에, 여성들이 핵심 부서에

배치될 수 있도록 의도적 지원이 필요하다 생각한다.

Q8. '나다움'을 유지하기 위해 여성들에게 가장 필요한 것은 무엇인가?

나다움을 타인 앞에서 잘 드러내는 것이 필요하다고 생각한다. 일반적으로 여성들은 겸손을 미덕으로 생각한다. 하지만 겸손이 지나쳐서 자신을 너무 낮추는 경향이 있다. 하지만 내가 투자 업무를 하면서 확실히 배운 것은 회사의 가치에 대해 부풀릴 필요는 없지만, 어떻게 객관적으로 잘 드러내냐에 따라 훨씬 더 많은 기회와 이익을 얻을 수 있다는 사실이다. 회사뿐 아니라 우리 자신의 성장도 마찬가지다. 사람은 책임과 권한이 많을 때 더 성장할 수 있다. 나의 장점과 기회를 잘 이해하고 남들 앞에서 잘 드러낼 때 우리는 우리를 더 성장시킬 수 있기에 더 많은 책임과 영향력을 통해 자기 자신을 더 드러내는 것이 필요하다 생각한다.

또한, 여성 스스로가 각 조직의 핵심이 되는 사람들과 관계를 맺으려는 노력이 필요하다. 나와 비슷한 일을 하지 않더라도 좀더 다양한 일을 하는 회사 내 다른 부서나 외부 사람들과의 관계를 넓히게 되면 일에 대한 나의 관점도 넓어지게 된다. 다양한 관점을 갖는 것 역시 '나다움'을 넓혀 가는 데 있어 중요한 요소이다. 내 일 외에는 신경을 안 쓰거나 관심이 없다고 해서 나다움이 만들어지지 않는다고 생각한다. 물론, 남성 중심 문화에서 주도적으로 관계를 만드는 일이 쉽지는 않기에 '용기'가 필요하다. 나 역시 연구소, 공장 등의 사람들과 대화가 되기까지 공장 엔지니어 신입사원 교육에 자발적으로 참가하고, 불러주지 않아도 현장에서 시간을 보내는 등 초기에 많은 노력을 했다. 쉽지는 않았지만 용기의 대가가 충분히 있다고 생각한다.

Q9. 자기 공감을 위한 루틴이 있다면?

하루 30분씩 나에 대해 생각하는 시간을 가지려 노력한 지 벌써 10년 정도 된 것 같다. 일을 시작한 지 3년 정도 지나면서 타인과의 비교는 내 자존감과 삶의 질을 떨어트릴 뿐 별 도움이 되지 않는다는 걸 깨달았다. 그래서 내가 원하는 목적에 집중하고, 나답게 살기 위해 상담도 받고, 마음챙김 명상도 하며 내 감정에 흔들리지 않는 연습을 꾸준히 해 왔다. 물론 지금도 계속 무너지지만, 포기하지 않고 다시 나의 목적과 가치관을 떠올리면서 나답게 한 걸음씩 나아가려 한다. 일과 관계에 치인다고 생각할 때 '할 수 있어'라고 소리 내는 긍정 셀프 토크가 에너지를 높여줄 때도 많다.

Q10. 일과 삶에서 추구하는 목적이 있다면?

'나는 왜 일을 이렇게 치열하게 하는 걸까?'라는 생각이 몰아쳤을 때, 내가 언제 일에서 만족감과 행복을 느끼는지를 열심히 적어봤었다. 그때 적었던 내용 중 공통점이 있었다. '많은 사람들에게 정보 비대칭으로 인한 불합리함과 생활의 불편을 해소해줌으로써 도움을 주는 일'이 나에게 큰 의미가 있다는 사실이었다. 현재 일하는 회사인 카닥으로 이직하기로 결심한 것도, 이 서비스가 많은 사람들이 겪는 차 정비에 관한 불투명한 정보를 개선하기 때문이었다. 스타트업은 하루하루 전쟁같이 느껴질 때가 많다. 그럴 때 내 목적을 떠올리면 아직도 가슴이 뛰는 걸 느낀다. 앞으로 다른 업종과 일을 선택하더라도 내 목적과 맞는 일을 선택하게 될 것이다.

Q11. 나만의 리더십을 정의한다면?

리더는 가슴을 설레게 해주는 사람이라고 생각한다. 업무 외에도 직원이 원하는 것, 꿈꾸는 것이 무엇인지 질문하고 회사에서 어떻게 그 꿈을 연결시킬 수 있는지를 상상하게 해주는 사람이 아닐까 한다. 그러려면, 리더가 성과에 대해 책임을 지는 것에 대한 부담은 있지만, 실패에 대해서도 직원 탓을 하기보다 다양한 시도를 할 수 있도록 동기부여를 해주는 것이 리더의 역할이라 생각한다.

02

정지현 LG유플러스 인사담당 상무

"욕심을 내려놓으니 공감이 시작됐다"

보수적인 국내 대기업의 HR 상무라고 하면 중후한 모습의 카리스마 있는 남성을 상상하기 쉽다. 하지만 LG유플러스의 정지현 상무는 이런 고정관념을 깬다. 타이트한 정장을 즐겨 입고, 컬러풀한 스카프 매는 것을 좋아한다. 오랫동안 훈련해온 코칭 대화 덕분에 말에는 침착함과 따뜻함이 자연스럽게 배어 있다. 정상무의 커리어는 다른 HR 전문가들과도 다르다. 첫 직장은 외국계 IT회사 썬마이크로시스템즈에서 마케팅으로 시작했고, 이후에는 엑센추어와 SAP에서 컨설턴트로 일했다. 이후 엑센추어에서 HR 컨설팅 프로젝트 경험을 살려 SAP 근무 당시 HR부서로 옮겼고, 지금은 HR업계의 인플루언서이자 국내 대기업의 HR 임원으로 일하고 있다. 그녀는 어떻게 굴지의 국내외 기업의 다양한 부서를 거치며 자신의 커리어를 만들어 왔을까. 그리고 그녀의 리더십에 있어 '관계력'은 어떤 의미일까?

Q1. 마케터부터, 컨설턴트, HR전문가까지 다양한 커리어를 경험했다. 비결은 무엇인가?

돌아보면 우연이었다. 하지만 '가슴 뛰는 일'이라 생각하면 우선 도전한 것이 비결이었다. 첫 회사는 막연히 국내 기업보다 외국계 회사가 여성에게 더 많은 기회가 있을 것이라는 생각 때문에 외국계 회사인 썬 마이크로시스템즈를 선택했다. 썬 마이크로시스템즈에서 13년간 정말 열심히 일했는데, 합병을 한다는 소식을 듣고 아예 커리어를 그만둘까도 생각했었다. 하지만 엑센추어라는 컨설팅 회사에 지원해보라는 제안을 받았고 큰 기대 없이 지원했다가 컨설턴트로 전직을 하게 됐다. 이후 SAP의 컨설턴트로 이직을 했는데, 일하다 보니 인사부서에 공석이 있었고, 전에 엑센추어에서 HR 컨설팅을 했던 경험이 있어 지원했다. 당시 쟁쟁한 지원자들이 있었고, 그에 비해 나의 HR 경력은 전무하다시피 해서 크게 기대하지 않았지만 당시 사장님이 비즈니스를 아는 HR의 시각을 중요하게 생각하셔서 인사 업무를 시작할 수 있었다. 어찌 보면 새로운 커리어를 시작할 때마다 객관적인 스펙은 부족했다. 하지만 '가슴이 뛰는 일'이고 가능성이 있다고 생각하면 도전했다. 그러다 보니 초기 1~2년은 고생을 많이 했지만 그 덕분에 계속 공부하는 습관과 사람들의 조언과 도움을 받는 방법에 익숙해지는 보너스까지 얻었다.

Q2. 계속 새로운 도전을 하는 것이 쉽지 않았을 것 같다. 그 동력이 있다면?

여러 번 커리어의 고비가 있었다. 워킹맘들은 아이를 낳고 출산휴가에서 돌아올 때, 아이가 처음 초등학교에 갈 때, 중학교 들어가면서 입시를 위한 엄마의 지원이 필요할 때, 한 번씩 일을 그만둬야 하는지를 고민하는 것 같다. 나는 친정어머니가 아이를 돌봐주셔서 마음 편히 일할 수 있는 편에 속했지만 나에게도 육아는 고민이었다. 엑센추어에서 컨설턴트로 일할 때는 정말 '월화수목금금금'으로 일했다. 그때 아이가 다섯 살이었다. 어느 날 아이 유치원 선생님에게 전화가 왔다. 아이 눈에 틱이 오고 말을 더듬는다고, 집에 혹시 무슨 일이 있냐고 물었다. 그때 일을 그만둬야 하나 고민하다가 좀 더 일의 부담을 줄일 수 있는 SAP로 이직을 하면서 아이와의 시간을 늘리는 쪽으로 방법을 찾았다.

여러 고비에도 일을 그만두지 않았던 가장 큰 이유는 '일을 통한 성장의 즐거움'이 크기 때문인 것 같다. 돌아보면 커리어를 처음 시작할 때와 지금의 나는 정말 다른 사람이 됐는데, 직장 생활을 하면서 겪었던 어려운 일들을 하나씩 경험하면서 성공하든 실패하든 많은 걸 배우며 성장했다. 가끔 아주 똑똑한 친구들이 조직에 와서 무능해지는 걸 보거나, 일은 생계 수단에 불과하다는 말을 하는 경우를 보는데, 그 친구들에게 내가 경험했던 '성장의 즐거움'을 느끼게 해주고 싶다는 생각이 있다. 그래서 지금 인사 업무를 하고 있는 것 같다.

Q3. 20대부터 리더 경험을 시작했다고 들었다. 여성 리더이기 때문에 겪는 어려움은 없었나?

첫 직장인 썬 마이크로시스템즈에서 일할 때 그야말로 열정이 과했다. 외국계 기업이 국내 기업보다 수평적이기는 하지만, 20대 후반의 '대리'가 '팀장'이라는 직책을 달았다는 것은 '어리다'는 핸디캡과 '여성'이라는 핸디캡 두 가지를 모두 갖는다는 의미이기도 하다. 내가 아무리 열심히 해도 다른 남자 팀장들은 나를 동등한 리더로 인정해주지 않는다는 느낌이 있었다. 그럴수록 조바심이 났다. 내 장점에 집중해야 하는데, 그렇게 하지 못하고 연륜이 많은 다른 남성 리더들을 따라하려고 노력했다. 술자리도 빠지지 않고 가려고 하고, 낄 수 있는 기회가 있으면 무조건 끼려고 노력했다. 그 때의 노력이 남성 중심의 문화에서 네트워크와 관계를 형성하는 데 도움이 전혀 안 된 것은 아니지만, 형식적인 관계 이상을 넘어서지는 못했다.

지금 생각해 보면 팀원들에게도 좋은 리더는 아니었다. 리더십에 대한 책도 읽고 강의도 들었지만 머리로만 리더십을 이해했다. 당시 팀원 중 한 명이 유산을 한 적이 있었다. 나는 그 팀원이 회사의 규정에 맞게 휴가를 사용하고 복귀하도록 조치를 해줬는데, 시간이 한참 흐른 뒤에 나에게 '많이 서운했다'는 이야기를 다른 경로를 통해 듣게 됐다. 어떤 점이 서운했을까를 되짚어봤지만 이해가 잘 가지 않았다. 하지만 나도 아이를 가지고 난 후 한참이 지나 그때의 상황을 떠올려 본 적이 있었는데, 그제서야 그 팀원의 서운함이 이해가 갔다. 너무 미안한 마음이 들었다. '리더의 공감 능력'이 중요하다는 걸 머리로만 이해하고, 잘해야 한다는 욕심이 앞서다 보니, 여성이기 때문에 더 발휘할 수 있었던 공감 능력을 제대로 발휘하지 못했던 시기였다.

Q4. 이후 관계력을 높이게 된 계기가 있었나?

썬 마이크로시스템즈 이후 두 번째 직장인 액센추어라는 컨설팅 회사로 이직했을 때 직급이 부장이었다. 컨설팅 회사는 승진이 일반 회사보다 빠르다. 나는 다른 부장에 비해 나이가 많은 편에 속했다. 여기에 대해 나는 크게 신경 쓰지 않았는데 함께 일하는 사람들은 이 점이 안쓰럽게 느껴졌던 것 같다. 내가 먼저 관계를 만들기 위해 노력하지 않았는데도 사람들이 나에게 먼저 친절하게 다가왔다. 다른 여성 리더들과 일하면서 트러블이 있을 때 나에게 고민 상담을 해오는 남성리더도 있었다. 관계에서 '나를 증명해야 한다'는 부담감이 내려가니 자연스럽게 대화를 통해 공감대를 만들 수 있었다. 이후부터는 상대와의 관계가 매끄럽지 않다고 느끼면 '내가 뭘 내려놓아야 할까?'를 고민하게 됐다. 그리고 시간이 해결해 준다는 믿음을 가지고 조바심 내지 않으니 자연스럽게 관계가 넓어지고 깊어졌다.

Q5. 여성들이 조직에서 관계력을 쌓는 데 더 유리한 점이 있다면?

내 경험상 여성들은 문제의 원인을 다른 사람이나 상황으로 돌리기보다 자기 자신에게서 찾으려는 경향이 더 강하다. 그 때문에 항상 부족한 부분을 보완하려고 노력한다. 이 점이 자신감을 낮출 수 있는 단점이 될 때도 있지만, 여성의 업무 수행력과 일에 대한 신뢰를 높이는 좋은 동력이라고 생각한다. 관계에서도 여성은 생물학적으로 오랜 시간 양육을 담당해 왔기 때문에 씨앗을 심고, 물을 주고, 키우는 DNA가 더 발달해 있다. 남성들은 관계를 맺을 때도 본인의 영역을 지키고 서열을 분명히 하면서 자신의 우위를 지키려는 경향이 강한데 반해, 여성들은 이기는 것보다 서로 도우려는 마음이 크다. 때문에 수평적인 관계가 만들어지고 윈윈 관계를 더 잘 만들어 낸다. 물론 지금 조직은 남성 중심의 문화가 우세한 경우가 많지만, 단순히 남성들이 하는 방식을 쫓아서 네트워크를 만드는 것보다 여성의 색깔을 살려서 네트워크를 만들어 나가는 것이 중요하다 생각한다.

Q6. 여성이 이러한 장점에도 불구하고 조직에서 관계력을 키우지 못하는 이유가 무엇이라 생각하는가?

가장 큰 문제는 시간이 부족하다는 점이다. 여성들의 사회 생활에 육아는 여전히 큰 벽이다. 퇴근 후 저녁시간 아이와 시간을 보내야 하는 책임을 여성이 더 크게 느끼기 때문에, 여성들은 주어진 일을 최대한 단시간 내 효율적으로 처리해야 한다는 압박이 크다. 일뿐 아니라 관계를 쌓는 데에도 시간이 필요하다. 위로 올라갈수록 관계는 더 복잡해진다. 남성 중심 문화에서 일하는 여성 리더에게는 더더욱 그렇다. 나는 운 좋게 친정 어머니의 희생 덕분에 아이를 케어해야 하는 시간 압박을 덜 수 있었다. 하지만 시간을 효율적으로 써야하는 상황은 관계력이 뛰어난 여성들을 과업 중심적으로 만드는 경향이 있는 것 같아 아쉽다.

Q7. 조직에서 여성이 소수인 경우 자신의 개성을 발휘하기 어렵다. '나다움'을 발휘하고 유지하기 위한 노하우가 있다면?

'나다움'은 혼자보다 같이 찾을 때 더 잘 찾을 수 있다. 그리고 조직 외부의 관계에서 '나다움'을 더 잘 발견할 수 있다. 왜냐하면 우리는 누군가의 지지를 받을 때, 그리고 의무가 아닌 진심으로 누군가를 도울 때 더 '나다움'이 발현되기 때문이다. 나에게는 두 가지 방법이 있었다.

첫 번째는 나와 비슷한 상황에서 비슷한 고민을 하고 있는 친구들과의 모임이다. 영어로는 Loosely coupled relationship이라고 한다. 삼십 대 초반에 시작해 15년이 넘는 지금까지 이어지는 독서모임이 있는데, 이름이 '아워삼락(Our三樂)'이다. 공자님이 논어에서 얘기하신 세 가지 즐거움 대신 우리의 즐거움으로 '공부하고, 일을 통해 성장하며, 건강한 루틴을 갖기 위해 서로 응원한다'로 모임의 목적을 정했고, 그 약속은 지금까지 이어지고 있다. 일과 관계, 건강에 대한 고민들을 서로 나누고, 격려하며, 돌파구를 함께 찾는다. 모두 치열하게 일하는 여성들이기에 누구보다도 서로의 고민을 잘 이해했다. 하지만 직접적으로 일을 함께 하지 않기 때문에 깊은 고민도 쉽게 털어 놓을 수 있었다. 나는 때로는 조언을 구했고, 때로는 도움을 주면서 내가 필요한 답을 찾아 왔다. 그러면서 '나는 이런 사람이구나'라는 것도 같이 발견할 수 있었다.

두 번째 '나다움'을 유지했던 방법은 나의 전문성을 외부로 드러낼 기회를 마련하는 것이다. 나는 지난 직장인 SAP에서 HR 매니저 일을 시작한 이후 HR 전문 매거진에 칼럼을 지속적으로 실었다. 자료를 찾고 글을 작성하려면 시간이 많이 걸렸고, 반드시 해야 하는 일도 아니었다. 하지만 그 과정에서 '남과 다른 나의 메시지나 방법은 무엇일까?'를 고민하게 된다. 그리고 나와 비슷한 일과 고민을 가진 사람들의 피드백을 받을 수도 있다. 그러면서 내 일에 대한 의미와 방향성을 점검할 수 있었던 것 같다. 요즘은 블로그나 브런치 등 나의 전문성을 드러낼 수 있는 디지털 채널이 더 다양해졌기 때문에, 의지만 있다면 나의 전문성으로 '나다움'을 만들어 가기에 더 환경이 좋아진 것 같다.

Q8. 관계력을 높이기 위한 팁을 말해준다면?

나는 '스몰토크'를 시도해 보라고 말하고 싶다. 나도 전에는 본론부터 바로 말하는 돌직구 스타일이었다. 하지만 관계의 중요성을 알게 되면서 처음에 '라포'를 형성하고 대화를 시작하는 것이 얼마나 중요한지 잘 알게 됐다. 운동할 때도 워밍업을 하면 운동 효과가 높아지는 것처럼, 대화 초반에 바로 무거운 아령을 드는 것이 아니라 일상적인 가벼운 대화를 통해 서로에 대한 공감대를 마련하고 대화를 시작하면 업무 협조나 갈등 상황에서도 쉽게 공감대를 마련할 수 있었다. 대화 주제에 맞는 스몰토크를 사전에 준비해두는 것도 도움이 된다.

Q9. 관계력에 대해 고민하는 일하는 여성 후배들에게 조언을 해준다면?

관계의 모호함과 복잡함을 피하지 말라고 말하고 싶다. 여성들이 업무력이 뛰어난데, 관계를 넓히지 못하는 이유 중 하나가 관계의 복잡함 때문이라고 생각한다. 팀원일 때는 자신의 일만 관리하면 되기 때문에 비교적 관리 영역이 명확하고 통제가 쉽다. 하지만 리더는 부서원의 잘못도 자신이 감수해야 할 때도 있고, 조직 내 복잡한 역학관계를 이해하고 관여해서 풀어나가야 할 때도 있다. 내가 컨트롤할 수 없는 문제들 때문에 손해를 볼 수도 있고, 예측하지 못한 상황 때문에 계획이 변경되기도 한다. 흔히 얘기하는 불확실성이 상수가 된 VUCA 시대이기 때문에 리더가 매니징하기가 더 어려워졌다.

하지만 복잡한 상황을 매니징하는 것이 어려운 것은 여성만의 문제가 아니다. 복잡한 환경 때문에 조직문화도 점점 수평적으로 변해가고 리더에게도 과거의 전통적 카리스마가 아니라 공감에 기반한 코칭과 피드백 역량을 원하고 있다. 여성들이 훨씬 더 잘할 수 있는 영역이다. 때문에 조직도 여성 리더를 원한다. 일의 효율보다 장기적인 목적과 관계에 집중하고, 새로운 도전에서 경험하는 실수와 실패에 대해 좀 더 관대해진다면 여성들이 전보다 조직에서 훨씬 더 큰 영향력을 미칠 수 있는 시대가 열렸다고 말해주고 싶다.

03

김선아 오비맥주 노사협력팀 팀장

"나쁜 엄마 콤플렉스를 버리고 나다움으로 경쟁하자"

주류회사는 남성 직원의 비중이 높은 대표적 회사 중 하나다. 이 중에서도 노조 측과 협의를 해야 하는 노동조합 대응 업무는 남성 팀장만이 할 수 있다는 생각이 일반적이다. 노조업무는 회사의 비즈니스와 전략도 잘 알아야 하지만 때로는 거친 협상 테이블에 앉아 노동조합 대표자들과 힘겨운 씨름을 해야 하는 자리이기 때문이다. 하지만 국내 대표 주류기업인 오비맥주 노무 업무를 담당하고 있는 김선아 팀장은 사람들이 기대하는 노조담당 리더의 모습과 다르다. 영업 관리 업무로 시작해 인사팀장을 거쳐 노사협력팀을 이끌고 있는 김선아 팀장이 어떻게 일과 조직에서의 관계, 그리고 김선아라는 개인과 가정의 밸런스를 유지하고 있는지 들어봤다.

Q1. 충청도 지역의 영업관리 부서로 오비맥주에 입사했다. 어떻게 지금의 커리어로 이어졌는지 궁금하다.

어릴 때 '꿈이 무엇이냐'는 질문을 받으면 바로 답하지 못했다. 막연히 사람에 대해 관심이 많고, 책임감이 강하다는 강점만 알고 있었을 뿐이다. 영업지점으로 입사해 오비맥주 중부권역 세일즈 애널리스트로 7년간 일을 하면서 결혼을 하고 지금의 남편을 만나서 대전에서 신혼을 시작했다. 우연히 서울 본사 인사부서에서 제안이 와서 그때부터 인사업무 커리어가 시작되었고, 올해 첫 여성 노사협력 팀장이 되었다. 처음부터 커리어에 대한 분명한 그림은 없었지만 내 앞에 놓인 일을 열심히 하면서 한 계단 한 계단 오르다 보니, 내가 성장하고 있다는 걸 느꼈고 커리어를 확장할 수 있는 기회도 늘어났던 것 같다.

Q2. 전형적인 남성의 비율이 높은 기업이다. 여성 리더로서 관계력을 쌓는 데 어려움은 없었나?

처음 영업부문이나 본사 인사부서에서 일할 때는 사실 큰 어려움을 못 느꼈다. 아마도 실무를 하는 주니어여서 그랬던 것 같다. 하지만 2018년부터 만 4년간 400명 가까운 직원이 근무하는 이천공장에 수평적 조직문화를 조성하기 위해 공장 인사팀장으로 근무할 때는 정말 힘들었다. 당시 공장에 근무하는 팀장님들은 나보다 최소 띠동갑 이상의 남성 리더들이었고, 여자 팀장은 처음이었다. '사람들이 나를 싫어한다'는 느낌을 그때처럼 많이 받은 적이 없었다. 오랫동안 알고 지냈던 여성 동료들 역시 점점 멀어지는 것 같았다. '여자가 욕심이 너무 많다', '여자가 잘 모르면서 가르치려 든다' '유아독존 스타일이다' 등등의 이야기들을 들을 때는 정말 어려웠다.

Q3. 그때 어떻게 해결했나?

그 당시 상사의 코칭과 피드백이 큰 도움이 됐다. 사실 관계와 경청, 겸손에 대해 많이 배우고 성숙해진 시기이기도 하다. 그때만 해도 나는 목표가 있으면 무조건 빨리 끝내야 하고, 문제해결을 위해 나와 다른 반대 의견은 치고 나가야 한다는 생각이 강했다. 그러다 보니 다른 의견에 대해 귀 기울이지 못하고 꺾어 누르려고 하고, 내 생각과 다르면 회의 도중에도 언성이 높아지고 말은 더 빨라지고 목소리 톤도 올라갔다. 그것이 사람들을 불편하게 할 수 있다는 것을 그때 처음 알았다. 그 때 '경청'의 중요성을 알게 돼 경청 스킬을 연습했다. 나보다 훨씬 오랜 시간 동안 공장에서 운영을 담당한 분들의 입장에서 생각해야 한다는 관점을 갖게 되자 소통에서의 불편함이 많이 줄어 들었다. 그 때 관계에서 '다른 사람의 의견을 존중하자'는 원칙을 세우게 됐다.

'멘탈 관리'에 관심을 갖게 된 것도 그때부터다. 그때는 나를 잘 모르는 사람들이 나에 대해 얘기하는 것 때문에 많이 힘들었다. 하지만 중요한 것은 나 자신이 나의 가치와 원칙을 잘 지키고 있는지였다. 어차피 나를 좋아하는 사람이 15%면, 싫어하는 사람도 15% 있고, 나머지 70%는 나에게 무관심하기 때문에 모든 사람들의 의견에 신경쓰면서 살 필요는 없다고 생각하기 시작했다. 그래서 개선이 필요하다고 생각하는 부분에 대해서는 나를 잘 아는 스테이크홀더(stakeholder, 이해당사자)들의 의견에 귀 기울이며 보완해 나가려 했다.

그리고 사람들이 나에 대해 비난했던 이유도 '김선아 개인'이 아니라 내가 하는 '일'이 조직의 변화를 가져오는 일이고, 여성 리더가 낯설었기 때문이라는 점을 환기시키면서, 어느새 구설수로부터 조금씩 자유로워졌다.

Q4. 혹시 여성이라서 관계력에서 도움이 되는 점은 없었나?

여성과 남성의 조직 적응 방식과 관계력은 차이가 있다고 생각한다. 남성이 여성보다 조직에 쉽게 적응하고 관계 형성에도 어려움이 적다. 하지만 여성 역시 특유의 장점이 업무에 도움이 될 때가 많다. 나는 원래 드라마 보기도 좋아하고 잘 울기도 하는 등 감정이 풍부하다. 이 점이 여성들의 세심함으로 좋은 소통을 도와준다고 생각한다. 그리고 대화를 할 때 '공감'을 어떻게 하느냐에 따라 관계를 다르게 만들 수 있다. 남성들과 다른 부분을 적극적으로 활용해야 한다. 가끔씩 일부러 남성처럼 터프하게 보이려고 노력하는 여성 리더들을 보게 되는데, 나는 그보다 여성이 가진 장점을 더 드러내고, 자신의 방식에 따라 자기를 잘 관리하는 것이 개인적으로 자신감을 높여주고 관계에 플러스 요인이 된다고 생각한다.

Q5. 워킹맘으로서 일과 육아를 병행하는 게 쉽지 않을 텐데, 어떻게 하고 있는가?

'워킹맘의 행복지수는 남편의 육아 참여도와 비례한다'는 문장을 어딘가에서 읽은 적이 있다. 지금 내 행복지수는 100점에 가까운데, 그 이유는 남편이 100% 육아에 참여하기 때문이다. 물론 처음부터 그랬던 것은 아니다. 남편은 경상도 출신의 보수적인 남자였다. 양가 부모님 모두 지방에 계시기 때문에 아이를 키우는 데 부모님의 도움을 받기 어려웠다. 아이가 5살이 되기까지는 울산 시가에 아이를 맡기고 주말에 아이를 보러 가거나 시부모님이 올라 오시거나 하면서 어렵게 아이를 키웠다. 시아버님이 두 돌을 막 지난 아이와 올라와서 우리 집에 머무실 때가 있었는데, 내가 출근하려는 순간 아이가 기저귀에 변을 봤고 아버님께 기저귀를 갈아달라고 말씀드리고 출근했는

데, 그 모습을 보고 남편은 '지각을 하더라도 엄마가 하고 출근을 해야지, 이런 식으로 할거면 회사를 그만두라'고 소리를 지른 적도 있었다. 그때는 내가 무얼 잘못한지도 모르면서 '나쁜 엄마', '부족한 아내와 며느리'인 것 같아 힘들었다.

하지만 그때 읽었던 책 구절에서 '가족의 행복은 아내의 희생으로 유지되는 것이 아니다'라는 말에 힘을 얻고, 남편에게 '잘못했다'고 말하는 대신 내가 추구하는 나의 삶과 가치에 대해 얘기했다. '나는 아내도, 엄마도, 며느리도 중요하지만, 그 중심에는 김선아라는 사람이 있다'고, '김선아라는 사람의 삶을 살고 싶고, 거기서 남편과 딸은 정말 중요한 존재'라고 말했다. 그렇게 내가 원하는 나의 모습을 있는 그대로 드러낸 다음부터 남편이 도와주기 시작했다. 아이가 7살 때 남편이 육아 휴직을 써서 육아에 힘써줬고, 초등학교 1학년 때는 남편의 설득으로 시부모님이 올라오셔서 아이의 통학과 집안일에 대해 도움을 받았다.

지금도 결혼한 후배들한테 '좋은 아내', '좋은 엄마'의 고정관념에 맞추기 위해 '너무 잘하려고 노력하지 말라'고 조언한다. 남편과 시가에게 부족하더라도 나의 있는 그대로의 모습을 보여줘야 당장은 불편해도 장기적으로 좋은 관계를 맺을 수 있다고 말한다.

Q6. 나와의 연결을 위한 루틴이 있다면?

금요일 저녁은 무조건 나 혼자만의 시간을 갖는다. 금요일 저녁이 안된다면 주말에 하루 정도는 혼자만의 시간을 만들려고 노력한다. 운동을 하기도 하고, 책을 읽기도 한다. 그렇게 바쁜 일상에서 혼자만의 시간을 보내며 생각을 정리하는 것이 엄청난 에너지를 준다는 걸 30대 중반 이후 깨달았다. 내 감정과 생각을 들여다 보면, 불안함과 걱정들도 만나게 된다. 그럴 때 '잘하고 있어'라는 내 스스로의 응원이 그 무엇보다 큰 힘이 되기 때문이다.

Q7. 일과 삶에서 추구하는 목적과 가치관은?

'아이를 키우는 여성 후배들이 일과 삶의 균형을 찾을 수 있도록 돕는 것'이 내가 열심히 일하고 성장하는 큰 원동력이 된다. 30대 중반 이후 남성 중심 문화의 조직에서 워킹맘으로 일하면서 겪은 어려움을 여자 후배들은 덜 겪기를 바라는 마음이 쭉 있었다. 그들의 어려움을 알고 있기 때문이다. 누구나 관계에 대한 불안감이 있지만, 일하는 여성들이 느끼는 불안감은 더 크다. 그러다 보니 야근과 회식에 빠지지 못하고, 엄마로서의 역할을 소홀히 하게 되는 경우가 많은 것이 안타깝다. 물론, 반드시 참석해야 하는 자리도 있지만 자기 자신의 중심이 바로 서 있다면 좋은 관계를 위해 정말 필요한 방식을 선택할 수 있게 된다. 여성 후배들이 셀프 리더십을 길러서 일과 삶의 균형을 통해 계속 주도적으로 성장할 수 있도록 지원해 주는 선배가 되고 싶다. 그런 목적으로 얼마 전부터 '엄마의 영향력'이라는 제목의 블로그를 운영하며 일하는 엄마에게 필요한 생각들을 공유하고 있다.

Q8. 김선아만의 리더십 스타일을 정의한다면?

'상대의 강점을 기반으로 성장시키는 사람'이라고 말하고 싶다. 나는 사람에 대한 파악이 빠른 편이다. 어떤 팀원은 주도적으로 스스로 일하는 걸 좋아하지만, 어떤 팀원은 꼼꼼한 가이드를 원한다. 그런 차원에서 '마이크로매니징'이 반드시 나쁘다고 볼 수도 없다. 권한 위임도 직원의 역량과 의지 수준에 맞게 이뤄져야 하기 때문이다. 그래도 항상 상대의 장점을 파악해서 그것을 기반으로 성과를 낼 수 있도록 돕는 것이 지금까지 내 리더십의 스타일이었던 것 같다. 그들다움을 인정해 주면서 같이 성장해 나가는 것. 누구나 완벽하지 않지만 그들의 강점을 잘 발휘하면 더 그들다움을 만들어나갈 수 있다. 그때 팀워크가 형성되고 좋은 성과가 난다.

04

정미교 SAS 마케팅 전무

"'우리 속의 나'를 생각하자"

현재 50대 중반을 넘은 여성 임원들에 대한 우리의 선입견이 있다. 남성 중심 문화에서 살아남기 위해 여성이라는 정체성을 무시하고 남성보다 더 남성 같은 카리스마를 가졌다는 생각이다. 하지만 89년 썬 마이크로시스템즈에서 출발해 인텔, 컴팩, 실리콘그래픽스를 거쳐 현재의 SAS에 이르기까지 30년 넘게 국내 대표적인 IT 외국계 기업에서 마케팅을 이끌어 온 정미교 전무는 남성적 카리스마가 넘치는 캐릭터와는 거리가 멀다. 나직한 목소리와 침착한 태도, 그러면서도 본인의 의견을 소신 있고 당당하게 전달하는 정미교 전무는 마치 고등학교 독서 토론대회에 나온 여고생을 연상시킨다.

IT 업계에서는 변함없이 자신의 스타일을 유지하며 열정적으로 일하고, 항상 책을 놓지 않은 정전무가 자신의 롤모델이라고 말하는 여성 리더도 적지 않다. 남성 중심 문화 속에서 '나다움'을 놓지 않고 계속 성장할 수 있는 그녀의 비결을 들어보았다.

Q1. 1989년도에 여성에게 회사 생활은 쉽지 않았을 것 같은데, 어떠했나?

그때의 나는 날카로운 송곳 같았다. 글로벌 기업이라도 전문직 여성은 많이 뽑지 않았던 시절이다. 당시 여성들에게 열린 대부분의 포지션은 주로 남성 직원 일을 서포트해 주는 역할이었다. 하지만 나는 마케팅 스페셜리스트로 일을 시작했다. 내 전문 분야의 일을 너무 좋아해서, 내 역할이 아닌 타부서의 애매한 지원 요청에 대해서는 단호하게 거절했다. 예를 들어, 해외에서 컨퍼런스가 열려 출장을 가면 여성 참석자는 나 혼자인 경우가 많았다. 당시 해외 항공권은 현지에 도착해서 정해진 시간 내에 귀국 항공권을 '확인'해야 했다. 해외 컨퍼런스 중에 그 '확인'작업을 hospitality desk의 담당자에게 참석자들이 직접 해야 했다. 타 부서의 남성 임원 중 영어 장벽을 느끼는 일부분들이 비행기 티켓 확인을 당시 어린 여직원인 나에게 요청하신 경우가 있었는데, 그때 난 단호히 거절했다. 지금 생각하면 좀 더 너그러웠으면 좋았겠다는 생각도 들지만, 내가 하나를 양보하면 회사 생활에서 온갖 잡동사니 일들이 나에게 돌아올 수 있다고 우려했고, 나의 전문 영역을 지켜야 한다는 생각이 간절했던 것 같다.

Q2. 직급이 높은 상사의 요청을 거절하기 어려웠을 텐데, 어떻게 그것이 가능했나?

나는 어릴 때 경험 덕분에 내게 주어진 기본 역할을 잘 하고, 내 방식으로 신뢰를 쌓으면 된다는 믿음이 있었다. 중학교 때 미션 스쿨을 다녔는데, 학생들은 종교와 상관없이 예배를 보러 교회에 가야 했다. 그런데 삼 년 동안 한 번도 교회에 가지 않은 단 한 명의 학생이 있었는데, 나였다. 나는 당시 '종교의 자유'를 배웠기 때문에, 내 자유의지에 반하면서 교회에 갈 필요가 없다고 생각했다. 학교의 선생님께서 교회를 가라고 계속 권유하셨지만 가지 않는다는 이유로 퇴학을 시키지는 않았다. 그때 깨달았다. '내가 '거절'을 표현해도 나를 쫓아내지는 않는구나'라고. 그렇다고 내가 '트러블 메이커'라는 의미는 아니다. 거절할 때는 나름대로 내 가치를 기준에 두고 많은 고민을 한다. 그리고 내가 그럴 수밖에 없는 이유에 대해서도 충분히 설명하려고 노력한다. 물론 나의 이런 성향 때문에 나를 좋게 보지 않았던 상사들도 있었다. 하지만 동의하지 않는 내용에 대해 No라고 말할 줄 아는 나의 성향을 인정하는 상사들도 있었다.

Q3. 여성이라서 업무에 필요한 관계를 쌓기 어렵다고 느낀 적은 없었나?

특별히 없었다. 90년대만 해도 '얼굴을 봐야 일이 된다'고 믿는 경향이 컸다. 당연히 술자리가 발생하는 경우도 있었고, 숨은 승부근성이 강하던 나는 술자리를 피하지 않고 끝까지 버티려고 노력했었다. 하지만 시간이 지나면서 정말 필요하고 신뢰할 수 있는 관계는 술자리보다 각자의 생각과 니즈를 존중하고 공감대를 만들어 나가는 데서 쌓인다는 걸 알게 됐다. 그리고 업무 외의 영역에서 공감대를 가질 때 그 힘이 더 커진다는 것도.

그래서 우리 부서와 협력 관계에 있는 부서의 부서장과 팀원들과는 따로 밥을 먹는 자리를 만들거나 우연히 마주칠 때 캐주얼한 대화를 통해 공감대를 만들려 노력한다. 공감대는 일방적 대화에서는 만들어지지 않는다. 서로의 관심사를 공유하고, 서로 도움이 되어야 한다. 어찌 보면 술자리에서 공감대를 만드는 것보다 시간과 노력이 더 필요할 수 있지만, 서로를 이해하고 존중하면서 만들어진 신뢰는 더 오래 단단하게 유지된다고 믿는다. 조직 내 협업에 건강한 힘이 된다.

Q4. 그런 점에서 여성이 더 유리하다고 느낀 점은 없었나?

여성은 더 섬세하다. 때문에 상대의 니즈를 파악하고 공감하는 데 더 탁월하다. 그리고 나와 다른 의견에 대해서도 좀 더 유연한 편이다. 요즘 MZ세대와의 세대 갈등이 많이 얘기되는데, 예를 들어 남성 직원이 육아 휴직을 신청하면, 일반적으로 남성 임원들의 반응이 좀 더 경직돼 있다. 그럴 때 나는 "남자들이 육아 휴직을 쓰면, 조직 내 좋은 여성 인재들의 로열티가 높아질 수 있다"고 여성 직원과 MZ세대의 입장을 지지한다. 다양한 관점에서 타부서와 협업하거나 구성원들과 교감하는 데 남성보다 더 유리한 점이 있다고 생각한다.

Q5. 이야기를 들어보면 다른 사람의 시선에 크게 구애받지 않고 생각하는 바를 소신있게 펼친다. 그럴 수 있었던 계기가 있었나?

4녀 1남의 셋째 딸로 자랐다. 조부모님은 장손인 막내 남동생을 무척 편애하셨지만 부모님은 우리를 아주 평등하게 키우셨다. 하지만 초등학교 때 시골에서 제사를 지내는 걸 보고 충격을 받았다. 증조할아버지의 제사를 지내는데, 남자들만 모두 제사 지내는 방에 들어가 절을 했다. 나도 절을 해서 증조할아버지께 나의 존경을 전하고 싶었는데 할 수 없었다. 너무 억울했는데, 당시 내가 믿고 의지했던 할아버지, 아버지, 삼촌들은 여기에 대해 아무도 문제라고 여기지 않았다. 그때 생각했다. '당연하다고 생각하는 것에 대해 내 스스로의 묻고 답을 찾지 않으면 꼭두각시처럼 살 수밖에 없다'는 것을.

그때 이후, 내 관점을 명확하게 하고 그것을 말하는 습관이 생겨난 거 같다. 그것 때문에 조직에서 불편했던 경험도 있었다. 하지만 최근에는 정말 조직 문화가 빠르게 변화하고 있다. 물론 아직도 전통적 고정관념 때문에 여성들이 다른 사람의 시선을 많이 신경 쓰고, 자기 주장을 하기 어려운 문화도 있었지만, 이제는 좀 더 소신 있게 스스로의 의견을 펼쳐도 된다고 생각한다. 말하라. 말하지 않으면 바꿀 수 없다.

Q6. 여성 리더가 관계력을 키워가기 위해 필요한 마인드는 무엇인가?

여성이 이미 잘 가지고 있는 사고 방식인데, '나'보다 '우리'를 먼저 생각하는 것이다. 사실 이 생각은 어머니에게 영향을 많이 받았다. 어머니는 우리 오 남매를 키울 때 한 명만 잘못해도 다섯 명 모두 회초리를 때리셨다. 동생이 숙제를 안 하면 내가 회초리를 맞으니 서로의 숙제를 챙겨야 했다. 그러다 보니 서로의 상황에 대해 잘 알게 됐고 각자의 역할 분담도 생겨났다. 그렇게 오남매가 서로 도와가면서 공부해 학업을 잘 마칠 수 있었고 나에게는 '우리'를 항상 먼저 생각하는 사고 습관이 자라났다.

회사도 '우리'를 먼저 생각했을 때 더 좋은 성과가 나는 것은 마찬가지다. 우리는 특정 부서에 해당되어서 일하지만, 전체 부서 간의 밸류 체인에서 하나의 사슬고리만 약해져도, 전체 밸류 체인이 끊어져 기업의 가치를 고객에게 전달하지 못한다. 우리 조직 전체가 추구하는 목적이 무엇인지 이해하고, 그 안에서 나의 역할은 무엇인지를 이해해야 한다. 물론 회사가 시키는 일을 무조건 해야 한다는 의미는 아니다. 개인의 목적과 가치, 경쟁력도 중요하다. 하지만 '우리'를 이해하고 그 안에서 '나'의 가치를 어떻게 효과적으로 드러낼 수 있을지 조율해서 일을 해나갈 때 우리는 덜 흔들리고, 더 신뢰하면서 성장해 나갈 수 있다.

Q7. 여성들이 40대 이후 일을 그만두게 되는 경우가 많은데 그 이유가 무엇이라 생각하나?

여성들이 커리어를 이어나가는 데 외부적인 장애요인이 많다. 육아도 그렇고, 남성 중심적인 조직 문화도 큰 장애요인이다. 하지만 외적 환경, 내적 자기 생각 중 과연 내가 바꿀 수 있는 것이 무엇인가? '자기 생각'이 중요하다. 상황을 바라보는 자기의 생각과 상황을 극복하려는 자기의 의지를 분명히 하는 데서 출발해야 한다.

30대 중반이 넘어서면 조직에서 요구하는 역량이 조금씩 달라진다. 이전에는 꼼꼼하고 섬세하게 일을 잘 처리하는 것이 중요했다면 그 이후부터는 프로젝트를 끌고 나가고 사람들에게 영향력을 미칠 수 있는 리더십이 필요한데, 하루 아침에 리더십을 익힐 수 없다. 자신에게 맞는 리더십을 갖추기 위해서는 학습도 필요하고 연습도 해야 한다. 그리고 자신의 핵심 경쟁력, 이를테면 '한 칼' 같은 것도 있어야 한다. 이를 위해서는 자기 탐색도 필요하고 지속적인 훈련도 필요하다. 'Lifelong learning', 즉 죽을 때까지 공부한다는 생각을 신념을 갖고 커리어를 쌓아보자. 일을 계속 해야겠다는 의지가 없다면, 이런 상황들을 극복하기 쉽지 않다. 개인의 의지를 북돋아줄 수 있는 조직의 서포트나 멘토링도 중요하다고 생각한다.

Q8. 여성 리더의 육성을 위해 조직에서 노력해야 할 것이 있다면?

앞서, 개인의 의지가 가장 중요하다고 말했는데, 사실 조직의 문화와 육성 시스템이 함께 움직여 줘야 한다. 아직 여성들은 기울어진 운동장에서 경기를 하고 있기 때문이다. 최근 ESG(Environmental, Social, Governance)에 대한 요구가 늘어나면서 여성 리더를 육성하려는 움직임이 많은데, 여성들이 보다 자신감 있게 리더십을 발휘할 수 있도록 지속적인 리더십 교육을 제공할 필요가 있다. 남성들 역시 여성 동료와 일하는 법에 대해 교육 받을 필요가 있다고 생각한다. 의식적으로는 평등의 가치에 동의하지만 실제 일상 업무에서는 그렇지 못한 경우가 많기 때문이다. 예를 들어, 프로젝트를 잘 끝내고 회식을 하러 갈 때 여성들은 아이가 있어 집에 먼저 귀가해야 하는 경우가 많다.

하지만 그 이야기를 꺼내기는 쉽지 않다. '여자라서 회식은 참석 안한다'는 얘기를 듣고 싶지 않기 때문이다. 그때 편하게 이야기를 꺼내놓을 수 있는 기업 문화가 필요하다. 여성 인재를 위한 제도나 작은 배려가 큰 차이를 만든다. 기업과 국가의 경쟁력에 큰 차이를 만든다.

Q9. 나와의 관계를 위한 루틴이 있다면?

나에게는 '걷는 것'이 복잡한 생각을 정화시키는 하나의 의식이다. 걸을 때 내 발바닥에 느껴지는 땅의 기운을 느끼고 옆에 스쳐가는 바람, 초록의 나무, 다양한 사람들을 바라보며 걷다 보면 어느새 어깨의 긴장이 풀리고 복잡한 생각들이 물러나 있다. 그래서 스위스의 조각가 알베르토 자코메티의 '걷는 사람'이라는 조각을 좋아한다. 가늘고 뼈만 남아 부러질 것 같은 사람이, 가는 다리로 대지위에 내딛는 걸음에서 그의 의지가 느껴진다. 힘들 때마다 그 조각을 떠올리며 내 가느다란 다리에 힘을 준다.

Q10. 내가 추구하는 목적과 가치관이 있다면?

'Lifelong Learning'이 나의 삶의 목적을 상징하는 문장이다. 나는 일뿐 아니라 삶에서도 함께 배우고 성장해 가는 것을 중요하게 생각한다. 함께 일하는 동료들도 나의 중요한 학습과 성장 파트너라고 생각한다. 일은 나의 성장에 중요한 역할을 해 왔으며, 함께 일하는 동료와 후배들이 없다면 지금까지의 성장은 불가능했다는 걸 알고 있기 때문이다. 앞으로 회사가 아니더라도 어딘가에서 나는 항상 좋은 사람들과 함께 배우는 삶을 살아갈 것 같다. 그렇게 나다움을 계속 유지하며 나아가고 싶다.

Q11. 나의 리더십을 어떻게 정의하겠나?

요즘의 키워드는 '임파워먼트(Empowerment)'이다. 나의 리더십 스타일도 계속 변해왔다. 나는 뭔가에 몰입하고 더 완벽하게 하는 것을 좋아하다 보니, 예전에는 '완벽주의'와 '마이크로매니징' 하는 경향이 강했다. 하지만 이제는 직원들에게 의사결정권을 줘서 주도적으로 일할 수 있는 임파워먼트를 중요하게 생각한다. 그렇지 않으면 요즘같이 디지털 트랜스포메이션으로 인한 변화가 일상이 되어버린 시기에 똑똑한 직원들과 협업하며 결과를 내기가 어렵다. 또 영원한 리더도 팔로워도 없다고 생각한다. 프로젝트에 따라 각각의 직원들이 리더가 될 수 있는 시대다. 직원들이 주도적으로 일하며 리더가 될 경우 나는 팔로워십으로 뒷받침할 수 있는 유연성을 가지려 노력하고 있다.

05

조소연 휴넷 서비스기획팀 팀장

"타인의 니즈를 관찰하자"

올해로 20년 차인 IT 서비스 기획자 조소연 팀장. 공공기관 및 기업의 SI 프로젝트 PM으로 10년, 플랫폼 서비스 기획자로 10년 동안 일하며 다양한 부서와 직군의 사람들과의 협업을 통한 시너지를 만들어 왔다. 처음 일을 시작할 때는 여성 동료들도 제법 있었지만, 이제 그녀 나이 대에서 계속 커리어를 이어가는 여성 리더를 찾기는 쉽지 않다. 주로 남자 직원들과의 파트너십이 많은 PM 일의 특성 때문에 과거에는 여성이라는 이유 자체가 핸디캡이 되는 경우도 있었다. 그녀가 자신과 사람들의 머릿속에서 '여성이 잘할 수 있을까?'라는 꼬리표를 떼고 나다운 리더십으로 관계력을 키워온 노하우를 들어봤다.

Q1. PM이나 IT서비스 기획자는 협업을 만들어내는 것이 정말 중요한데, 지금까지 여성 리더라서 관계에서 영향력을 발휘하는 데 어려움을 겪은 적은 없었나?

산업군에 따라 차이가 있는 것 같다. 예전 공공기관의 SI프로젝트 PM을 맡았는데, 프로젝트 담당 과장님께서 내가 PM이라는 얘기를 들으시고 '여자가 잘할 수 있겠냐'는 문제 제기를 공식적으로 하셨다. 보통 프로젝트를 하면 디자이너를 제외하고 개발자들은 남성들이 많다. 그러다 보니, 내가 사람들과 갈등을 조율하고 문제를 풀어나가기 어렵다고 판단을 하셨던 것 같다. 그때 내가 선택한 방법은 우선 2배 이상 열심히 일해서 실력을 보여주는 것이었다. 그 입장에서는 프로젝트 결과에 대한 걱정이 큰 것이지 나 자체를 싫어하는 것은 아니라고 생각했다. 그래서 '실력으로 안심을 시켜주자'라 생각하고 남보다 더 열심히 했더니 태도가 바뀌어 갔다.

상대와의 관계가 매끄럽지 않을 때에도 항상 의리와 진정성을 보여주면 결국 통한다는 것이 내 철학이기도 하다. 처음에는 오해가 있던 관계도, 그 순간의 상황과 감정을 솔직하게 표현하고 상대를 배려하면 결국에는 좋은 파트너로 남았다.

다행히 지금은 여성이라고 꺼리는 파트너들은 많이 줄었지만 여전히 남성들은 남성들과 일할 때 더 편하다고 느끼거나 남성 리더를 선호하는 경향이 조금은 있다. 하지만 의리와 진정성은 항상 통한다는 믿음이 있기 때문에 이제는 그런 상황에 당황하지 않고 관계를 차곡차곡 만들어간다.

Q2. 여성의 관계력은 어떤 장점과 특징이 있나?

여성들은 '사람의 니즈를 발견하는 능력'이 좋다. 좋은 관계를 맺으려면 상대가 원하는 것이 무엇인지 파악해야 하는데, 여성들은 그 부분에서 남성보다 확실히 뛰어나다고 생각한다. 그러다 보니 상대와 형식적인 관계를 넘어 더 깊은 공감과 연결이 만들어질 가능성이 더 높다.

흔히, 조직에 적응하려면 남성 중심 문화에 맞춰서 상사에게 아부도 좀 해야 하고, 늦게까지 술도 잘 마셔야 한다고 말하지만 나는 모든 상사들의 니즈가 똑같다고 생각하지 않는다. 그런 모습을 좋아하는 상사가 있는 반면 어떤 상사는 당장은 비위에 거슬리더라도 결국에는 내가 필요한 고민을 해결해 주는 사람, 일관된 모습을 보이는 사람을 좋아한다. 때문에 무조건 상사의 스타일에 맞추는 것보다는 상사의 니즈를 읽고 거기에 맞춰 내 모습을 정직하게 보여주는 게 중요하다. 예를 들어, 명절 때 상사에게 선물로 챙기는 것보다, 그 상사가 옷깃이 뜯어진 걸 발견했을 때 반짓고리를 몰래 넣어주는 것, 이것이 상대에 대한 호기심과 관찰력이 좋은 여성이 남성보다 더 잘할 수 있는 관계법이라고 생각한다.

Q3. 여성들이 그러한 장점에도 불구하고 조직에서 관계를 맺기 어려워하는 이유는 무엇이라 생각하나?

남들의 시선을 더 많이 의식하는 습관과 정해진 규칙을 따라야 한다는 생각이 더 강하기 때문인 것 같다. 기존의 남성 중심 문화에 자신을 지나치게 맞추려 노력하다 보면 자신의 장점을 발휘하지 못한다. '정답'은 없지만 내가 나다운 방식으로 '해답'을 찾아나가면 된다는 생각을 가지면 자기만의 방식으로 좀 더 편안하고 자신감 있게 관계를 확장해 나갈 수 있다.

Q4. '나다움'을 유지하는 것이 여성이 소수인 경우 더 어렵다. 본인만의 노하우가 있다면?

전에는 '남보다 더 잘하는 방법'에 대해 고민했다면 요즘에는 '더 나답게 하는 방법'을 많이 고민한다. 내가 나에게 많이 던지는 질문은 '내가 잘하는 것'과 '내가 잘 못하는 것'이 무엇인지에 대한 것이다. 원래 '잘 못하는 것'은 약점이라 생각해 무시하거나 드러내지 않으려 했다. 하지만 요즘에는 '잘 못하는 것'을 파악해서 이것을 나답게 하기 위한 방법을 고민한다.

예를 들어, 임원진 앞에서 프리젠테이션 보고가 있다면, 말을 청산유수처럼 하는 것은 내 장점이 아니다. 이때 '나는 말을 잘 못해'라고 생각하는 것이 아니라 어떻게 하면 '나답게 전달할 수 있을지'를 고민한다. 결국 프리젠테이션의 목적은 프로젝트의 취지와 전략을 효과적으로 전달하기 위한 것이지 꼭 말이 화려할 필요는 없기 때문이다. 이렇게 생각을 '약점'에서 '나다운 방식'으로 옮기면 무엇을 해야 할지도 명확해지고 자신감도 생겨난다. 정답은 아니라도 나다운 답을 찾으면 문제를 풀 수 있다.

Q5. 어린 시절 부모님의 교육이 지금의 관계력에 어떤 영향을 미쳤나?

나는 전주가 고향인데, 우리 엄마는 종갓집의 맏며느리셨고 나에게는 4살 많은 오빠와 3살 어린 남동생이 있었다. 나도 오빠가 다니는 태권도 학원에 다니고 싶었지만 부모님은 서예 학원을 보내셨고, 집안일을 돕는 것은 당연히 오빠가 아닌 나의 역할이었다. 하지만 그때부터 나는 부모님의 인정을 받기 위해 부모님의 니즈를 읽고 여기에 맞춰 조율하는 훈련을 해왔던 것 같다. 예를 들어 부모님이 좋은 성적을 받기를 원하셨기 때문에, 시험을 잘 보면 집안일 중 어떤 것은 면제해 달라는 등의 요구를 했다. 지금도 일 년에 7번 큰 제사가 집에서

열리지만, 내가 참석할 수 없을 때에 오빠와 남동생이 내 역할을 대신할 수 있도록 가족들과 조율하는 것이 익숙하다.

사람들의 니즈를 읽고 배려하고 조율하는 훈련은 나에게 다양한 기회를 열어줬다. 초등학교 때는 '가야금'을 열심히 해서 TV 출연을 했고, 고등학교 3학년 때는 전문 극단에서 연극을 하며 중국 초청공연까지 다녀왔다. 대학 때도 전국에서 4명을 선발하는 북미 지역 대학생들과의 글로벌 교류 프로젝트에 참여하기도 했다. 물론 도전이 많은 만큼 실패도 많았다. 하지만 그때 깨달았다. 결국 중요한 것은 그 사람의 배경과 스펙보다는 '다른 사람들의 니즈를 얼마나 잘 읽고 배려하는지', '관계에서 얼마나 일관되게 진정성을 보여주는지', '실패하더라도 경험에서 무엇을 배우는지'라는 것을. 그때 배운 관계의 중요성에 대한 신념 덕분에, 남성 중심 문화에서도 '내가 하기 나름이다', '안되면 또 하면 된다'는 가치관을 유지할 수 있는 것 같다.

Q6. 타인과의 좋은 관계를 맺기 위해서 나와의 연결이 중요한데, 나와의 연결을 위한 루틴이 있다면 무엇인가?

2005년부터 일주일에 두세 번씩 펜싱을 하고 있다. 벌써 18년째 하다 보니, 어느새 나의 중요한 일부가 되었다. 펜싱은 바쁘고 머리가 복잡할 때 나의 페이스를 유지하는 데 큰 도움이 될 뿐 아니라, 다른 사람에게 나를 드러내는 퍼스널 브랜드 같은 역할도 해준다. 관계를 맺을 때 긍정적 이미지의 중요성을 무시할 수 없다. 나의 내면에도 활력을 주지만 다른 사람에게도 나에 대한 좋은 이미지를 줄 수 있는 취미라서 더 마음에 든다.

Q7. 관계력에 대해 고민하는 일하는 여성 후배들에게 조언을 해준다면?

남성 직원들 입장에서 바라보면서 '거리감'을 좁히려는 노력을 하라고 말하고 싶다. 상대의 말과 행동을 바꾸는 것은 쉽지 않지만 해석을 다르게 하는 것은 얼마든지 가능하다. 하나의 예로, 빠르게 바뀌고 있지만 여전히 남성들은 위계구조를 중요하게 생각한다. 반면 여성들은 비교적 수평적 관계를 원한다. 선배로서의 위계를 강조하는 선배에게 '꼰대다, 나와 다르다'라고 해석하면 거리감이 더 단단해진다. 하지만 '저 선배의 입장에서는 그렇게 생각할 수 있다'라는 관점으로 바라보면 이해할 수 있게 되고 거리감이 줄어든다. 굳이 위계구조에 맞춰 내 행동을 바꾸지 않더라도 거리감이 줄어들면 상대에 대한 말과 행동이 자연스러워지면서 서로 주고받을 수 있는 도움의 크기가 커진다.

또 한 가지, 동료나 선배들과 '커피 타임'을 늘리라고 말하고 싶다. 여성 입장에서 먼저 '커피 한 잔 하자'고 말하는 게 쉽지 않다고 생각할 수 있지만 내 경험상 남자들이 더 어려워한다. 뚜렷한 목적이 없는 스몰토크는 생각보다 강한 친밀감을 만들어 준다. 또한 업무 관련 얘기도 짧은 시간에 빨리 공통점과 합의점에 다다를 수 있게 된다. 다른 사람들의 구설수가 걱정이라면 특정 사람과만 커피 타임을 갖지 말고, 여러 부서의 사람과 자주 1:1로 만나는 시간을 가져서 '저 친구는 사교적이고 사람에 대한 관심이 많구나'라는 인상을 준다면 나중에 협업할 때 큰 도움을 받을 수 있다.

Q8. 일과 삶에서 추구하는 목적과 가치가 있다면 무엇인가?

지금 일하는 회사인 휴넷의 목적은 '행복한 경영'이다. 구성원들이 회사에서 성장해 나가는 것을 중요하게 여긴다. 나 역시 일뿐 아니라 일상에서도 함께하는 사람들과 만족감과 행복을 나누는 것을 중요한 목적으로 삼아왔다. 리더의 입장에서 직원의 성장을 통한 행복과 업무 성과를 동시에 추구하는 것이 쉽지만은 않다. 하지만 그 균형점을 찾아가는 과정에서 구성원들의 만족감과 행복이 높아진다는 것을 알기 때문에, 직원들이 작은 것이라도 조금씩 다른 시도를 하려고 할 때 실패에 대한 걱정보다는 격려하고 그것이 이뤄지도록 리더 입장에서 지원해야 하는 부분을 해결해 주려 노력한다. 내가 중요하게 생각하는 가치는 탁월성, 의리, 인내인데, 이런 가치가 내가 더 나은 선택과 리더십을 발휘하는 데 길잡이가 되어 준다.

Q9. '조소연 팀장만의 리더십'을 뭐라고 정의할 수 있을까?

"조소연의 리더십은 긍정적 에너지로 구성원의 성장 속도를 높이는 것이다."라고 말하고 싶다.

예전에는 내 리더십 스타일에 관심이 많았다. 리더가 누구냐에 따라 직원들의 일하는 스타일이 많이 바뀌기 때문에 내 리더십 스타일이 중요하다 생각했다. 하지만 이제는 직원들의 스타일과 목적에 더 많은 관심을 갖는다. 리더인 내 역할은 '일잘러'가 아니라 구성원들이 읽기 어려운 전체적인 맥락을 읽어 인사이트를 주고 긍정적 에너지를 전달해서 일의 속도를 높일 수 있도록 하는 것이라 생각하기 때문이다. 그렇게 직원들에게 호기심을 가지고 관찰하고 좋은 에너지를 주려 노력하면 결국 좋은 팀워크가 만들어지고, 좋은 팀웍이 생겨나면 성과는 따라온다고 믿는다.

06

조경선 신한금융그룹 DS CEO

“좋은 관계를 위해 나다움까지 포기할 필요는 없다”

보수적인 금융권에서 여성 최초의 CEO 타이틀을 단 신한 DS의 조경선 대표. 신한은행 공채 1기 출신으로, 그야말로 바닥부터 시작해 36년 만에 최고의 자리까지 올랐다.

그녀의 첫인상은 남성 중심 문화에서 살아남은 여성 리더답게 시원시원하고 터프하다. 하지만 대화를 하다 보면 그 안에서 그녀만의 따뜻함과 디테일이 묻어 나온다. 그녀는 직원들이 자신을 ‘사장님’ 대신 ‘소머즈’라는 그녀의 닉네임으로 부를 때 가장 기분이 좋다고 한다. 가수 임영웅을 좋아하는데, 임영웅이 팬들의 지지와 지적 덕분에 열심히 활동하는 것처럼, 본인도 직원들이 어떤 얘기든 스스럼없이 할 수 있는 문화를 만들고, 직원들의 의견을 수렴하면서 답을 찾아가는 CEO로 남고 싶다고 말한다.

Q1. 여성에게 유리천장이 높은 금융권에서 여성 관리자로서 성장하는 것이 쉽지 않았을 것 같다. 계속 성장할 수 있었던 비결은 무엇인가?

지점장이 되기 전까지는 비바람이 많이 불었던 것 같다. 그때는 힘들었지만 그만둘 수는 없었고, 그저 불도저처럼 일했다. 내가 워커홀릭이고 일을 좋아하다 보니 일을 열심히 하는 것은 어렵지 않았다. 하지만 다른 사람이 워커홀릭이 아니면 이해가 가지 않아 오히려 문제가 됐다. 그 경험이 '역지사지'의 마음을 배울 수 있게 도와줬다.

그리고 2006년 신한은행과 조흥은행이 통합을 하는 큰 프로젝트에 3년간 참여했었다. 조흥은행 직원들의 마음을 하나로 모으는 것이 중요한 과제였는데, 내 '역지사지'의 마인드가 많은 도움이 되면서 회사에서의 영향력도 커지기 시작했던 것 같다.

Q2. 소수의 여성 리더로서 어려움이 많았을텐데, 어떻게 극복했나?

관리자 중 남성의 비중이 높고, 아직까지 문화가 보수적이기 때문에 조직문화에 잘 적응할 수 있는 노력은 필요하다. 하지만 동시에 내 정체성을 지키는 줄다리기를 잘 해야 한다. 나는 '솔직함'이 최고의 무기라고 생각한다.

내가 처음 지점장이 됐을 때도 직원들을 불러 솔직하게 말했다. "여자 지점장과 같이 일하는 것은 연예인이랑 일하는 것이나 마찬가지다. 사람들의 관심이 모두 쏠려 있기 때문에 내가 조금만 잘못하면 엄청 잘못한 걸로 소문이 날 수 있다. '내가 가수 아이유이고, 여러분들이 아이유 가족이다'라고 생각하면서 힘든 일이 있어도 밖으로 얘기하지 말고 나에게 직접 말해달라"고 말했다. 그러면서 850명의 지점장 중 몇 안 되는 여성 지점장과 함께 일하는 것이 얼마나 특별한 경험이 될 수 있는지 장점을 강조했다.

신한금융그룹의 다른 임원들과 팀워크 활동에 대해 얘기 중이었을 때, 한 분께서 나의 친화력에 대한 긍정적 의도로 '조사장은 남자나 마찬가지'라고 말했다. 분명 칭찬의 의도였다는 것은 알지만 기분이 좋지만은 않았다. 그래서 웃으면서 이렇게 대답했다. "맞습니다. 전 여기 계신 분들과 목욕탕도 같이 갈 수 있습니다. 하지만 결국 들어갈 때 저는 여탕에 들어가야 합니다"라고. 물론, 당시에 그냥 웃고 넘어갈 수도 있었다. 하지만 좋은 관계와 분위기를 위해 내 정체성을 포기할 필요는 없다고 생각했다.

Q3. 조직에서 여성으로서의 정체성이 불리하게 여겨질 때도 있을 텐데, 어떻게 자신감을 유지할 수 있었는지 궁금하다.

처음부터 그러지는 않았다. '내가 이렇게 말할 자격이 있나?'라는 가면 증후군 때문에 불안에 시달리던 때도 있었다. 하지만 예전에 신한-조흥 프로젝트를 추진하면서 다양한 교육을 받을 기회가 있었고, 그때 나의 목적과 가치관, 장점들을 발견하는 기회를 가질 수 있었다.

나한테는 '즐거움'이 중요했다. 즐겁지 않으면 치열해도 좋은 성과로 연결되지 않았다. 그러려면 내 장점을 발휘해야 했다. 장점에 집중해야 성과가 잘 나오고 불필요한 경쟁을 피할 수 있기 때문이다. 내가 그렇기 때문에 직원들도 그러기를 원했다. 그래서 내 목적은 '구성원이 강점을 기반으로 개인과 조직의 즐거운 성장을 돕는다.', 가치관은 '즐겁게, 빠르게, 피드백.'이다. 신한금융그룹의 사명과 가치관과도 공통점이 많다. 나는 내 목적과 가치관을 자주 말하기 때문에 직원들도 내가 일을 추진하는 방향과 방식을 잘 이해한다. 그렇게 직원들과 추구하는 가치로 연결이 잘 된다고 생각하면 내가 남성인지, 여성인지에 대한 생각을 내려놓고 당당해질 수 있었다. 가끔씩, '좀 더 위엄 있고 당당해야 하는 거 아니냐'는 조언을 받을 때도 있는데 그럴 때 '무엇이 중요한지'를 떠올린다. CEO는 실적이 중요하고, 그 외에는 모두 부수적이다. 실적을 올리는 데 필요한 나의 가치에 집중하고 그 가치를 함께 일하는 임원들과 소통할 수 있다면 나를 너무 과대평가하거나 너무 낮추지 않으면서 내 속도와 스타일로 집중할 수 있게 된다.

Q4. 신한금융그룹 내 유일한 여성 CEO로 알고 있다. 네트워킹 어려움은 없었나?

누구나 장점에 집중해야 효율이 높아지는데, 나는 낯을 많이 가려서 많은 사람을 동시에 만나는 것보다 1명을 깊이 만날 때 더 좋은 관계를 만드는 편이다. 많은 분들이 밤에 술 마시고 주말에 함께 골프치며 관계를 맺지만 그것은 나의 장점을 발휘하는 형태의 관계가 아니다. 오히려 나는 좋은 책을 읽으면 내가 저자에게 직접 전화해서 식사를 요청한다. 지금까지 못 만나본 사람은 없고 그런 만남을 통해서 나에게 필요한 정보를 얻고 좋은 네트워크를 만들어갈 수 있었다. 내 방식으로 관계를 맺고 기여하는 것이 중요하다 생각한다.

Q5. 여성이 리더십을 발휘하는 데 더 유리한 점이 있다면 무엇일까?

엄마로서의 경험은 전체적인 상황과 맥락을 파악하는 데 큰 도움이 된다. 조직은 기본적으로 사람들이 동고동락하는 공간이다. 조직은 비바람이 항상 불지만, 그 안에서 희노애락이 있다. 다른 사람이 어떤 생각을 하는지, 누구와 관계가 어려운지, 지금 무엇이 필요한지를 이해하고 방법을 찾는 데 엄마로서의 경험이 큰 도움이 된다.

전에 우리 지점에서 아웃바운드 텔레마케팅 영업을 해야 할 때가 있었다. 고객 대면 영업에 익숙했던 직원들이라 많이 힘들어했다. 그때 나는 음주 텔레마케팅을 제안했다. 어색하고 무안한 마음의 벽을 낮춰주는 게 가장 시급했다고 판단했기 때문이다. 사무실 조명을 끄고, 맥주 한 캔을 한 후 시도하니 한 두 건씩 계약이 나오기 시작했다. 계약을 성공한 직원에게는 작지만 필요한 선물을 줬다. 당시 직원들이 어린 자녀들을 둔 때라 아이들이 좋아하는 간식이나 반찬을 줬다. 그러자 직원들 사기가 올라가기 시작하면서 텔레마케팅의 성과가 올라가기 시작했다. 내가 여성이고, 엄마로서의 경험이 있기 때문에 시도할 수 있었던 방법 중 하나라고 생각한다.

Q6. 여성 리더가 높은 자리로 올라갈수록 승진율이 낮아지는 원인이 무엇이라 생각하는가?

승진은 오디션이다. 요즘 오디션 프로그램을 보면 이유를 알 수 있다. 실력만 가지고는 되지 않는다. 선곡도 중요하고, 국민투표 하는 사람들의 마음을 잡는 것도 필요하다. 아직까지 우리나라 오디션 프로그램에서 여성이 Top3 순위 안에는 올라가지만 최종 우승한 경우는 없는데, 이 부분도 시사점이 있는 것 같다. 승진에는 본인의 업무 능력 외에도 영향을 미치는 요인이 많다. 물론, '강한 여성을 선호하지 않는' 고정관념도 영향을 미친다. 하지만 업무 능력 외에 조직 전체에 대한 관심과 다른 사람의 시각에서 바라보는 훈련 등도 중요하다고 생각한다. 그리고 승진보다 중요한 것은 나답게 오래 일하는 것이다. 그러려면 '내가 왜 이 일을 하는가'라는 목적이 중요하다. 목적을 보고 가면 승진하지 않아도 큰 문제가 되지 않는다. 그러다 보면 '승진'이라는 목표에 집착할 때보다 기회는 더 빨리 올 수 있다고 생각한다.

Q7. 후배 여성들에게 가장 필요한 것은 무엇이라 생각하는가?

남편을 나의 사회생활을 지지하는 '내 편'으로 만드는 것이다. 가족의 공감과 지지 없이 여성이 사회생활하는 것은 불리하다. 지금 우리 조직을 봐도 남자 직원들은 회사일만 생각하면 되지만, 여성은 일과 가정을 양립해야 하는 책임이 아무래도 더 크다. 이것은 회사일에 집중하는 데 부담이 될 수밖에 없다. 남편을 설득해서 가사와 양육을 분담하고, 지원받을 수 있는 심리적 물리적 시스템을 만드는 것이 가장 중요하다. 이때 여성 후배들이 한 가지 기억했으면 하는 점은 남편이나 남자 동료들을 설득할 때는 상대의 관점에서 바라보고 서로의 니즈가 만나는 '최소공배수'에서부터 대화를 시작해야 한다는 점이다. 조금 억울할 수는 있지만 남자들은 가사일이 자기 일이 아니라는 생각이 강하다. 남성들은 대신 문화적으로 사회적 책임을 더 크게 느낀다. 자신의 입장에서의 최선을 고집하지 말고, 상대의 욕구를 같이 인정해 주며 대화를 나눈다면 남편이나 직장 동료의 지원을 더 수월히 얻어낼 수 있을 것이다.

만약, 남편이 절대 양보하지 않는다면 어쩔 수 없이 둘 다 지고 가야 한다. 그러다 보면 감당할 수 있는 힘이 생겨난다. 자신이 그런 결정을 내렸다는 게 중요하다. 내 선택이니까 내가 책임질 수 있다.

Q8. 기존 인터뷰에서 보면 '공감력'이 강점이라는 이야기가 있던데.

사실, 정서적 공감은 약한 편이다. 대신 '역지사지'로 상대의 관점에서 이해하고 해결해 줄 수 있는 방법을 찾는 데 더 중점을 둔다. 관계에서의 불신은 서로의 생각이 다른 '동상이몽'에서 올 때가 많다. 진짜 그 사람 입장에 서서 이해하려 하면 정말 어려운 이야기를 해도 상대가 기분 나빠하지 않는다. 그리고 능동적으로 움직인다. 만약 이전 지점에서 적응을 못했던 케이스라면, 인간적인 대화로 그 사람의 진짜 문제가 뭔지를 같이 파악해 본다. 그리고 그의 성향과 강점에 맞는 역할을 부여하고 거기에 대해 보람을 느낄 수 있도록 한다. 또한 지점 직원들이 조를 짜서 그 직원과 함께 대화하고 식사하도록 책임을 지운다. 한 명의 직원을 돕는 일이 우리 조직을 돕는 일이라고 믿기 때문이다. 다른 지점에서 적응 못한 친구들이 우리 지점에 와서 적응을 잘하게 된 사례들이 쌓이면서 보내기도 할 정도였다. 그것이 내 개인적 목적과도 가깝기 때문에 쉬운 일은 아니지만 그럴 때 가장 보람을 느낀다.

Q9. 조경선 대표 자신의 리더십을 정의한다면?

나는 항상 '이모 리더십'이라고 말해왔다. 엄마들이 장점이 많지만, 엄마는 잔소리도 많고 집에 머문다. 하지만 이모는 엄마의 장점을 가지고 있으면서 옆에서 같이 해줄 수 있을 것 같은 존재다. 그리고 삼촌보다 훨씬 친밀감이 있다.

이것은 내 스타일이고, 누구나 자신만의 훌륭한 스타일이 있다. 중요한 것은 리더십 자체는 도구일 뿐, 성과로 연결돼야 한다는 것이다. 우리는 너무 많은 리더십 스타일을 알고 있고 매일매일의 상황에 맞게 리더십 스타일을 적용해 승리를 만들어내야 한다. 특별히 더 나은 리더십은 없으며 나에게 맞는 고유한 리더십이 가장 탁월하다고 믿는다.

07

김진아 ㈜GS그룹, 오픈 이노베이션팀 리드

"팀의 목적과 정체성이 가장 큰 동기부여의 힘이다"

GS그룹의 오픈 이노베이션 팀을 이끌고 있는 김진아 리드가 2020년 GS 홈쇼핑에서 이직할 당시 그녀는 1인 단독팀이었다. 하지만 2년 후인 현재 그녀는 11개 계열사에서 모인 30여명의 팀원들과 굵직굵직한 그룹의 프로젝트를 이끌고 있다. 바로 직전 직장인 GS홈쇼핑 이전에는 IT 기업에서 데이터베이스 엔지니어로서의 경험과 국내 MBA를 하며 만난 사람들과 시도했다가 실패로 끝난 창업 경험이 전부다. 현재까지의 경험으로 어떻게 국내 대표

기업에서 30여 명의 구성원을 이끄는 리더가 됐는지 비결을 묻는 질문에 그녀는 자신의 '목적'을 꼽는다.

'변화를 원하는 직원들이 성공을 경험하도록 돕는다'는 그녀의 개인적 목적은 자신의 개인적 신념과 정체성의 뿌리가 될 뿐 아니라, 상사와 동료, 구성원들과의 단단한 연결을 만들어 좋은 성과를 내는 에너지의 원천이 됐다고 말이다. 목적을 기반으로 일과 사람을 움직이는 방법은 무엇인지 김진아 리드의 이야기를 들어봤다.

Q1. 조직의 변화와 혁신을 추구하기 위해서는 관계와 협업이 중요한데, 여성 리더라서 힘든 적은 없었나?

사실은 많지 않았다. 운이 좋게도 내가 추구하는 목적과 가치에 대해 상사 분들의 지지를 많이 받고 일해 왔다. 하지만 나도 여성들이 조직 내에서 넓은 관계를 맺는 것이 편안하지 않음을 이해한다.

가장 큰 문제는 조직 내 여성 리더에 대한 페르소나가 너무 날카롭고 개인적인 것으로 고정돼 있는 것이라 생각한다. 나도 "이렇게 일하는 여성 리더는 처음이다"라는 말을 많이 들었는데, "여자인데도~" "여자라서~"라는 수식어 없이 객관적으로 내가 하는 일이 시장에서 가치를 낼 만큼 충분한지에 대해 스스로 질문을 하면서 사람들의 고정관념과 상관없이 나다운 리더십을 발휘하려 노력한다. 나뿐 아니라 다양한 스타일을 가진 여성 리더들이 늘어나야 한다고 생각한다.

Q2. 좋은 관계를 맺기 위한 자신만의 노하우가 있다면?

조직은 일을 통해 목적을 달성하기 위해 모인 집단이기에, 일이 잘 될 수 있도록 도움을 주고받을 수 있는 관계가 좋은 관계라 생각한다. 일이 잘되기 위해서는 사회적 자본을 잘 활용할 줄 알아야 한다. 다시 말해, 조직에서의 핵심적인 사람이 누구인지를 알고, 무엇에 관심과 어려움이 있으며, 어떻게 연결될 수 있는지를 파악하는 능력이 중요하다.

나는 이직을 하거나 새로운 조직과 일을 할 때마다 관련 팀의 조직도를 출력한다. 그리고 그 조직을 제일 잘 아는 사람에게 사람들에 대한 특징과 개인사 등의 모든 히스토리를 가능한 상세히 알려달라고 부탁한다. 시간이 걸리는 일이지만 사람들의 니즈를 파악하지 못하면 좋은 상호작용을 하기 어렵기 때문이다. 그래서 같이 일하는 팀원들에게도 가능한한 사회적 자본을 빨리 획득하라고 말한다.

Q3. 다양한 계열사에서 온 직원들을 동기부여하는 것이 쉽지 않을 것 같다.

나에게는 "직원들은 자발적으로 일할 수 있는 환경이 주어지면 누구나 최선을 다한다."는 맥그리거의 'Y형 인재론'에 대한 기본적인 믿음이 있다. 물론 그렇다고 당근과 채찍의 필요성을 무시하는 것은 아니지만, 내가 사람을 어떻게 대하느냐에 따라 상대도 달라진다고 믿는다.

현재 우리 팀에서 진행되는 프로젝트가 22건이 넘는다. 각기 다른 문화를 가진 계열사에서 모인 팀원들이지만, 누가 시켜서가 아니라 자신이 맡은 일이기에 2-3개의 프로젝트를 병행하면서 출장과 야근을 견뎌낸다. 체력적 번아웃을 겪기도 하지만 좋은 결과가 나오면 어느새 다시 열정을 불태운다. 이러한 문화가 가능한 이유는 우리 팀이 목적에 공감하는 사람들이 자발적으로 모인 조직이기 때문이라 생각한다.

우리 팀에는 팀원들과 함께 결정한 '새로운 도전에 설레는 세상을 만듭니다'라는 팀의 목적과 '유연함, 공감, 즐거움, 성장, 탁월함'이라는 팀의 핵심 가치가 있다. 나는 매년 함께 합의한 팀의 목적과 가치, 그리고 핵심 전략을 하나의 그림으로 그린다. 그리고 그것을 모든 직원들과 유관부서에서 정확히 이해하고 외울 수 있도록 모든 회의와 보고 문서에 첨부한다. 사람들은 매번 반복되는 장표를 보면서 이렇게까지 할 필요가 있냐고 묻지만, 나는 우리가 추구하는 목적과 가치에서 합의가 되어야 팀원들이 심리적 안전감을 느끼면서 자발적으로 자신의 일을 해나갈 수 있다고 믿는다. "우리 팀은 이렇게 다르다"라는 팀의 목적과 정체성이 가장 큰 동기부여의 원천이다.

Q4. 30명의 직원과 원온원 대화를 하는 것이 쉽지 않을 것 같다. 신

뢰를 쌓는 김진아 리드만의 방법이 있다면?

좋은 피드백을 주기 위해서는 많은 노력이 필요한 것 같다. 나는 솔직한 피드백이 가장 중요하다고 생각하지만 나의 피드백이 너무 날카로우면 아무리 맞는 내용이라도 상대가 받아들이지 못한다는 것을 알았다. 그래서 피드백을 주기 전에 의도적으로 이런 말을 한다. “이 피드백은 일에 대한 것이지, 너 자신에 대한 피드백이 아니다. 그리고 나는 너를 정말 아낀다.” 피드백이 어려운 이유가 관계를 해칠까 봐 걱정이 돼서인데, 이런 쿠션 문장은 직원들이 관계에 대해 불안해하지 않도록 도와준다.

Q5. 여성들이 좋은 관계를 맺을 수 있는 장점이 있다면 무엇이라 생각하나?

여성이 문제를 센싱(sensing)하고 분위기를 유연하게 만드는 데 확실히 강점이 있다고 생각한다. 문제 해결을 위해서는 다양한 이해관계자들이 느끼는 솔직한 생각과 감정을 편하게 이야기할 수 있는 환경을 만드는 것이 중요한데, 여성들이 상대의 컨디션을 잘 살피고 막혀 있는 부분들에 대한 질문을 정확히 던지는 경우를 많이 봤다. 불편한 내용이 나왔을 때도 당황하지 않고 넘기는 능력이 뛰어나다.

Q6. 여성이 40대가 되면 일을 떠나는 이유가 무엇이라 생각하나?

40대가 되면 조직에서 비슷한 업무를 10년 이상 했다는 이야기다. 어떤 일도 10년 이상 하게 되면 일의 패턴이 단조로워지고 도전감이 사라져 권태를 느끼게 되는 것 같다. 이 고비를 넘어서기 위해서는 일이 먹고 사는 수단을 넘어 내 삶에 의미가 있는 일이어야 한다. 사실, 아이를 직접 키우지 않을 때 드는 비용도 만만치 않다. '아이를 남에게 맡길 만큼 일이 나에게 중요한가?'에 대해 답을 하지 못하면 10년의 고비가 왔을 때 지속할 동력을 잃게 된다. 때문에 이 일을 왜 하는지에 대한 목적이 중요하다. 여성 스스로도 난 어떤 사람이 되고 싶은가에 대한 질문을 던지며 삶의 목적을 찾아가는 노력을 해야 한다고 생각한다.

Q7. '변화를 원하는 직원들이 성공을 경험하도록 돕는다'는 개인적 목적을 발견한 계기가 뭐였나?

창업을 실패한 경험 때문인 것 같다. 나는 부모님으로부터 공부 잘하는 여자 친구들이 들었던 공무원이나 교사가 되어야 한다는 말을 한번도 들은 적이 없다. 어릴 때부터 나는 내 사업을 해서 부자가 되고 싶다는 생각을 했고, 여기에 대해 부모님은 '여자라서 안된다'는 말 대신 '네가 하고 싶은 것을 맘껏 하고 살라'고 얘기해 주셨다.

대학에서 경영학과를 졸업했지만 첫 회사 생활은 IT기업에서 데이터베이스 엔지니어로 시작했다. 사업의 인프라를 만들기 위해서는 IT를 알아야 한다고 생각했다. 하지만 회사가 구성원을 함께 성장할 수 있는 동료라기보다 자원으로 여긴다는 생각이 들어 회사 생활에 회의감이 들었다. 그리고 '자신의 사업이 아니기 때문일 것이다'라는 가정을 갖게 됐다. 그래서 첫 직장을 휴직하고 국내에서 MBA를 하며 거기서 만난 사람들과 창업을 했다. 내가 만든 회사이니 당연히 최선을 다할 것이고 결과는 좋을 것이라 믿었다. 하지만, 결과는 내 예상과 달랐다. 창업 자금이 바닥날 때까지 당시 Co-Founder로 시작했던 친구들과 불협화음이 생겨났고 서비스도 제대로 작동되지 않았다. 그때 느꼈던 좌절감은 정말 컸다. 내 사업인데도 열정이 발휘되지 않을 수 있다니. 그때 커다란 의문이 생겼다. '조직은 사람들에게 열정을 불러일으킬 수 있나?', '그러려면 무엇이 필요한가?' 거기에 대한 답을 찾다보니 지금의 목적을 갖게 됐고, 현재 조직에서 변화와 혁신을 촉진하는 일을 하게 됐다.

Q8. 더 많은 여성 리더가 자신감 있게 리더십을 발휘하는 문화가 되기 위해 필요한 것은?

데이터와 근거를 기반으로 의사결정이 이뤄지는 문화가 정착되는 것이 필요하다. 기업에서 여성이 적은 것은 다양성이 존중되지 않는 문화 때문이다. 몇몇 존재감이 크거나 직급이 높은 분들의 목소리에 의해 결정되는 것이 아니라, 다양한 시도에서 얻은 근거를 토대로 '작동할 수 있다'는 근거가 있으면 이에 대해 긍정적으로 평가하고 적용하는 문화가 정착돼야 새로운 리더들이 올라올 수 있다. 다양한 형태의 리더십이 존중된다면 여성 리더들의 존재감은 더욱 커질 것이다.

Q9. 나의 리더십을 정의한다면?

나는 축구팀으로 보면 공격수에 해당하는 것 같다. 최전방 중앙에서 골을 넣는 역할이다. 동시에 전체 팀이 어떻게 움직이는지 꿰뚫고 있는 사람이다. 일로 보면 조직의 변화와 혁신이라는 골을 넣기 위해 직원들을 성장시키고 팀의 영역을 넓혀가는 사람인 것 같다.

이를 위해서는 직원들에게 성장이 중요하다. 성장을 위해서는 함께 공유하는 목적도 중요하지만 리더의 피드백이 필요하다. 때로는 유머와 재미로 직원들의 텐션을 부드럽게 만들어주는 포용력을 갖춘 피드백으로 팀원들의 성장과 팀의 득점을 돕는 리더가 되고 싶다.

에필로그

우리의 이야기를 다시 써보자

1.

"거울아, 거울아, 세상에서 누가 제일 예쁘니?"

여자아이들이라면 한 번쯤 접하게 되는 동화 《백설공주》. 아이가 대여섯 살 때 몇 번 읽어 주었는데, 어느 날은 왕비가 거울과 대화하는 장면을 읽다 한숨이 나와 책을 덮었다. 자신의 능력에 대해 다른 사람의 인정을 갈구하고, 경쟁 상대도 아닌 '백설공주'와 자신을 끊임없이 비교하면서 감정을 주체하지 못하는 왕비의 모습은 다른 사람의 인정을 받아야만 불안감이 사라지고, 끊임없이 단점을 들추어내는 내 모습을 연상시켰다.

왕비는 모르는 듯했다. 남과의 비교에서 자신의 가치를 확인하려 하면 할수록 그녀 자신이 가지고 있는 장점들이 사라지고, 스스로를 좋아하지 않게 된다는 사실을. 그리고 스스로를 먼저 존경하지 않는 왕비를 사람들은 존경할 수 없다는 사실을.

나는 백설공주처럼 '착하고 상냥해야' 좋은 남자와 결혼해 행복해질 수 있다고 아이에게 말하고 싶지 않았다. 그리고 스스로에 대한 의심이 지나쳐 백설공주를 죽이러 왕궁을 뛰쳐나가 걸인이 된 왕비의 슬픈 이야기를 그대로 남겨두고 싶지 않았다.

상반된 듯 보이는 두 여자는 매일 아침 거울 앞에서 '오늘 피부가 왜 이러지?'라며 내 단점을 들춰내고, '이 가방 브랜드를 보면 사람들이 나를 괜찮게 생각하겠지?'라며 사람들의 시선에 비춰 나를 평가하는 것으로 하루를 시작하는 내 안에 함께 살고 있었기 때문이다.

나는 아이를 위해, 그리고 나를 위해 '백설공주는 행복해졌을까?'라는 짧은 동화를 썼다. 자신에 대해 무지했던 백설공주가 궁궐에서 쫓겨나 독사과를 먹고 죽을 고비를 넘기지만, 7명의 친구들을 만나 자신의 목적과 주어진 상황, 재능을 새로운 눈으로 보게 되면서 삶에 대한 용기와 의지를 발견한다는 스토리다. 백설공주의 행복에 대해서는 열린 결말로 남겨두었다. 그것을 판단하는 것은 백설공주 자신에게 있으며, 결과가 어찌됐든 방향과 가치가 의미 있다면 행복한 삶이기 때문이다. 아이에게 쓴 동화는 얼렁뚱땅 쓰여졌지만, 그때부터 조금씩 생각이 자라난 것 같다. 나처럼 '여자는 ○○해야 해, ~○○하면 안돼'라는 고정관념 때문에 자신의 능력을 충분히 발휘하지 못하거나 주어진 기회를 선택하지 못한 여성들에게 '우리의 이야기를 다시 써 보자'라는 이야기를 하고 싶다는 생각을 한 것이.

2.

2021년 최고의 화제 콘텐츠 중 하나인 Mnet의 여성 댄스 배틀〈스트리트 우먼 파이터〉. '여성이 춤으로 싸운다'는 콘셉트는 우리가 가지고 있는 '여성스럽다'의 이미지와 상충한다. 하지만 사람들은 방송에 등장한 여덟 명의 리더에게 '멋진 여성 리더'라며, 기존의 여성 댄서에게 말하던 '예쁘다', '섹시하다' 대신 '실력 있다', '멋있다', '존경한다'라는 수식어를 붙였다.

자신들의 크루들을 이끄는 여덟 명의 여성 리더들은 저마다의 리더십 스타일을 갖고 있다. 모니카는 프로페셔널리즘을 강조하며 팀원들을 타이트하게 관리하고, 가비는 솔직하고 유쾌하게 소통하며 팀을 이끈다. 스타일은 다르지만 실력만큼은 제대로다. 저마다 언더씬, 가수의 뒤편, 연습실에서 구슬땀을 흘려 쌓은 단단한 내공의 소유자이며, 흔들리지 않는 춤에 대한 열정과 자부심이 있기에 어떤 비트가 주어져도 자기 스타일로 멋지게 소화한다.

하지만 그녀들을 빛나게 한 키워드는 '실력'보다 '목적'과 '협업'이었다. 웨이비가 탈락했을 때 "패배를 가져가는 게 아니라 무언가를 해내고 왔다는 걸 가져가고 싶다. 모든 사람이 다 행복하게 춤을 췄으면 좋겠다"라고 노제가 말한 것처럼, 그들의 진짜 목적은 '우승'을 넘어 '댄서들의 존재감과 문화'를 넓히는 것이었다. 때문에 무대에서는 한 치의 양보 없이 대담하고 치열하게 싸우지만, 무대에서 내려와서는

'기싸움'을 연출하려는 의도적 편집에도 불구하고, 여성에 대한 기존의 통념인 '여자의 적은 여자다'를 넘어서 서로의 아픔에 공감하고 응원하는 모습을 보여줘 '워맨스(Woman과 Romance를 합친 신조어)'라는 신조어를 만들어냈다. 또한 '결과를 받아들이는 것이 어른이다'라며 패배를 인정하는 모습, 우승한 상대에 대해 '정말 잘했다'며 인정하고 포용하는 모습, '댄서로서의 아이덴티티를 기억하라'며 방향을 제시하는 모습, 무릎 부상에도 크루들의 컨디션을 먼저 챙기는 모습 등을 통해 좋은 리더가 어떻게 경쟁하고, 동기부여하며, 협업해야 하는지를 진정성 있게 보여줬다.

사회가 규정한 '여성스러움'을 넘어 자신들이 믿는 목적과 가치를 향해 자기답게 나아가는 그녀들의 모습은 프로그램이 끝난 이후에도 우리 사회 전체에 적지 않은 영향을 미쳤다고 생각한다. 요즘 중학생 딸아이가 흥얼거리는 여자 아이돌의 노래를 보면 자기 삶의 주체성을 강조하는 가사가 정말 많다. 동화책이 들려주지 못한 '여성의 자기 스토리 쓰기'의 중요성을 알려준 그녀들에게 참 고맙다는 생각이 든다.

3.

회사를 떠나면 내 정체성이 사라질까 두려웠다. ○○회사 ○○팀장이라는 직급이 내 정체성이라 여겼기 때문이다. 하지만 회사를 떠난 지 2년이 지난 지금, 나의 정체성은 더 나다워졌다. 리더십 강사, 코치, 퍼실리테이터, 커뮤니티 운영자, 엄마, 딸, 아내, 며느리 등 여러 가지 영역에서 다양한 정체성으로 살아가지만 예전처럼 여러 상황에 휩쓸리며 혼란스러워하지 않는다. 다양한 정체성의 기반에는 '여성들이 자기다움을 기반으로 주체적으로 살아가도록 돕는다'는 목적이 있다. 그리고 각각의 정체성은 나의 목적과 크고 작은 교집합을 갖는다.

회사의 마케팅 관리자가 내 정체성이라 여길 때는 회사와 집을 최대한 분리하려 했다. 물론 회사 사람들과의 관계도 중요했지만, 항상 '가면'을 쓰고 포장된 미소를 짓는 것 같아 다른 사람들의 관계가 피곤하게 느껴질 때가 많았다. 하지만 지금은 일과 삶의 영역들이 분리되거나 대립되기보다 조화를 이룬다. 나 자신에 대해서도 에너지를 쏟지만, 일을 통해 만나는 파트너들에게도, 함께 공부하며 Weak-Tie로 만나는 많은 사람들과도, 그리고 남편과 아이, 친구들에게도 더 진심으로 대하게 됐다. 또한 다양한 연결 속에서 내 진짜 모습이 드러나고 풍성해진다고 느낀다. 일에 대해서도 그렇다. 일에서 추구하는 목적과 가치가 분명해지면서 '일을 사랑한다'는 뜻이 무엇인지 깨닫게 되었다. 물론 수입도 중요하다. 하지만 여성 리더들을 만나는 일의 사회적 가치와 의미를 스스로 느낄 때, 내가 더 '나답게 드러나고, 나답게 되어 간다'는 것을 조금씩 배우고 있기에 수입보다 일의 가치를 찾아 살자고 다짐하게 된다.

그렇다고 목적과 가치를 추구하는 삶을 위해 회사를 나와야 한다는 이야기를 하는 것은 아니다. 각기 다른 상황 속에서 자신만의 스타일의 연결을 통해 영향력을 발휘하고 있는 7인의 위커넥터를 소개한 목적도, 현재 몸담고 있는 조직에서도 '커넥트 리더십'이 가능하다는 것을 보여주고 싶었기 때문이다. 나 역시 목적을 발견한 지금 회사로 다시 돌아간다면, 내가 선택한 일이 여성 리더십과 직접적 관련이 없다고 하더라도 조직의 목적과 내 목적의 교집합을 발견하고, 구성원들과 수평적이고 신뢰를 바탕으로 한 파트너십을 발휘할 수 있을 거라 상상해 본다.

4.

이 책은 많은 분들의 도움으로 만들어졌다. 책 쓰는 것의 어려움을 아이를 낳는 산고와 비교하기도 하는데, 나는 실제로 책을 쓰는 데 꼬박 열 달이 걸렸다. 첫 번째 초고에는 지금과 같은 풍성한 내용을 담지 못했다. 하지만 많은 분들에게 피드백을 부탁드렸다. 워크숍과 독서클럽을 통해 만난 여성 리더분들, 진성리더십 커뮤니티에서 함께 공부하는 도반들, 나에게 늘 좋은 조언을 아끼지 않는 멘토 분들 등 많은 분들의 소중한 피드백이 연결되면서 책의 내용이 단단해졌다. '감사합니다'는 말이 충분치 않을 만큼 감사한 마음이 든다.

한편으로 이분들만큼이나 감사하고 싶은 대상이 있다. '다 아는 이야기를 뭐하러 써', '너의 피해의식일 뿐이야', '페미니스트라고 낙인

찍히고 싶어?'라며 달콤하게 속삭이는 나의 내면의 '빌런'을 잠재우고 마지막까지 책을 마무리해 준 송지현, 나 자신이다. 자기 의심을 키우는 '빌런'을 잠재우는 데는 내 방 한쪽의 대형 포스트잇에 적힌 "여성 리더가 고정관념을 극복하고 자신의 목적을 기반으로 연결을 통해 지속적으로 성장할 수 있도록 돕는다."라는 '책 쓰기의 목적' 문장이 내가 덜 흔들릴 수 있게 잡아줬다. 독자들도 이 책을 통해 불안을 부추기는 빌런을 잠재울 수 있는 '목적'을 발견하고, '나답게' 살아가기 위한 대담함을 키우는 데 작은 도움이 되면 좋겠다.

한 고대 부족은 '모든 인간은 자신의 별에서 내려와 자신의 별로 되돌아간다'고 믿었다고 한다. 하나의 별자리는 몇 개의 다른 별들과 연결되어 있다. 나의 별자리를 완성하기 위해서는 내가 어떤 별인지도 알아야 하지만 나와 같은 별자리를 꿈꾸는 다른 별들과도 잘 연결되어야 한다. 같은 별자리를 가진 여러 별들이 서로를 비추며 공통의 이야기를 만들어낼 때 별자리가 완성되며 밤하늘이 더욱 밝게 빛나듯, 누구보다 바쁘게 살아가는 대한민국의 일하는 여성들이 자신의 목적을 지도 삼아 더 대담하게 연결하고, 더 많이 기여하며, 더 오래 성장할 수 있다면, 세상은 더 살 만한 곳이 된다고 믿는다.

부록: 커넥트 리더십 역량 진단지

〈샘플〉

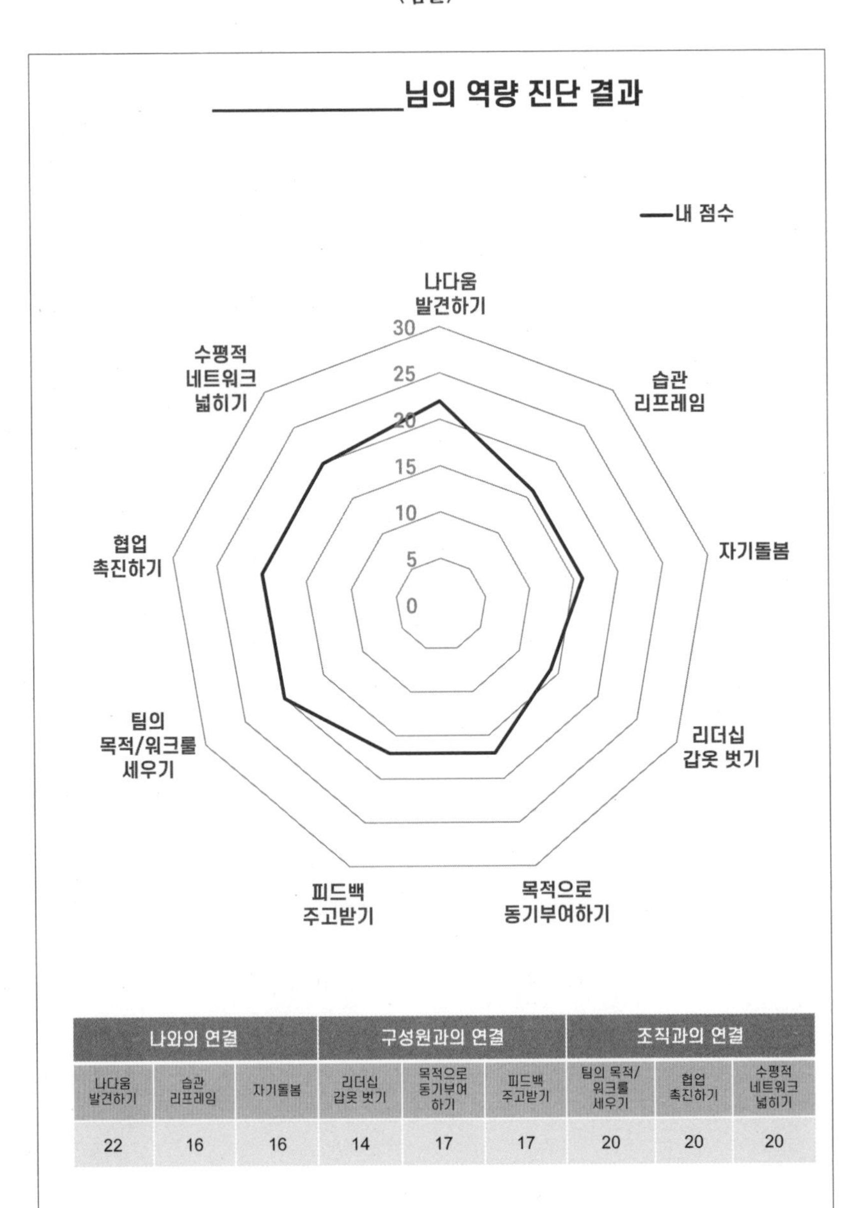

나와의 연결			구성원과의 연결			조직과의 연결		
나다움 발견하기	습관 리프레임	자기돌봄	리더십 갑옷 벗기	목적으로 동기부여 하기	피드백 주고받기	팀의 목적/ 워크룰 세우기	협업 촉진하기	수평적 네트워크 넓히기
22	16	16	14	17	17	20	20	20

3장부터 5장까지 있었던 관계력을 진단해 볼 수 있는 체크리스트에 응답했다면, 위의 샘플을 참고해서 나의 관계력을 진단해보자. 체크리스트로 돌아가 각 항목에 점수를 다시 매겨보자. 최소 1점에서 최대 5점까지 매겨 합산한 점수를 아래 빈칸에 적어 넣고, 도형에 점을 찍어 선들을 연결하면, 나의 관계력을 한눈에 파악할 수 있을 것이다.

____________님의 역량 진단 결과

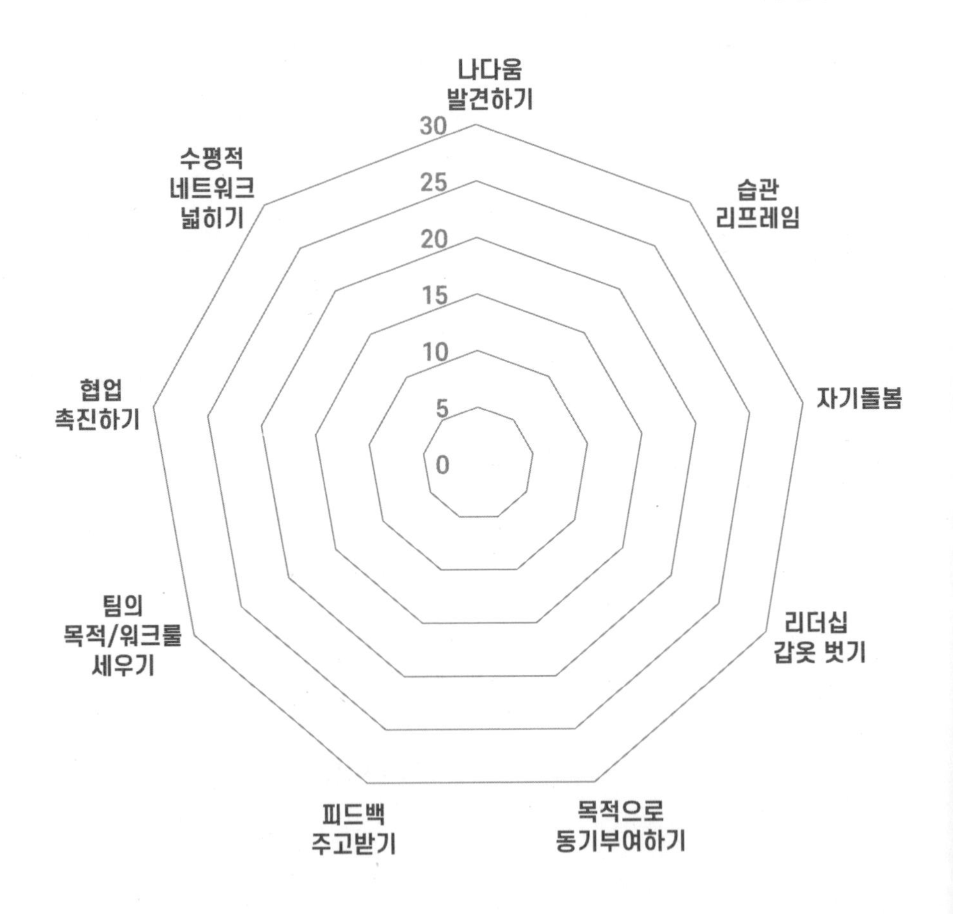

나와의 연결			구성원과의 연결			조직과의 연결		
나다움 발견하기	습관 리프레임	자기돌봄	리더십 갑옷 벗기	목적으로 동기부여 하기	피드백 주고받기	팀의 목적/워크룰 세우기	협업 촉진하기	수평적 네트워크 넓히기